Más alla de la codependencia

Melody Beattie

Más allá
de la
codependencia

nueva
IMAGEN
colectivo editorial

Título original de la obra: *Beyond Codependency and Getting Better All the Time*
Copyright © 1989 Harper & Row/Hazelden Foundation

Traducción: Carmina Lozano

Cuidado editorial: Eduardo Guzmán Chávez
Tipografía: Solar Servicios Editoriales, S.A. de C.V.

Derechos reservados:
© 1989, 1992, Melody Beattie/Harper & Row/Hazelden Foundation
© 1992, 2000, Grupo Patria Cultural, S.A. de C.V.
© 2007, G.E.P., S.A. de C.V.
bajo el sello de NUEVA IMAGEN
Renacimiento 180, Colonia San Juan Tlihuaca,
Delegación Azcapotzalco, C.P. 02400, México, D.F.

Miembro de la Cámara Nacional de la Industria Editorial Mexicana
Registro núm. 43

ISBN: 978-607-438-499-4
Primera edición: 1992
Segunda edición, abril de 2012
Primera reimpresión: 2012
Segunda reimpresión: 2013

Impreso en México – *Printed in Mexico*

Índice

Más allá de la codependencia

Parte II: Recaída

Parte III: Historia y sucesos actuales

Parte IV: Relaciones

Parte V: Ir hacia adelante

Dedicatoria

Una noche, en un sueño, vi a un grupo de gente. Era un grupo de personas meritorias, dignas de amor. El problema era que ellas no lo sabían. Estaban como encantadas, confundidas, reaccionando a alguna locura que les ocurriera hace largo tiempo. Estaban ahí en cuerpos adultos, pero de muchas maneras eran aún niños. *Y estaban asustadas.*

Estas personas estaban tan ocupadas protegiéndose a sí mismas y tratando de averiguar qué significaba todo, que no hacían lo que más necesitaban hacer: relajarse, ser quienes eran y permitirse a sí mismas brillar.

No sabían que estaba bien que dejaran de protegerse a ellas mismas. No sabían que está bien amar y ser amadas. No sabían que podían amarse a sí mismas.

9

Cuando desperté, me di cuenta de que yo era una de ellas.

Este libro está dedicado a nosotros, a los niños adultos en recuperación y a los codependientes, para que despertemos cada uno a nuestra belleza, la de los demás y y la de la vida.

Por ayudarme a hacer posible este libro, le doy gracias a Dios, a Nichole, Shane, Mom, John, Becky, Terry, Ruth, Scott, Lee, Linda, Carolyn y a mis lectores. Algunos me alentaron y me inspiraron a escribir; otros me soportaron mientras lo hacía.

Reconocimientos

Primero, quiero brindar un reconocimiento a todas las personas en recuperación que compartieron conmigo sus historias. Le dieron vida a mi trabajo.

También quiero agradecer las contribuciones del doctor Timmen L. Cermak, miembro fundador y primer presidente de la Asociación Nacional para Hijos de Alcohólicos, y al maestro Bedford Combs, presidente fundador de la Asociación de Carolina del Sur para Hijos de Alcohólicos. Sus trabajos me ayudaron a comprender el proceso de recuperación, y ellos me ayudaron a crecer.

Introducción

...";¿Has estado escribiendo algunos artículos sobre experiencias personales últimamente?", le preguntó la mujer al escritor. "No", le respondió el escritor. "He estado ocupado teniéndolas."

RUTH PETERMAN[1]

Este es un libro acerca de la recuperación.

De hecho, este es un libro que se refiere a la continuación de nuestra recuperación.

Lo he escrito para personas que se están recuperando de las formas en las que se han permitido a sí mismas ser afectadas por otras personas y por sus problemas. Lo he escrito para

[1] Ruth Peterman es escritora y maestra en Minneapolis. Ella narró esta historia durante una de sus clases.

13

personas que se están recuperando de la codependencia, de la dependencia química y de temas concernientes a niños adultos. Lo he escrito para las personas que están luchando por dominar el arte del cuidado de uno mismo.

Ya no seas codependiente, mi último libro, tiene como propósito ayudarnos a terminar con el dolor y tomar el control sobre nuestras propias vidas. Este libro trata acerca de qué hacer una vez que el dolor ha cesado y hemos empezado a sospechar que tenemos una vida por vivir. Trata de lo que sucede después.

Veremos la recuperación, la recaída, el trabajo que debemos hacer con nuestra familia de origen y cómo proceder una vez que hemos hecho esto. Hablaremos acerca de las relaciones. Hablaremos también sobre conceptos tales como el sometimiento y la espiritualidad.

Hablaremos acerca de muchas ideas: lidiar con la vergüenza, crecer en autoestima, superar la privación, compartir la recuperación con nuestros hijos, e ir más allá de las relaciones que nos atraen fatalmente con el propósito de encontrar relaciones que funcionen.

Cuando comencé este manuscrito, tenía una larga lista de pedacitos de información diseminados que quería reunir. No estaba segura de cómo podrían acomodarse juntas estas ideas. Cuando dejé de tratar de controlar, el libro tomó, como lo hacen algunos, una vida propia única y a veces sorprendente.

Ya no seas codependiente analiza el inicio de nuestra recuperación. Este libro trata de los temas centrales de la recuperación: del trabajo con las nueces duras de pelar y de cuestiones más sutiles.

En retrospectiva, ha surgido primordialmente como un libro acerca de cómo crecer en el amor hacia uno mismo y de nuestra capacidad para afirmarnos y nutrirnos a nosotros mismos. Una concomitante de ese proceso es crecer en nuestra capacidad para amar a los demás y para dejarlos, a ellos y a Dios, que nos amen a nosotros.

Este libro está basado en la investigación, en mis experiencias personales y profesionales, y en mi opinión. A través del mismo, intentaré atribuir todas las ideas, teorías y citas a las fuentes correspondientes. A veces es difícil hacer esto en el campo de la recuperación porque mucha gente dice las mismas cosas. Las historias de casos que he empleado son verdaderas. He cambiado nombres y detalles para proteger la privacidad de la gente.

He incluido actividades al final de algunos capítulos. Ustedes pueden anotar sus respuestas en un diario o libreta por separado.

Por cierto, este libro no trata acerca de cómo hacer cambiar o ayudar a otra persona. Trata acerca de cómo estar bien nosotros mismos para que podamos seguir ayudándonos a mejorar nuestras vidas y a hacer mejores nuestras relaciones.

Un viejo adagio dice: "cuando el discípulo está listo, aparece el maestro". Empero, otro dice: "enseñamos lo que más necesitamos aprender".

Los escritores, dicen, son maestros.

"Es posible", escribió Lawrence Block, "ver todo lo que escribimos como una carta dirigida a nosotros mismos, diseñada para transmitir a una parte de nosotros la lección que otra parte ya ha aprendido".[2] Yo he aprendido al escribir este libro. Espero que ustedes obtengan el mismo provecho al leerlo.

---

[2] Lawrence Block, "Mensajes de tu más importante lector", *Writer's Digest*, junio de 1988, p. 68.

Parte I:
Recuperación

La recuperación es posible cuando lo divertido se vuelve diversión, el amor se vuelve amor y la vida se vuelve digna de vivirse.

CAPÍTULO 1

El movimiento
de recuperación

> Empecé a cuidar de mí mismo y me siento
> tan bien que no voy a detenerme, no importa
> lo que sea.
>
> ANÓNIMO

Algo emocionante está sucediendo por todos lados. Veamos qué es.

La historia de Carla

Hace dos años, Carla pensaba que ella estaba loca y que su horario era normal.

"Bueno, casi normal", decía Carla, maestra de escuela primaria, de 35 años de edad e hija de una emprendedora familia de profesionistas.

De 6 a 8 de la mañana, Carla trabajaba en una guardería. De 8:30 a.m. a 12:30 p.m. daba clases en una primaria. De 2 a 6 p.m., daba clases en un programa especial vespertino.

Para salvar a una mujer de no ir a un asilo, Carla se había mudado a vivir con una víctima del síndrome de Alzheimer. De modo que a las 12:30 a.m., Carla corría a casa a prepararle la comida a su compañera de cuarto. A la hora de la cena, Carla corría de nuevo a casa a hacerle la cena a su compañera de cuarto.

Varios años antes, mientras trabajaba en la prisión estatal, Carla se había hecho amiga y luego se había enamorado de un interno (fenómeno peculiar de muchas personas que se identifican con la codependencia). Luego de lavar los platos de la cena, Carla se apuraba a llegar a la prisión para visitarlo. A las 9 p.m., Carla volaba a casa para acostar a su compañera de cuarto.

En su tiempo libre, Carla trabajaba como voluntaria 40 horas al mes para el centro de salud mental del condado. Y además daba clases de catecismo los domingos.

Aparte de esas actividades como voluntaria, Carla le ofreció usar su casa, sin pagar ninguna renta, a una familia que conoció en la sala de visitas de la prisión. Podía hacer esto porque había dejado su casa vacía cuando se mudó a vivir con la paciente de Alzheimer.

Nos cuenta Carla:

> Yo creía que lo estaba haciendo todo bien. Estaba haciendo todo lo que la gente esperaba de mí. Estaba siendo buena con

los demás. Estaba siendo una buena cristiana. Una cosa que no podía entender es por qué todos estaban furiosos conmigo. La otra cosa que no podía entender era por qué me sentía enloquecer y deseaba estar muerta.

Los familiares de la mujer con la que vivía se enojaron conmigo por decirles lo enferma que estaba y la cantidad de cuidado que necesitaba. Mi novio estaba furioso conmigo. Mis jefes estaban disgustados porque me la pasaba enfermándome y faltando al trabajo. Y la mujer que vivía en mi casa se enojó porque, cuando ella comenzó a trabajar, empecé a pedirle que pagara renta.

No sabía cómo me sentía. Al hacer memoria, no he podido recordar haber sentido alegría, tristeza, ¡nada! Sabía que estaba físicamente enferma. Mis piernas y pies estaban tan hinchados que algunos días no podía caminar. Pero no iba al doctor porque no quería molestarlo.

No quería molestar al doctor —dice Carla, meneando la cabeza—. Las cosas ya eran absurdas, pero estaban a punto de volverse más absurdas aún.

La mujer que vivía en casa de Carla se indignó tanto de tener que pagarle renta, que se fue. Carla se mudó otra vez a su casa. En cuestión de días, la calefacción se descompuso, el drenaje se rompió, el sótano se inundó, y los roedores dañaron las tuberías de gas y la casa casi explota. Un vecino que estaba vendiendo su casa usó una descripción equivocada del terreno y en vez de vender su propiedad vendió la casa de Carla; y un faisán voló a través de la ventana, se decapitó, y correteó por toda la casa como un pollo sin cabeza y a punto de morir.

"Justo como yo", recuerda Carla.

Poco después, el novio de Carla, un alcohólico, fue liberado de prisión. En las dos semanas siguientes empezó a beber y desapareció de su vida.

Me fui a pique. Esta era la culminación de 30 años de fracasos —dice Carla—. Me sentía un fracaso personal y profesionalmente. Había subido de 54 kilos a cerca de 90. Me había casado y divorciado dos veces, ambas con un profesionista de éxito que había abusado de mí física o verbalmente. Ahora, había sido rechazada por un preso. Era el colmo ¡Esto era el fin! No había bebido durante 15 años, pero empecé a beber dos litros de vodka diarios. Quería morir.

Carla no se murió. En vez de ello, alguien le prestó un libro sobre codependencia. Al leerlo, ella se percató de que aunque sus conductas eran un tanto locas, ella no lo era. Estaba batallando contra la codependencia. También supo que estaba a su disposición un programa de recuperación, uno que prometía cambiar su vida.

Aunque ha estado trabajando sobre su recuperación tan sólo durante un año y medio, Carla se ha aplicado con rigor en ello. Acude con regularidad tanto a las reuniones de Al-Anón como a las de Alcohólicos Anónimos. Asiste a talleres sobre codependencia, vergüenza y autoestima. También trabaja con un terapeuta experto en asuntos que tienen que ver con la recuperación de los codependientes.

Me puse furiosa con el terapeuta —recuerda Carla—. Yo era una profesionista; él era un profesionista. Acudí a él con la esperanza de que cumpliera con su trabajo: componerme. Me dijo que no podía hacer eso. Supe que no había una cura mágica. Comprendí que yo tendría que trabajar por mi propia recuperación.

Aunque no encontró una cura mágica, Carla describe los cambios ocurridos en su vida en 18 meses como "dramáticos". "He sufrido grandes penas, pero al menos estoy sintiendo.

Estoy experimentando sentimientos por primera vez en mi vida. Me siento triste, y me siento feliz. Todavía estoy ocupada, pero no corro de un lado a otro como un pollo al que le cuelga la cabeza a medio decapitar. Estoy eligiendo hacer las cosas que estoy haciendo, en lugar de sentir que no tengo alternativas. Me estoy fijando metas y estoy alcanzándolas. Se siente uno bien", afirma Carla.

Carla continúa luchando por desbaratar el caos financiero relacionado con su codependencia.

> Pero al menos estoy luchando por algo y hacia algo. Ahora tengo dinero en mi chequera. Puedo salir a comer fuera. Incluso he comenzado a comprarme ropa nueva. Aquello es otra cosa. Antes solía ir de compras a tiendas de artículos de segunda mano y deliberadamente escogía las peores prendas, las cosas que pensaba que nadie más querría. No quería quitarle la ropa buena a la gente pobre —explica—, que son quienes verdaderamente la necesitan.

Carla también ha hecho otros avances. Está aprendiendo a decir no. Está aprendiendo a luchar por ella y por sus derechos, en vez de pelear solamente por los derechos de los demás. Está empezando a ver en retrospectiva para descubrir los orígenes de su codependencia (esto es, trabajar con su familia de origen).

Carla nos relata:

> Mi familia no era mala ni detestable. Eran gente buena, inteligente; profesionistas. Aunque mi padre abusó de medicamentos prescritos por el médico durante dos años, mis padres no eran decididamente adictos o disfuncionales. Se llevaban bien. Tuvimos algunos ratos de diversión.

Pero había sutilezas. Aprendí a ser mártir. Siempre sentí que tenía que ser perfecta. Nunca me sentía suficientemente buena. No sabía cómo manejar mis sentimientos. Vivíamos en una pequeña comunidad. En una época de mi niñez, la postura política de mis padres provocó que el pueblo entero nos excluyera. Me sentía tan rechazada... Y aprendí a rechazarme *a mí misma*. Empecé a creer que había algo en mí que no estaba bien.

Además de mirar hacia atrás, Carla ha comenzado a ver a su alrededor. Se está percatando de cómo ha permeado su vida la codependencia.

Tengo dos grupos de amigos: otros codependientes que quieren quejarse de que son víctimas, y la gente que quiere usarme y maltratarme. Estoy trabajando en cambiar de amistades. También estoy revaluando mi vida profesional. Mi codependencia influyó sobre las elecciones que hice en mi carrera. La mayoría de los empleos que he tenido demandaban mucho y daban muy poco a cambio. Por supuesto, yo daba y daba en mis trabajos, y luego me enojaba porque me sentía usada. Ahora estoy aprendiendo a fijar límites en el trabajo. Algunas personas están furiosas conmigo porque estoy cambiando, pero ya no me siento tan usada.

Estoy aprendiendo a dejar de preguntar por qué la gente me hace esto a mí. He empezado a preguntarme por qué les permito que me hagan esto a mí.

Las relaciones con los hombres todavía son un punto débil en la recuperación de Carla. "Todavía me siento atraída por el hombre más enfermo, por el que me necesita más", admite Carla. "Pero al menos he empezado a percibir banderas rojas. Eso es nuevo. Siempre solía ver luz verde".

Dice que aún le queda mucho por trabajar en su autoestima

pero ha empezado a aceptarse a sí misma. "Trabajo mucho con afirmaciones. Tengo lleno de ellas el espejo de mi baño. Eso me ayuda. De verdad me ayuda."

A veces aún permito que otros me controlen. En ocasiones no estoy segura de cuándo está bien querer tener aprobación de la gente y cuándo es una conducta codependiente. No siempre estoy segura de cuándo es adecuado dar de uno mismo y cuándo estoy cuidando como nana a los demás. Y a veces me asusto.

Pero lo mejor que me ha pasado es que he empezado a sentirme en paz. Por primera vez en mi vida quiero vivir, y creo que existe un propósito para mi vida.

Mi relación con mi Poder Superior, Dios, se ha mejorado. No tengo el control de mi vida, pero al trabajar en mi programa, ésta se ha vuelto manejable. Sé que Alguien está cuidando de mí y ayudándome a que yo cuide de mí misma.

Y estoy orgullosa de mi recuperación.

Recientemente, mientras repasaba las páginas de un álbum de fotografías, Carla encontró una de las pocas fotografías que le tomaron cuando era niña. Ella rara vez permitía que la gente la retratara porque detestaba su apariencia. "Me sorprendí cuando vi esta foto", dice Carla. "No era fea. No había nada tan terriblemente malo en mí, como pensaba. Es triste que haya pasado tantos años de mi vida creyéndolo."

El otro día, cuando Carla entró en el baño para los alumnos de la escuela donde trabaja, encontró a una niña de cuatro años sollozando agachada atrás del bote de la basura. La niña, una bella criatura de largo pelo oscuro, había tratado de romper el espejo del baño.

Carla le preguntó qué le sucedía. La pequeña le respondió que se odiaba a sí misma, que detestaba su apariencia, y que quería morir. Carla gentilmente levantó en vilo a la niña, la llevó a su oficina, y la refirió al psiquiatra de la escuela.

"Lloré por ella, y lloré por mí. Pero no todas mis lágrimas eran de tristeza", dice Carla. "Lloré porque me sentí aliviada. Por fin hay esperanza para nosotros."

Nuestras historias

Esa es la buena noticia, y de eso se trata este libro: de esperanza para Carla, de esperanza para la niñita que se odia a sí misma, de esperanza para ti, y de esperanza para mí. Este libro trata acerca de la esperanza de una recuperación continuada de este problema que hemos llamado codependencia.

Muchos de nosotros hemos encontrado esa esperanza. Por montones, acudimos en tropel a reuniones de Doce Pasos, a talleres y a terapeutas —para conseguir ayuda para nosotros mismos. Estamos exigiendo (bueno, "investigando acerca de", al menos inicialmente) lo que por derecho de nacimiento nos pertenece, nuestro derecho a ser, nuestro derecho a vivir, y nuestro derecho a recuperarnos.

Personajes célebres están declarando públicamente ser niños adultos de padres alcohólicos. Hombres, mujeres y niños pequeños (no sólo niños adultos) comienzan su búsqueda de la esperanza. He escuchado acerca de personas mayores que acaban de iniciar su recuperación. "Tengo 75 años y siento que apenas estoy aprendiendo a vivir", dijo una mujer. "Pero al menos estoy aprendiendo."

Han surgido chistes de codependientes: ¿Han oído hablar de la esposa codependiente? Todas las mañanas, despierta a su esposo y le pregunta cómo va a sentirse ella ese día.

La codependencia incluso ha llegado a las páginas de la revista *Newsweek*.[1]

La idea importante aquí es que hemos perdido nuestra invisibilidad. Nos estamos reconociendo a nosotros mismos, y los demás nos están reconociendo también. Tenemos ya a nuestra disposición más ayuda y mayor esperanza —desde ositos de peluche que nos dicen que está bien que sintamos lo que sentimos, hasta programas de tratamiento para la codependencia dentro de clínicas, donde podemos afrontar al niño que llevamos en el interior (la parte de nosotros que siente, que juega y que necesita que la apapachen) y donde podemos dirigirnos a asuntos concernientes a nuestra familia de origen (a nuestros mensajes del pasado que controlan lo que hacemos hoy —como un programa de computadora—). Y estamos sacando provecho de esto.

Formamos parte de un movimiento bien cimentado, de un movimiento tremendo que ha llegado a su tiempo. Estamos diciendo, simple y llanamente, ya basta es ya basta, y ya hemos sufrido lo suficiente. Es tiempo de que hagamos las cosas de otra manera.

Durante años, hemos llamado a la dependencia química y a otros transtornos "enfermedades familiares". Ahora, estamos creyendo en nuestras propias palabras. Por fin, como dijo Carla, tenemos esperanza. Esperanza práctica. La palabra *codependencia* podrá servir de etiqueta a un problema, pero para muchos de nosotros también sirve de etiqueta a la solución: la recuperación.

Muchos de nosotros hemos sufrido, y aún estamos sufriendo hasta cierto grado, de una relación que tuvimos con una

[1] Charles Leerhsen y Tessa Namuth, "El alcohol y la familia", *Newsweek*, 18 de enero de 1988.

persona disfuncional. En ocasiones esa persona apareció durante nuestra niñez, a veces en nuestra vida adulta. Por lo general, hemos tenido relaciones con más de una persona disfuncional; este patrón comenzó en la niñez y se repitió a medida que fuimos creciendo.

El descubrir que muchos de nosotros hemos sufrido de codependencia hasta cierto grado ha afirmado una de mis creencias tempranas: está bien ser codependiente. Tiene que ser; habemos tantos. Pero aún mejor es estar en recuperación.

Algunos hemos estado en recuperación durante largo tiempo; otros apenas comienzan la experiencia de la recuperación. Algunos de nosotros estamos trabajando en programas de recuperación duales o múltiples; por ejemplo, en la recuperación de la codependencia y de una dependencia química, o en la recuperación de la codependencia y de un transtorno o desorden en la manera de comer. Podemos no estar siempre seguros de lo que significa estar recuperándonos o de adónde nos llevarán nuestros programas de recuperación, pero estaremos ahí de todas maneras.

Podemos ser codependientes "sólo en menor medida" mientras luchamos por ya no serlo, pero nos estamos mejorando todo el tiempo. Y eso ya es suficientemente bueno.

¿Qué nos depara el futuro?

La palabra *codependencia* podrá desaparecer. La atención del público y de los medios de información podrá apaciguarse. Pero no importa cómo la llamemos, la recuperación de la codependencia es más que una moda. Hemos empezado la jornada de lo que es cuidar de uno mismo y amarse uno mismo. Aunque puedan haber unas cuantas paradas y unos cuantos lugares de descanso en el camino, no vamos a detenernos ahora.

Permítanme cerrar este capítulo con una anécdota acerca de mi hijo, Shane, quien adora los juegos de video. Recientemente, se aficionó a un juego en particular. Este juego tiene cerca de 40 niveles de destreza, cada uno más profundo y complicado que el anterior, para aquellos que pueden superar los obstáculos, evitar las trampas, permanecer con la autoridad de la fuente de poder y no dejarse matar por el enemigo.

Shane estaba jugando bastante bien, pero no podía pasar de un cierto nivel de juego. No importa cuán arduamente tratara. No podría ir más lejos. Luego de un rato, dejó de creer que era posible avanzar más.

Luego un día llegó una amiga a la casa, y mi hijo vio cómo jugaba ella ese juego. Ella se había ejercitado más tiempo; había visto cómo jugaba su hermano mayor; aprendió unos cuantos trucos. Podía brincar, saltar y moverse precipitadamente hasta los niveles más profundos.

Lo único que necesitó fue mirarla. Después de hacerlo, confiada y fácilmente, mi hijo empezó a jugar en niveles cada vez más profundos. Salió del empantanamiento. Pudo avanzar.

De eso se trata este libro: de creer que podemos ir más allá de lo que alguna vez hemos ido. Amémonos a nosotros mismos por lo lejos que hasta ahora hemos llegado. Veamos qué tanto más lejos podemos ir. Y vayamos hasta allá juntos. Cada uno de nosotros tiene su propio quehacer, pero hacerlo juntos es lo que hace que funcione.

CAPÍTULO 2

Recuperación

> ¿Qué es un codependiente? La respuesta es
> fácil. Son algunas de las personas más amo-
> rosas y dadivosas que conozco.
>
> LONNY OWEN[1]

A pesar de la aparición de la palabra *codependencia*, y de
tantas personas que hay recuperándose de ella, todavía forma
parte de la jerga coloquial. No existe para ella ninguna definición estándar. No nos hemos puesto de acuerdo acerca de
si la codependencia es una enfermedad, una condición, o una

---

[1] Lonny Owen, facilitador, ha estado trabajando en el campo de la codependencia
durante ocho años hasta el momento de escribir este libro. Él y yo facilitamos un
taller y grupo de apoyo para codependientes de diez semanas de duración en Minneapolis en 1988.

respuesta normal hacia la gente anormal. Ni siquiera nos hemos puesto de acuerdo en si lleva guión o no: *¿codependencia o co-dependencia?*

Lo que la mayoría de la gente ha decidido es esto: sea lo que sea la codependencia, es un problema, y recuperarse de ella se siente mucho mejor que no hacerlo.

Si la codependencia es tan común, ¿por qué molestarnos en denominarla de alguna manera? ¿Por qué no la consideramos como algo normal? Porque duele. Y la recuperación significa aprender a detener ese dolor. En este capítulo explicaremos los medios para hacerlo.

Para explicar la recuperación, permítame consentir en una metáfora. En 1982, el fuego casi destruyó mi casa. Entonces aprendí algunas verdades acerca de los incendios.

El incendio no termina cuando se van los bomberos. Reparar el daño causado por el fuego puede implicar un proceso de rehabilitación extenso, a veces frustrante.

El fuego puede estar latente durante largo tiempo antes de irrumpir en llamas. El fuego en mi casa comenzó en un colchón, callada pero peligrosamente, durante horas, antes de que se hiciera aparente. Yo estuve en la habitación minutos antes de que las llamas emergieran, y el cuarto se veía "bien". *Aunque sobrevivamos físicamente a un incendio, podemos vernos afectados, traumatizados, mental y emocionalmente.* Durante años después de mi incendio, cada vez que veía un carro de bomberos apresurarse en pos de un incendio, cada vez que escuchaba las sirenas, o veía una casa en llamas en las noticias, me sentía invadida por el pánico. Se me apretaba el pecho. Se aceleraba mi respiración. Me temblaban las manos. Cuando salía de mi casa, checaba una y dos veces para asegurarme de que no existiera algún peligro. *Ya no me sentía segura.*

Estas mismas verdades se aplican a otro fuego, al que hemos venido a llamar codependencia. Puede requerir de un proceso extenso de rehabilitación, a veces agotador. Puede estar latente durante largo tiempo antes de irrumpir en llamas. Y, aunque hayamos sobrevivido al fuego, muchos nos hemos quedado traumatizados.

Exploremos estas ideas.

El incendio no termina cuando se van los bomberos

Han salido a la luz muchas buenas definiciones de lo que es la codependencia.

En 1987, en unos apuntes de un seminario de entrenamiento de una semana de duración sobre la dependencia química y la familia, patrocinado por el Instituto Johnson de Minneapolis, se describe la codependencia como "una serie de conductas compulsivas maladaptativas que aprenden los miembros de una familia para sobrevivir dentro de una familia en la cual se experimentan gran dolor emocional y estrés...conductas... que pasan de una generación a otra ya sea que esté presente el alcoholismo o no".

Earnie Larsen, el pionero de la recuperación en Minnesota, llama a la codependencia "esas conductas aprendidas o defectos de carácter autodestructivas que resultan en una capacidad disminuida para iniciar relaciones amorosas o participar de ellas". Una amiga y mujer en recuperación, define a los codependientes como "gente que no cuida de sí misma, ya sea que estén o no, o nunca hayan estado, en relación con un alcohólico".

Y en *Ya no seas codependiente* llamé codependiente a "una persona que ha permitido que la conducta de otro le afecte, y tiene obsesión por controlar la conducta de otras personas".

Estas definiciones se refieren a conductas; conductas de supervivencia aprendidas que hoy son autodestructivas. Ciertamente, recuperación significa extinguir cualquier incendio que flamee en nuestros hogares o en nuestras vidas hoy. Pero el núcleo de la recuperación es el proceso extensivo de reconstrucción, a veces pesadísimo, para adquirir conductas nuevas. En la recuperación, dejamos de soportar la vida y empezamos a vivirla.

En vez de tratar de controlar a los demás obsesivamente, aprendemos a desapegarnos. En lugar de permitir que los demás nos lastimen y nos usen, fijamos límites. En vez de reaccionar, aprendemos a relajarnos y dejamos que las cosas caigan por su propio peso. Remplazamos la visión de túnel con una perspectiva. Dejamos de preocuparnos y de negar las cosas y aprendemos habilidades constructivas para la solución de problemas. Aprendemos a sentir y a expresar nuestros sentimientos; aprendemos a valorar lo que queremos y necesitamos; dejamos de castigarnos a nosotros mismos por los problemas, las tonterías y las locuras de las otras personas. Dejamos de esperar de nosotros mismos la perfección, y dejamos de esperar que los demás sean perfectos. Dejamos de reaccionar ante los poderosos sistemas disfuncionales por los que hemos sido afectados la mayoría de nosotros. Dejamos de enredarnos en locuras. Adquirimos el arte de dejar de ser víctimas. Dejamos de cuidar compulsivamente de los demás y empezamos a cuidar de nosotros mismos. Aprendemos a ser buenos con nosotros mismos, a divertirnos y a disfrutar de la vida. Aprendemos a sentirnos bien en relación con lo que hemos logrado. Dejamos de poner nuestra atención en lo que está mal y empezamos a fijarnos en lo que está bien. Aprendemos a funcionar dentro de las relaciones. Aprendemos a amarnos a nosotros mismos, para poder amar mejor a los demás.

La recuperación significa también revisar cualquier otro tema o tipos de conductas compulsivas que pudiéramos haber cosechado en el camino. La codependencia es rastrera y engañosa. Es también progresiva. Una cosa conlleva a la otra, y a menudo las cosas empeoran.

Podemos volvernos adictos al trabajo, o extravagantes. Podemos desarrollar desórdenes en nuestra forma de comer o abusar de químicos o fármacos que alteran nuestros estados de ánimo. Podemos desarrollar conductas sexuales compulsivas o volvernos compulsivos en cuanto a nuestra manera de gastar, en cuanto a la religión, a nuestro desempeño o nuestra apariencia.

También pueden surgir otras complicaciones. Podemos convertirnos en deprimidos crónicos, desarrollar problemas mentales o emocionales o enfermedades relacionadas con el estrés.

"Oímos con bastante frecuencia cómo el alcoholismo es terminal para el alcohólico", dice un hombre en recuperación. "Pero no oímos lo suficiente de cómo la codependencia puede ser también terminal. Habemos tantos de nosotros que nos damos cuerda pensando en matarnos, o tratando de hacerlo."

La recuperación significa tratar con el paquete completo de conductas compulsivas autodestructivas, así como con cualesquiera otros problemas que pudieran haber surgido. Pero no tratamos con estas conductas o con estos problemas pensando que estamos mal por tenerlos. Nos dirigimos a nosotros mismos, y al proceso de recuperación, con un sentido de perdón y cierta gentileza hacia nosotros mismos. Empezamos a comprender que las conductas que hemos practicado han sido herramientas para sobrevivir. Hemos estado enfrentando situaciones difíciles. Lo hemos estado haciendo de la mejor manera que hemos podido. Nos hemos estado protegiendo a nosotros mismos. Algunos profesionistas en el campo de la recuperación sugieren que estas conductas pueden habernos salvado la vida.

"Si no nos hubiéramos protegido a nosotros mismos, podríamos habernos dado por vencidos o haber desarrollado una enfermedad fatal y haber muerto", dice Bedford Combs.[2]

Ya sea que se trate de una compulsión por sobreproteger a los demás, por controlar, por trabajar o por comer pasteles de nuez, las conductas compulsivas inicialmente sirven para detener el dolor.[3] Comenzamos a darnos cuenta de lo que hemos estado haciendo: tratando de mitigar el dolor. Pero también empezamos a comprender algo más. Aunque las conductas compulsivas pueden ayudarnos temporalmente a evitar los sentimientos o a evadir los problemas, en realidad no detienen realmente el dolor. Producen más. Incluso, tales conductas pueden llegar a cobrar una vida propia habitual y problemática.

De modo que adquirimos conductas nuevas, gradualmente,

[2] Esta afirmación proviene de Bedford Combs, maestro en educación, durante un taller que presentó, titulado "Solución a asuntos inconclusos: la jornada de recuperación de la codependencia". El taller fue impartido el 25 de marzo de 1988 en Charlotte, Carolina del Norte. Combs es el presidente fundador de la Asociación de Carolina del Sur para Hijos de Alcohólicos, es el director del CHAPS Family Care en Carolina del Sur y miembro clínico de la AAMFT.

[3] Este pensamiento ha estado presente en los círculos de recuperación durante años, pero yo lo tomé específicamente para el contenido de este libro del taller de Combs (véase la nota 2).

a veces con desgano, y generalmente con gran cantidad de experimentación y de un ir dando pasos adelante y hacia atrás. No cambiamos perfecta o completamente. En ocasiones, durante la recuperación, aún nos protegemos por medio de conductas de supervivencia. A veces tenemos que hacerlo. En ocasiones tenemos regresiones, y eso también está bien. A veces viramos nuestras conductas y las dejamos que trabajen para nosotros, y no en contra nuestra. Por ejemplo, en la recuperación, muchos de nosotros hemos usado nuestra capacidad para soportar privaciones para *ayudarnos* a estudiar un grado universitario.

Durante la recuperación, seguimos dándonos a la gente. Seguimos preocupándonos por la gente. Pero aprendemos que somos responsables sólo por nuestras conductas, y que nuestras conductas tienen consecuencias. Aprendemos que algunas conductas tienen consecuencias autodestructivas, mientras que otras tienen consecuencias benéficas. Aprendemos que tenemos alternativas.

También aprendemos que no cambiamos sólo por nosotros mismos, ni por desplegar mayores cantidades de fuerza de voluntad. Entremezclado con este proceso de cambiar nuestras conductas hay un Poder Superior, Dios, según cada uno de nosotros lo concebimos. Paradójicamente, cambiamos más durante esos tremendos momentos en que se nos acaba la fuerza de voluntad.

Recuperación quiere decir adquirir, vivir por, y a veces vivir y recuperarnos *a causa* de principios espirituales. Aprendemos a hacer cosas intangibles como "desapegarnos y dejar hacer a Dios", "renunciar" y "aceptar" al tiempo que tenemos conductas más tangibles tales como tomar decisiones y fijar límites.

Cambiar las conductas autodestructivas de hoy es una parte importante de la recuperación. Es por donde comenzamos la mayor parte de nosotros. Es en lo que la mayoría necesitamos trabajar para la duración. Pero la recuperación es más que eso.

Los carbones ardientes

Cuando inicié mi recuperación de la codependencia, asumí que mi codependencia comenzó cuando me relacioné con los alcohólicos. Ahora creo que mi codependencia era la razón por la cual yo tenía tantos alcohólicos en mi vida.

En mí había estado latente un fuego probablemente desde que era niña. Ese fuego irrumpió en llamas durante mis treinta y tantos años, cuando toqué fondo y quería terminar con mi existencia.

Algunos de los carbones ardientes de ese fuego eran las reglas, *las reglas codependientes.*

Robert Subby, un profesional experto en la recuperación de la codependencia y de los hijos adultos de alcohólicos, habla acerca de la codependencia como "una conducta emocional, psicológica y conductual que se desarrolla como resultado de una exposición prolongada del individuo a, y a la práctica de, una serie de reglas opresivas".[4]

Estas reglas dicen:

- No sientas nada ni hables acerca de los sentimientos.
- No pienses.

---

[4] Robert Subby, "Inside the Chemically Dependent Marriage: Denial & Manipulation", citado en *Co-Dependency, An Emerging Issue*, Hollywood, Fla., Health Communications, Inc., 1984, p. 26.

- No te identifiques con, ni hables de, soluciones ni problemas.
- No seas quien eres; sé bueno, correcto, fuerte y perfecto.
- No seas egoísta; cuida de los demás y descuídate tú mismo.
- No te diviertas, no seas simple ni disfrutes de la vida.
- No confíes en los demás ni en ti mismo.
- No seas vulnerable.
- No seas directo.
- No tengas cercanía con la gente.
- No crezcas, ni cambies, ni de alguna manera "hagas olas" en esta familia.[5]

Probablemente estas reglas no estaban pegadas en la puerta del refrigerador junto al recado de "limpia tu recámara", "tira la basura", pero es como si lo hubieran estado.

Otros carbones más de ese fuego eran *los otros mensajes* que interpreté mientras crecía. Estos mensajes incluían creencias tales como:

- No soy digna de amor.
- No merezco cosas buenas.
- Nunca tendré éxito.

Y para muchos de nosotros, el fuego latente contiene también otros carbones. Entre ellos están los *sentimientos de nuestra niñez*, sentimientos que son demasiado dolorosos para que los queramos sentir. Muchos de nosotros hemos negado estos sentimientos y luego vivimos situaciones que recreaban los mismos sentimientos de nuestra niñez que estábamos ne-

---

[5] Robert Subby y John Friel, "Co-Dependency — A Paradoxical Dependency", citado en *Co-Dependency, An Emerging Issue*, Hollywood, Fla., Health Communications, Inc., 1984, pp. 31-44.

gando. El fuego latente es un pasado que se ha enterrado vivo, de acuerdo con Earnie Larsen.

> Siempre supe que mi padre era un alcohólico —dice una mujer en recuperación—. No fue sino hasta recientemente que me di cuenta de que era una niña adulta de un alcohólico. No fue sino hasta hace poco que me di cuenta qué sentía acerca de él siendo un alcohólico. No fue sino hace poco que me di cuenta de qué tanto me había afectado la enfermedad.

La codependencia abarca las formas en que hemos sido afectados por otras personas en nuestro pasado.

Algunos de nosotros crecimos en sistemas familiares poderosamente disfuncionales. Algunos vivimos dentro de esos sistemas siendo niños, y luego recreamos esa experiencia siendo adultos. Podemos haber pasado gran parte de nuestra vida siendo afectados por, y reaccionando a, sistemas que eran demasiado poderosos para modificarlos.

Podemos habernos pasado la vida entera averiguando qué teníamos nosotros de malo cuando la otra persona, o el sistema, eran "lo que estaba mal". Muchos de nosotros hemos sobrepasado el haber sido "afectados". Muchos de nosotros hemos sido, hasta cierto grado, traumatizados.[6]

En sus escritos acerca de la codependencia y el síndrome del niño adulto, Timmen Cermak le llama a esto "trastorno de estrés postraumático". De acuerdo con Cermak, esto le puede suceder a personas que viven crónicamente eventos

---

[6] Lo que escribí sobre la codependencia y el trastorno de estrés postraumático está basado en los escritos del doctor Timmen L. Cermak. Cermak es miembro del consejo fundador, presidente y miembro del consejo de la Asociación Nacional para Hijos de Alcohólicos y codirector de Génesis, un programa de tratamiento y consulta con sede en San Francisco para los aspectos familiares de la dependencia química.

que se encuentran "fuera del rango de lo que se considera una experiencia normal humana".[7]

Los síntomas del transtorno de estrés en la codependencia son similares a los síntomas de trastorno de estrés en los veteranos de guerra. Los síntomas son comparables a la forma en que fui afectada por el fuego que consumió mi casa.

Podemos, sin advertencia previa, rexperimentar los sentimientos, pensamientos y conductas que estaban presentes durante el suceso traumático original.[8] Las conductas y sentimientos codependientes —miedo, ansiedad, vergüenza, una abrumadora necesidad de controlar, descuidar de nosotros mismos y concentrarnos en los demás— pueden surgir súbitamente cuando algo en nuestro entorno, algo inocuo, nos recuerda a nosotros o a nuestro subconsciente de algo perjudicial que nos aconteció antes.

Estas reacciones pueden haber sido totalmente apropiadas cuando sufrimos la experiencia original, pero estas mismas reacciones pueden ser inapropiadas, desconcertantes y autodestructivas hoy en día. Después del incendio, los eventos que disparaban una reacción de estrés en mí eran: el ruido de las sirenas, observar carros de bomberos apresurándose en el tráfico, ver en la televisión las noticias de una casa en llamas. Después de convivir con un alcohólico, o de vivir algún otro tipo de trauma, muchos son los eventos que pueden servir de "gatillos".

"Para los hijos de familias donde existe una dependencia química, el suceso que dispare puede ser casi cualquier cosa", escribe Cermak, "el ruido de un hielo resonando en un vaso,

---

[7] Timmen L. Cermak, *Diagnosing and Treating Co-Dependence*, Minneapolis, Johnson Institute, 1986, p. 55.
[8] *Ibid.*

una expresión de ira o de crítica, una discusión, la sensación de perder el control..."[9].

Otro síntoma del trastorno de estrés es la *torpeza psíquica*. Cermak describe esto como el suspender los sentimientos para poder dar pasos que afiancen nuestra seguridad, o bien lograr una separación entre nuestro yo y nuestra experiencia.[10] Para protegernos, para que las cosas sigan marchando, para que podamos nosotros seguir adelante, nos desconectamos de nuestros sentimientos, de nuestro *mismo ser*. Nos lanzamos a un modo de ser de "congelamiento" o de "supervivencia".

Otro síntoma más del trastorno de estrés es la *hipervigilancia*, que es una incapacidad para sentirnos cómodos a menos que estemos monitoreando constantemente nuestro entorno. "Permanecemos al borde", escribe Cermak, "siempre esperando lo peor, incapaces de confiar o de sentirnos seguros de nuevo."[11]

Cermak se refiere a los veteranos de Vietnam, pero sus afirmaciones se aplican a muchos de nosotros. Permanecemos en guardia. Miramos, escuchamos, y nos preocupamos, preguntándonos cuándo se nos caerá el otro zapato. Ya no nos sentimos seguros.

Finalmente, al examinar este síndrome, Cermak habla acerca del sentimiento de culpa del sobreviviente. "Cada vez que empiezan a experimentar la plenitud que la vida puede ofrecer, inmediatamente se sienten como si estuvieran traicionando a aquellos que nunca tuvieron la oportunidad". Él describe a la gente que sobrevivió a una guerra que otros no sobrevivieron. "De alguna manera les parece mal retirarse y estar

9 *Ibid.*
10 *Ibid.*, p. 56.
11 *Ibid.*, p. 57.

sanos cuando aquellos a quienes dejaron atrás todavía están sufriendo."[12]

La recuperación significa cambiar las conductas aprendidas de supervivencia que hoy resultan autodestructivas. La recuperación significa sacar a la superficie los carbones ardientes. Y la recuperación significa enfrentarnos con cualquiera de las maneras en que podamos haber sido traumatizados.

Nos volvemos a conectar con nosotros mismos. Aprendemos a darnos a nosotros mismos algo de amor y de cuidados. Aprendemos a hacernos sentir seguros. Sabemos, en verdad sabemos, que está bien que estemos tan sanos como podamos lograrlo.

No estamos locos. Somos codependientes. Y la recuperación significa sacar ese fuego a la superficie.

En el siguiente capítulo veremos cómo es que sucede esto.

---

[12] *Ibid.*, pp. 57-58.

CAPÍTULO 3

El proceso

Puedo decirles qué se sentía, y puedo decirles qué se siente ahora, pero todavía no estoy
seguro de qué es lo que sucedió.

ANÓNIMO

La recuperación es un proceso. La recuperación es un proceso. ¿Cuántas vemos hemos escuchado eso? Lo hemos escuchado tantas veces porque es verdad. La recuperación es un
proceso, un proceso gradual para lograr conciencia, aceptación y cambio. Es también un proceso curativo. Y sin embargo,
a menudo en la recuperación uno siente que "está siendo
procesado".

Ambas ideas son ciertas. La recuperación es un proceso

45

por medio del cual cambiamos y por medio del cual nos volvemos otros. Las ideas importantes aquí son aprender cuándo es tiempo de hacer algo, y cuándo es tiempo de dejar que algo suceda.

Aunque nuestras experiencias durante la recuperación son únicas, hay semejanzas entre ellas. Timmen L. Cermak y otros profesionales han identificado ciertas etapas en la recuperación.[1] En este capítulo exploraremos esas etapas, que son:

- supervivencia/negación
- reidentificación
- temas centrales
- reintegración
- génesis

Supervivencia/negación

En esta etapa de prerrecuperación, la negación opera sin invitación previa, como diría Robin Norwood,[2] y usamos nuestras conductas adaptativas para sobrevivir. No vemos las cosas que nos resultan demasiado dolorosas para verlas. No sentimos las emociones que nos resultan demasiado dolorosas de sentir. No nos damos cuenta de que nuestras conductas adaptativas son autodestructivas. De hecho, a menudo estamos orgullosos de nuestras acciones.

"Vean a toda la gente de la que estoy cuidando", le decimos

---

[1] Timmen, L. Cermak, *Diagnosing and Treating Co-Dependence*, Minneapolis, Johnson Institute, 1986, pp. 68-93. Las etapas (los nombres y la información) están basados en este libro y en el de Cermak, *A Time to Heal*, Los Ángeles, Jeremy P. Tarcher, Inc., 1988.

[2] Robin Norwood, *Women Who Love Too Much*, Nueva York, Pocket Books, 1986, p. 140.

a los demás" ¡Vean qué he hecho para controlarlo!" Podemos enorgullecernos de nuestra capacidad para pasar privaciones nosotros mismos o para suprimir sentimientos.

"No está tan mal", nos decimos a nosotros mismos y a todos los demás. "Las cosas mejorarán mañana". "Obtendré mi recompensa en el cielo." O, "Todo está bien ¡Mi bebé está de nuevo en mis brazos!" Podemos sonreír y decir, "Las cosas están bien", pero las cosas no están bien.[3] Hemos perdido contacto con nosotros mismos. Estamos existiendo, no estamos viviendo.

Luego ocurre algo. Quizá se trata de un gran problema. Quizá de muchos problemas menores, o de muchos problemas mayores. Tal vez se trate del mismo problema que hemos tenido tantas veces antes. Lo que cambia es nuestra reacción. Nos hartamos. Nos quedamos sin fuerza de voluntad. Nos quedamos sin nosotros mismos.

Nos percatamos, en algún nivel, de que nuestras vidas se han vuelto ingobernables. Sin importar lo que la otra persona esté o no esté haciendo, sabemos que nuestras vidas no están funcionando. Hemos estado soportando la vida, no viviéndola. Y nos volvemos dispuestos a cambiar. Aunque no estemos seguros de *qué es*, sabemos que *algo* debemos cambiar. Algo cambia. Nos movemos hacia la siguiente etapa.

Reidentificación

Aquí tienen lugar dos eventos importantes.
Nos reidentificamos con nosotros mismos y con nuestras

---

[3] Scott Egleston. El señor Egleston es un terapeuta privado y vive en Twin Cities.

conductas. Yo me convierto en Melody, una codependiente en recuperación (o en hija adulta de un alcohólico o en miembro de Al-Anón). En lugar de enorgullecernos de nuestras conductas adaptativas, comenzamos a considerarlas autodestructivas.

Y nos sometemos. Ondeamos la bandera blanca. Reconocemos nuestra falta de poder sobre otras personas, sobre sus problemas, sobre nuestro pasado, sobre nuestros mensajes del pasado, sobre nuestras circunstancias, a veces sobre nosotros mismos y nuestros sentimientos, o sobre alguna otra área que sea apropiada. Empezamos a establecer, como dice Timmen Cermak, "una relación realista con la fuerza de voluntad".[4]

Algunas personas, como la Carla del primer capítulo, se sienten inmensamente aliviadas al llegar a este punto en la jornada. "Estaba tan contenta de descubrir que no estaba loca; de que era codependiente", dice ella.

Otros se sienten enojados. "Estaba furioso cuando descubrí que tenía problemas con la codependencia", dice un hombre. "Estaba furioso con Dios, furioso con la vida, y furioso porque tuve que esperar hasta los 55 años para descubrir por qué mi vida no funcionaba."

Además de sentirnos enojados o aliviados, empezamos a sentir muchos de los sentimientos que hemos estado guardando congelados. Nos derretimos. Hacemos esto cuando nos sentimos suficientemente seguros para hacerlo. Empezamos a sentir toda la tristeza y el dolor que hemos estado luchando tanto por evitar. Empezamos a trabajar sobre nuestra pena. Algunos de nosotros tenemos que enfrentar más pérdidas que otros.

[4] Cermak, *Diagnosing and Treating Co-Dependence*, p. 73.

Mi recuperación comenzó cuando abandoné mi casa y a mi esposo adicto al sexo, dentro de una ambulancia que me conducía al pabellón psiquiátrico —dice Sheryl—. Quería suicidarme, pero no lo hice. Quería dejar a mi esposo, pero tampoco pude cobrar valor para hacerlo. Le pedí a Dios que me sacara de ahí si Él quería sacarme de ahí, y mi respuesta llegó el día en que la ambulancia me llevó. Salí del hospital seis semanas después, pero nunca volví con mi marido.

Durante el primer año, lloré a diario durante horas. Me enfrenté al caos financiero creado por mi relación destructiva. Había pedido prestado una y otra vez para vivir un estilo de vida que no podíamos pagar. Apenas y podía trabajar. Tuve que tomar un empleo que estaba por debajo del nivel que para mí era común. Tenía ganas de suicidarme, y el dolor emocional era abrumador. Tomé antidepresivos, acudí a grupos de apoyo cuatro noches a la semana, y casi vivía en la oficina del psiquiatra. Estaba asustada, desesperanzada, y sacudida hasta los huesos. Me sentía como un ciervo herido.

Las cosas son mejores ahora. Aún extraño a mi ex marido de vez en cuando, pero no quiero volver con él. Todavía enfrento batallas económicas, pero he pagado algunas deudas. He tomado un mejor empleo, y estoy viviendo en un departamento más bonito. De hecho, estoy viviendo. He recuperado mi cerebro y mi vida y, no importa a dónde vaya, tengo la intención de llevármelos conmigo. Ha sido un gran tirón el que he dado y nunca quiero volverme atrás. No lo deseo. Y lo bueno es que no necesito hacerlo.

Algunas personas en recuperación buscan ayuda profesional durante esta etapa. Algunos se someten a terapia antidepresiva por un tiempo. Y, al igual que Sheryl, algunos toman empleos que están por debajo de su nivel normal de competencia. Esto puede ser necesario, pero frustrante.

Otra mujer relata:

Soy dentista. Mi novio es un alcohólico y es mujeriego. Me abandonó y ahora vive con otra mujer. Él está trabajando. Yo estoy tan deprimida que no puedo trabajar. Me echo en mi sillón a comer chocolates y me estoy convirtiendo en una enorme ballena blanca. Me siento tan furiosa... Él puede seguir con su vida, y la mía en cambio se ha detenido. No es justo.

Esta etapa de la recuperación puede ser algo confusa. Simplemente nos estamos recobrando después de haber tocado fondo. Trabajar sobre nuestros sentimientos de pena puede tomarnos gran parte de nuestra energía. Y, aunque hemos empezado nuestra recuperación, aún no hemos adquirido herramientas nuevas para vivir.

Ahora es cuando empezamos a experimentar con conceptos de la recuperación tales como el desapego, el no reaccionar en exceso, y el no aferrarnos. Es tiempo para que evaluemos diligentemente aquellas cosas que no podemos controlar. Es tiempo para la aceptación. En esta etapa, empezamos a relacionarnos con gente que se está recuperando. En esta etapa establecemos, o restablecemos, nuestra relación con un Poder Superior. Empezamos a conectarnos, o a reconectarnos, con nosotros mismos.

Este es el tiempo en el que recordamos que somos más que nuestro dolor y más que nuestros problemas. Es el tiempo para adherirnos a la esperanza. Ha comenzado el proceso curativo. Al igual que al curarnos de una enfermedad física, cuando más duele es al día siguiente de la operación.

Temas centrales

Esta etapa puede ser divertida, en ocasiones abrumadora, pero divertida.

Aquí, las luces se encienden. Vemos y comprendemos más acerca de nosotros mismos y de nuestras conductas. Nos hacemos conscientes. Y más conscientes. Y más conscientes... A menudo, no sabemos a ciencia cierta qué hacer con todo esto de lo que hoy estamos conscientes.

Vemos hacia atrás y miramos por cuánto tiempo hemos estado usando nuestras conductas autodestructivas. Vemos a nuestro alrededor y miramos cómo la codependencia ha permeado nuestras vidas. Pero también estamos viendo hacia adelante y moviéndonos en esa dirección.

Empezamos a fijarnos metas. Empezamos a experimentar con conductas nuevas. Mejoramos en manejar el desapego. Aprendemos diferentes maneras para cuidarnos y consentirnos. Empezamos a fijar límites. Manejamos mejor nuestros sentimientos, incluyendo la ira. Podemos empezar suavemente a tomar los primeros pasos para aprender a divertirnos. Empezamos a practicar nuevas destrezas para relacionarnos con los demás y para vivir. Podemos intentar algo nuevo, asustarnos, y regresar a nuestras maneras antiguas durante un tiempo. Podemos terminar con algunas relaciones, asustarnos, y luego regresar a ellas por un tiempo para verificar, también, si hicimos bien.

Podemos quedarnos varados en un nivel de conocimiento, a sabiendas de que estamos haciendo algo en particular, pero sintiéndonos incapaces de hacer gran cosa acerca de ello.

Dentro de un corto periodo, podemos sentirnos asustados, emocionados, desesperanzados y llenos de esperanza. Algunos días, nos preguntamos si está sucediendo algo. Otros días, nos damos cuenta de que nos están sucediendo muchas cosas. Algunos días nos levantamos sabiendo que, desde luego, todo está bien.

En esta etapa, la recuperación empieza a tener menos que ver con "la otra persona". Se vuelve más un asunto personal, un viaje privado para encontrar y construir un "yo" y una vida. Podemos empezar a soñar y a tener esperanza otra vez, pero nuestras esperanzas con frecuencia se centran en nuestros propios sueños, no en los de alguien más. Podemos volvernos protectores de la nueva vida y del nuevo yo que estamos construyendo.

Mientras tanto, trabajamos sobre nuestro programa. Acudimos a todas nuestras reuniones, trabajamos con un terapeuta (si eso es apropiado), y nos relacionamos con amigos sanos y que sean un apoyo.

Este es tiempo para la experimentación y el crecimiento. Es tiempo para sentirnos más cómodos con conductas nuevas, y menos cómodos con las antiguas. Nuestras creencias recién formadas en relación con lo que podemos y lo que no podemos cambiar se hacen más fuertes. Es un tiempo en el cual empezamos a averiguar qué se siente cuidar de nosotros mismos. Lo probamos, fracasamos, lo probamos, tenemos éxito, volvemos a tratar, fracasamos algo más, y a través de todo ello, logramos un pequeño progreso.

Es tiempo de ser pacientes.

Reintegración

Desde que iniciamos este viaje, hemos polemizado con temas acerca del poder: la falta de poder o impotencia y el encontrar un Poder Superior. Ahora viene la parte emocionante y paradójica de esta jornada. A través de la impotencia y de la renuncia encontramos nuestro poder personal. Se nos da el poder para hacer lo que es posible: vivir nuestras propias vidas. Ser dueños de nuestro poder es tan importante como aprender a aceptar nuestra impotencia.

En esta etapa, nos descubrimos a nosotros mismos como completos, saludables, imperfectos pero dignos de amor y ciertamente adecuados. Nos sentimos cómodos con nosotros mismos. Volvemos a casa a vivir con nosotros mismos.

Aprendemos a respetarnos y a amarnos. Nos encontramos amando también a los demás, y permitiéndoles que nos amen de un modo sano que nos hace sentir bien. Aceptamos el hecho de que somos suficientemente buenos.

No vamos por ahí arrojando sentimientos, ni los estamos reprimiendo. Sentimos nuestros sentimientos y sabemos que eso está bien. Cometemos errores pero sabemos que eso está bien, y tratamos de aprender de ellos lo mejor que podemos. Aunque una tendencia a controlar puede ser aún nuestra respuesta instintiva a las situaciones, el desapego se convierte en una reacción secundaria, pues, a estas alturas, tenemos la certeza de que no podemos controlar a los demás.

A veces, caemos en la sobreprotección hacia los demás, en experimentar vergüenza y en el martirio. Pero salimos de ahí. Podemos continuar sintiéndonos culpables cuando decimos que no, cuando fijamos un límite o cuando rehusamos a hacernos cargo de alguien, pero sabemos que el sentimiento de culpa pasará. Tenemos la plena confianza de que cuidar de nosotros mismos es lo que más nos conviene. Hemos aprendido que podemos cuidar de nosotros mismos. Y que lo que no podemos hacer, Dios sí puede y lo hará por nosotros.

A estas alturas, hemos aceptado la premisa de que los problemas son una parte normal de la vida. No nos apabulla esto, sino que hemos obtenido cierto grado de confianza en nuestra capacidad para resolver los problemas. Nuestros mensajes del pasado no han desaparecido, pero desarrollamos un oído más agudo para identificar cuándo estos mensajes están tratando de sabotearnos.

Nuestras relaciones con nosotros mismos, con nuestros amigos, con nuestra familia, y con nuestro Poder Superior han mejorado. La intimidad se vuelve una realidad.

Nos sentimos más cómodos al aplicar los cuatro poderosos conceptos de la recuperación: aceptar nuestra impotencia, encontrar un Poder Superior, adueñarnos de nuestro poder personal, y aprender a compartir el poder participando en relaciones.

En algunas ocasiones aún nos sentimos asustados. Todavía tenemos días grises. Pero son grises, no negros. Y sabemos que pasarán.

Cuando alcanzamos esta etapa, la vida se vuelve algo más que soportable. En ocasiones, todavía nos parece dura. Pero otras veces es verdaderamente apacible y otras más es una aventura. Y la estamos viviendo, toda ella.

"Estoy aprendiendo que cualquier cosa puede suceder", dice una mujer. "Y 'cualquier cosa' no necesariamente significa 'algo malo'." La diversión se vuelve diversión; el amor se vuelve amor; la vida vale la pena de vivirse. Y nos sentimos agradecidos.

"Hace ocho años, acudí a un centro de tratamiento para obtener ayuda para mi esposo alcohólico. En lugar de ayudar a mi esposo, el consejero me dijo que comenzara por ayudarme a mí misma", explica Lisa.

Lisa dio inicio a su recuperación, y trabajó duro en ella. Acudió a sus reuniones de Al-Anón. Trabajó para pagar sus estudios universitarios. Aprendió a cuidar de sí misma, como ella misma cuenta:

> Cuando fui con ese consejero hace ocho años, estaba hecha un lío. Vivir el alcoholismo de mi esposo fue lo peor que alguna vez me sucedió. Pero también fue lo mejor. Si no hubiera sido tan terrible, no hubiera ido medio muerta a un centro y no hubiera encontrado una vida nueva para mí. Y por eso, me siento agradecida.

Durante esta etapa de la recuperación, seguimos involucrados en programas de Doce Pasos. Aún necesitamos pedir ayuda algunas veces, y aún necesitamos comprensión y aceptación. Pero el proceso curativo ya va por buen camino.

Génesis

Este no es el final. Es un nuevo principio. Ya no vamos por ahí llevando "prisionero" a nuestro ser. Ni tampoco nos dejamos llevar por todos nuestros caprichos y deseos. La disciplina también ha encontrado su lugar en nuestras vidas. Como las mariposas que rompen su capullo, nuestros yo van "volando libres", y empero, sometidos a un Poder Superior amoroso y solícito. Hemos encontrado una nueva forma de vida, una que funciona.

Este es el proceso de recuperación. Es un proceso fluido, con atajos y largas rondas que nos llevan a las distintas etapas. No hay un periodo de tiempo definido para atravesar estas etapas.

Comienza a través de la gracia de Dios. Continúa de la misma manera, ayudado en la medida en que nos comprometamos nosotros con el proceso. La recuperación es muchas cosas. Es un proceso gradual, un proceso curativo y un proceso predecible. Pero es también un proceso espiritual.

¿Cuál es la parte que a nosotros nos toca?

- Asistir a las reuniones de Doce Pasos o a cualquiera otro grupo de apoyo que sea adecuado.
- Aplicar los Pasos y otros conceptos de la recuperación en nuestras vidas.
- Trabajar nuestro caso con un terapeuta, si esto es pertinente.
- Acudir a seminarios y talleres.
- Mantener una actitud de honestidad, de apertura y de disposición al intentar el cambio.
- Contender con la frustración, la extrañeza y la incomodidad que implica cambiar.
- Relacionarse con otras personas en recuperación.
- Leer libros de meditación y otro tipo de literatura que nos ayude.
- Continuar con entrega.

Cumplir con nuestra parte significa tener el coraje para sentir lo que necesitamos sentir, y realizar lo que en verdad necesitamos realizar. Nuestra parte es llevar a cabo nuestra propia labor de recuperación. Si cooperamos al máximo de nuestra capacidad, con este proceso sabremos qué hacer y cuándo hacerlo. La recuperación no es algo que hacemos perfectamente o en un momento. Ninguno de estos dos conceptos se aplica aquí.

"Todavía soy verdaderamente controladora, pero al menos ahora reconozco cuando lo estoy haciendo", dice una mujer.

"Voy derecho al grano y pido lo que quiero y lo que necesito
—dice otra—, tan pronto como averiguo qué pedir".

Estos comentarios representan una recuperación tanto como cualquier historia impactante de "antes y después". Luchar
está bien. Dar paso hacia atrás está bien. Los progresos pe-
queñitos no sólo están bien, sino que son admirables.

Las personas que llevan un tiempo en recuperación pueden
sentirse más cómodas enfrentándose a ciertas situaciones porque se han encontrado muchas veces antes frente a situaciones
similares, pero siguen luchando.

Algunos días, mis sentimientos fluyen libremente a través
de mí. La autoaceptación se da de una manera natural, como
si siempre hubiera sido mi amiga. Ni siquiera siento vergüenza
de sentirme avergonzada. Simplemente lo reconozco, y luego
me muevo con armonía a la siguiente circunstancia. Soy una
parte y una porción del universo; hay un lugar para mí, y
encuentro deleite, paz e intimidad en ese lugar. Mi vida ha
sido planeada por un Amigo Amoroso, y lo único que necesito
hacer es exponerme.

Otros días, no puedo distinguir entre un sentimiento y una
alcantarilla. Como dice una amiga: "estoy segura que Dios ha
olvidado dónde vivo".

Anne Morrow Lindbergh, en su libro *Gift from the Sea*,
escribe:

> Tan vaga como pueda ser esta definición, creo que la mayoría
> de la gente está consciente de que hay etapas en sus vidas cuando
> parecen estar "en gracia" y otros periodos durante los cuales se
> sienten "fuera de gracia", aunque puedan usar distintas palabras
> para describir estos estados. En la primera feliz condición, uno
> parece desempeñar todas sus tareas con ligereza, como si estu-

viera ayudado por una gran corriente; y en el estado opuesto
uno a duras penas puede amarrarse las agujetas de los zapatos.
Es verdad que una gran parte de la vida consiste en aprender
una técnica para amarrarse las agujetas, esté uno en estado de
gracia o no. Pero existen también varias técnicas para vivir; incluso hay técnicas para buscar la gracia. Y se pueden cultivar
estas técnicas.[5]

Gran parte de la recuperación debe consistir en aprender
a amarrarnos las agujetas de los zapatos, nos sintamos en
estado de gracia o no, al tiempo que cultivamos técnicas de
recuperación. Algunos días transcurren mejor que otros.
Un hombre se me acercó un día en una de las sesiones de
un taller.

> Tengo 38 años, y he estado en recuperación durante tres años.
> Estoy desechando todas las conductas y los mecanismos de adap-
> tación que me han permitido vivir hasta ahora. Deseo tanto que
> la segunda mitad de mi vida sea tan buena como desdichada fue
> la primera mitad. El dolor ha cesado pero ahora tengo temor.

Bueno yo también tengo temor y quiero que la segunda
mitad de mi vida sea tan feliz como miserable fue la primera.
Me asusta que no lo vaya a ser, y a veces me da miedo que
lo sea. En ocasiones, simplemente estoy atemorizada. Pero
sigo trabajando por mi recuperación de todas maneras. Yo
creo que si realmente queremos que nuestras vidas sean distintas y mejores, y que si trabajamos con ese propósito, nuestras vidas pueden ser diferentes y mejores.
La codependencia es un proceso progresivo, de reacción,

[5] Anne Morrow Lindbergh, *Gift from the Sea*, Nueva York, Pantheon Books, 1955,
p. 24.

inacción y sentimientos de culpa.[6] Una cosa conduce a la otra y las cosas empeoran. La recuperación también es un proceso progresivo, de acción. Si damos ciertos pasos, mejoramos nosotros y se nos mejoran las cosas. La codependencia cobra una vida propia, pero también sucede lo mismo con la recuperación.

La recuperación es un proceso, y podemos confiar en ese proceso. A pesar de sus altibajos, de sus pasos hacia adelante y hacia atrás, y de sus puntos muertos, funciona.

Podemos desempeñar nuestro papel, luego soltarnos y permitirnos a nosotros mismos crecer.

Actividad

1. ¿En cuál etapa de la recuperación te encuentras?

2. ¿Qué pasos has seguido para desempeñar el papel que te corresponde en el proceso de recuperación? ¿Tienes un plan para cuidar de ti mismo? ¿Acudes a reuniones de Doce Pasos o a algún otro grupo de apoyo? ¿Qué tan a menudo? ¿Lees con regularidad un libro de meditación? ¿Estás viendo a un terapeuta, o estás involucrado con otro tipo de terapia de grupo? ¿Acudes a seminarios o a talleres? ¿Lees libros acerca de la recuperación? ¿Pasas tiempo con otras personas en recuperación?

3. Si ya llevas un tiempo recuperándote, ¿cuáles son algunas cosas que al comenzar tu recuperación te ayudaron a sentirte bien? ¿Sigues haciendo esas cosas?[7]

[6] Marian Perkins, de Saint John, New Brunswick, ha afirmado este concepto en relación con la codependencia.

[7] Este ejercicio fue adaptado a partir de un material desarrollado por Lonny Owen, de Minneapolis.

4. ¿Cuál es la acción más reciente que has emprendido para desempeñar el papel que te corresponde en tu recuperación? ¿Qué ganaste con eso?

CAPÍTULO 4

Tu historia y la mía

> Devuélvenos en gozo los días que nos hu-
> millaste, los años en que desdicha conoci-
> mos.
>
> Salmo 90:15-17[1]

Mi historia

Hay muchas historias distintas de recuperación. Yo tengo la mía.

Varios miembros de mi familia tuvieron problemas con el alcohol. Mi madre, una madre soltera, me crió, y me crió bien.

[1] *Biblia de Jerusalén*, revisada y aumentada, Descleé de Brouwer, edición española, Bilbao, España, 1975, p. 801.

Me mandó a las mejores escuelas privadas que el dinero podía proporcionar. Yo iba a la iglesia, al catecismo, y a un campamento de verano donde se estudiaba la Biblia.

Cuando tenía cinco años, fui raptada y vejada por un hombre en una iglesia abandonada que estaba a una cuadra de donde yo vivía.

Empecé a beber para emborracharme cuando tenía 12 años. El dolor de ser yo misma era intenso. Había estado deprimida desde los cuatro años de edad. Siendo adolescente, los recuerdos que tengo de haberme odiado a mí misma iban tan lejos en el pasado como podía recordar.

Alrededor de los 13 años, tenía desmayos. Me gradué en la preparatoria de Twin Cities en el cuadro de honor, siendo una estudiante casi de puros dieces. Era buena para escribir. Era también una destacada y perfeccionista cronista. Me encantaban mis estudios, pero sin importarme qué tan bien fuera en ellos; nunca lo hacía "suficientemente bien". Una vez, soñé en convertirme algún día en escritora y en reportera de un periódico, pero para cuando me gradué de preparatoria, dejé de esperar ninguna cosa buena de mí y de la vida.

Mientras crecía, en varias ocasiones padecí enfermedades infantiles prolongadas que me forzaron a permanecer en cama durante largo tiempo. Tuve una amiga durante varios años, y otra durante varios meses, pero no tenía amigos íntimos. No sabía cómo tener intimidad con la gente, deliberadamente le había vuelto la espalda a Dios, segura de que Él me había hecho lo mismo a mí.

Cuando cumplí 21 años, era adicta a la heroína. Mis relaciones con los hombres sumaban una serie de victimizaciones y de locos involucramientos con otros adictos a la heroína. A mis 23 años, estaba en el programa de metadona, un programa gubernamental que proporcionaba un sustituto sintético para la heroína. A los 26 años, fui puesta en el pabellón para químico-dependientes en un hospital estatal de Minnesota. Contaba con un matrimonio destruido y con una vida de fracaso. No quería dejar de usar químicos; quería dejar de vivir.

Entonces sucedió algo inesperado. Decidí darle a Dios otra oportunidad. Decidí darme a mí misma otra oportunidad. Me sometí. Acepté mi impotencia ante las sustancias químicas. Vi la ingobernabilidad de mi vida. Fui honesta. Y me hice sobria.

Yo no atrapé al programa; el programa me atrapó.

Luego de ocho meses, dejé el hospital estatal con mucho miedo, con un poco de esperanza, y con una serie de instrucciones: pídele a Dios cada mañana que te ayude a permanecer sobria ese día, agradéceselo por haberlo hecho al acostarte cada noche, espera al menos dos años antes de empezar a trabajar en el campo de la dependencia química, y espera un año para tener una "relación".

Cumplí con las tres primeras reglas. Como mi "relación" no apareció, me figuro que también lo hice bien en cuanto a esa regla.

Permanecí sin drogarme y mi vida mejoró de muchas maneras. Dos años después de haberme vuelto sobria, me dediqué a trabajar como consejera familiar y como consejera en el campo de la dependencia química. También me casé y empecé a tener bebés. Siete años después de que me volví sobria, dejaron de funcionar mi carrera, mis relaciones y mi vida. No importaba cuánto esperara yo para tener una relación, no sabía cómo establecerla. Estaba rodeada de alcohólicos. Trabajaba con ellos; los amaba; e incluso tenía a algunos de ellos viviendo en el ático de mi casa. (No querían acudir a un centro de desintoxicación. ¿Podrían entonces, por favor, aprender a dejar de beber viviendo en mi casa?)

Me sentía una perpetua víctima. La sobriedad se convirtió, como lo dijo un orador en el *Gopher State Round-Up 1986*, "en un largo túnel oscuro por el cual yo me afanaba. Y cada año se abría una puerta de trampa y me caía un pastel".

Me deprimí. Un día, llamé a un número telefónico local donde se daba ayuda a los que querían suicidarse y le confesé a un extraño que estaba pensando en terminar con mi vida. Le dije al consejero que ni siquiera me mataría porque demasiadas personas me necesitaban. Pero me asusté. Se me había dado una segunda oportunidad en la vida, y no sabía si la quería tomar. No sabía si en verdad valía la pena vivir. No sabía qué era lo que estaba mal. Sentía que todos, incluyendo a Dios, me habían abandonado. Me preguntaba si estaba loca.

Entonces, algo sucedió. Supe que no estaba loca. Supe, sin tomar una gota de alcohol, que había sido afectada por la enfermedad del alcoholismo de maneras tan poderosas y engañosas que me llevaría años para comprenderlas plenamente. Dejé de resistirme y empecé a acudir a reuniones para la gente afectada por el alcoholismo.

No me gustaban. Sentía resentimiento hacia todas esas mujercitas vivaces que abundaban ahí con caras sonrientes. Pero ahí estaba yo. Empecé a llorar. Fui honesta. Y no me hice del programa de Doce Pasos, sino que éste se hizo de mí.

Acepté mi impotencia ante el alcoholismo de otras personas, ante los demás, ante el lío tremendo en que se había convertido mi vida. Vi lo ingobernable que era mi vida.

Me sometí. Hice ondear la bandera blanca. No encontré de inmediato y para siempre la felicidad, pero empecé a vivir mi propia vida. Y esa vida comenzó a mejorar.

Durante años, me afané en recuperarme de mi codependencia, sintiéndome temerosa e incierta de hacia dónde me podría dirigir. Pero tenía fe en que estaba yendo a algún lugar que era diferente de donde había estado antes. Luché y trabajé por cambiar mis conductas: el sobreproteger a los demás, el deseo de controlar, y mi baja autoestima.

Observé cómo me conducía dentro de mis relaciones y aprendí a comportarme de manera que me hiciera sentir menos victimada. Aprendí a identificar qué era lo que yo quería y luego consideraba que eso era importante. Trabajé sobre la actitud de no aferrarme y de practicar el desapego. Me sumergí en mis sentimientos, especialmente en la ira, mientras nacía emocionalmente. Aprendí a terminar y a iniciar relaciones. Aprendí a divertirme. Me forcé a mí misma a hacer eso. Me llevó años.

He cometido muchos errores. Pero he aprendido que los errores también están bien. Aprendí a comunicarme, a reír, a llorar, a pedir ayuda. Estoy aprendiendo a reaccionar menos, y a actuar más, serenamente confiada en que está bien ser quien soy.

He aprendido a ser dueña de mi poder. También he aprendido que debo volver constantemente al acto de no aferrarme con soberbia a tal poder.

La recuperación de la codependencia ha sido el camino más emocionante que he seguido.

He aprendido que cuidar de uno mismo no es ser narcisista ni complaciente. Cuidar de mí misma es una de las cosas que puedo hacer que más me ayudan a mí y a los demás también.

Han mejorado mis relaciones con mi familia, con mis amigos, con otras personas y con Dios. El asunto más difícil que tuve que enfrentar durante mi recuperación fue el fin de mi matrimonio. Actualmente estoy trabajando en la más difícil lección que alguna vez haya tenido que dominar. Estoy aprendiendo cómo dejar que los demás me amen, y cómo permitir que sucedan en mi vida "cosas buenas". Estoy aprendiendo cómo dejar que Dios me ame. Y estoy aprendiendo a amarme, a verdaderamente amarme, a mí misma.

Puedo ver las muchas formas en que me he pasado la vida saboteando mi intimidad con otras personas, mis relaciones, y a mí misma. Estoy cambiando mis conductas. Estoy cambiando mis reglas, los mensajes poderosos del pasado que controlan lo que hoy hago o no hago. Trabajo agresivamente con afirmaciones. Estoy contendiendo con la multitud de maneras en que he sido afectada por otra gente y sus problemas. En ocasiones, eso significa rendirse a la simple aceptación de lo que es.

Y estoy cambiando.

Recientemente, durante una entrevista por radio, el anfitrión me preguntó si mi vida era mejor ahora. Desde luego, contesté "sí". Pero al manejar hacia mi casa después de la entrevista, me di cuenta de lo que en realidad había querido decir. Había querido decirle a él esto: "tengo muchos días buenos. Tengo algunos días difíciles. Pero estoy viviendo mi vida ¿Eso es estar mejor? Por supuesto que así es. Por primera vez en mi existencia, ¡tengo una vida por vivir!"

Tu historia

A lo largo de este libro, compartiré contigo las historias de otras personas. Sin embargo, falta una historia importante. Esa historia es la tuya.

Los programas de Doce Pasos han desarrollado un formato sencillo para que cuentes tu historia ¿Cómo te sentías? ¿Qué sucedió? ¿Cómo te sientes ahora?

La gente que ha dejado de beber puede señalar un día en el calendario y decir: "Aquí. Este es el día que dejé de beber". Para nosotros no es tan fácil tomar un calendario y decir: "Aquí está ¡Ese es el día en que dejé de cuidar a otras personas y empecé a cuidar de mí mismo!" Pero tratemos de hacerlo, de todas maneras. ¿Cuándo y cómo empezó tu recuperación? ¿Qué fue lo que te llevó a ese punto?

Piensa en los cambios que has hecho y en los cambios que te han ocurrido ¿Qué impresiones profundas has tenido? ¿Te sientes bien acerca de tu progreso?

Recapitula tu trabajo de recuperación. ¿Contra cuál conducta has luchado? Nombra la cuestión más difícil con la que hayas tenido que enfrentarte en tu recuperación y explícate tú mismo cómo la superaste ¿Qué es lo mejor que te ha sucedido en tu recuperación? Haz una lista de las cosas sobre las que estás trabajando ahora ¿Qué recompensas has obtenido? Di de qué manera tu vida es mejor y diferente ahora.

En el capítulo anterior, afirmé que la recuperación es un proceso. Dije que podemos confiar en ese proceso. Quiero que a esa idea le siga otra. No sólo podemos confiar en ese proceso, sino que podemos confiar en él desde el nivel en que nos encontremos.

La recuperación es un proceso curativo y espiritual. Es también un viaje que emprendemos, no un destino. Vamos por un sendero que va del abandono de uno mismo hacia la responsabilidad, el cuidado y el respeto de uno mismo. Al igual que en otros viajes, en éste vamos hacia adelante, damos rodeos, nos regresamos, nos perdemos, encontramos de nuevo el camino y ocasionalmente nos detenemos a descansar. A diferencia de otros viajes, no podemos transitarlo forzando el otro pie hacia adelante. Es un camino suave, el cual transitamos con disciplina y aceptando y celebrando el punto en el que nos encontramos hoy. Donde estamos hoy es donde debemos de estar. Es donde necesitamos estar para de ahí ir a donde estaremos mañana. Y ese punto en el que estaremos mañana será siempre mejor que cualquiera de los que nos hayamos encontrado.

Actividad

1. Escribe tu historia. Cuando sea el tiempo y en el lugar adecuados, comparte tu historia con alguien que sea confiable.
2. Date palmaditas en la espalda por lo que has logrado.

Parte II:
Recaída

Quizá no deberíamos llamar a la recaída "reciclaje". Tal vez deberíamos llamarla "ciclos de crecimiento". O quizá simplemente deberíamos llamarla "crecimiento".

CAPÍTULO 5

Reciclaje: el proceso de recaída

"Háblame acerca de la realidad de la recuperación", le dije. "¡Oh, de eso!", me respondió ella. "Quieres decir de dos pasos adelante
y un paso para atrás".

ANÓNIMO

"Lo hice otra vez", me confió Jan. "Y lo hice diez años
después de haber iniciado mi recuperación de la codependencia", y continuó contándonos:

Steve y yo estamos divorciados. No me ha dado la pensión
para los niños desde hace seis meses porque está bebiendo y no
está trabajando, y yo le di 250 dólares del dinero que me ha

costado tanto trabajo ganar, probablemente para que se siga emborrachando.

¡Estoy furiosa! No puedo creer que le permita que me haga eso. Ahora sé cómo conducirme. Yo no quería hacerlo. Le permití que me riñera y que me hiciera sentir culpable para poderme sacar el dinero.

Jan aspiró profundamente y prosiguió.

Después, lo llevé a su departamento y le exigí que me regresara el dinero. Pasé por una tonta, gritando y dando vueltas. Me siento enojada, deprimida y avergonzada. A veces pienso que no sé nada acerca de la recuperación. Llamé a mi consejera y le hice un berrinche ¡Todas esas reuniones! ¡Toda la terapia! ¡Todo mi trabajo! ¿No significaban nada? Yo seguí sobreprotegiendo a los demás. Seguía permitiendo que la gente me usara. Y seguía dando vueltas actuando como si estuviera loca.

Le pregunté a Jan qué le había dicho su consejera. Me dijo que "al menos ahora me preguntaba por qué estaba permitiendo que la gente me usara, en vez de preguntarme por qué me estaban haciendo esto a mí", dijo Jan. Y me dijo que "al menos yo podía reconocer cuando actuaba con locura."

Al paso de los años, he visto a la gente usar distintos diagramas para representar el proceso de recuperación o de crecimiento. He visto la recuperación representada por una línea de zig-zag que va hacia arriba y hacia adelante, donde cada ángulo forma un pico más alto que el anterior (véase el diagrama 1 en la página siguiente).[1] He visto dibujar el

---

[1] Este es un diagrama que se usa a menudo para representar la recuperación de una adicción química, la recuperación de la codependencia, y la recuperación y el crecimiento interior.

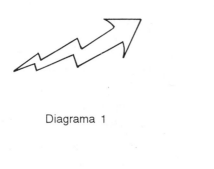

Diagrama 1

Diagrama 2

Diagrama 3

Diagrama 4

proceso de recuperación como una línea en espiral que se mueve hacia adentro en círculos cada vez más pequeños hasta que se alcanza un núcleo interno de estabilidad; un núcleo interno que es lo suficientemente grande para permitir un crecimiento continuo (véase el diagrama 2).[2] He visto la recuperación representada en un diagrama de una línea que tiene un movimiento hacia arriba y hacia adelante, y que en su camino describe círculos giratorios, que son cíclicos, pero que siempre llevan un movimiento ascendente (véase el diagrama 3).[3] Un diagrama que nunca he visto dibujar para re-

---

[2] Scott Egleston y otros han usado este diagrama para representar la codependencia y la recuperación.

[3] Lonny Owen ha empleado este símbolo para hacer un diagrama de la recuperación de la codependencia. Alguien le dio la idea, quien a su vez la tomó de alguien más.

presentar el proceso de recuperación es el de una línea recta que vaya hacia adelante y hacia arriba (véase el diagrama 4). La recuperación no es así.

La recuperación es un proceso. Dentro de ese proceso existe otro que se llama recaída. Regresión, dar reversa, resbalones, como quiera que le llamemos, cualquier diagrama que utilicemos para representar el crecimiento interior necesita contener las recaídas.

A pesar de nuestro más grande esfuerzo por seguir en la ruta, a veces nos encontramos revirtiéndonos a las viejas maneras de pensar, de sentir y de comportarnos, aunque ahora sabemos mejor cómo conducirnos.

La recaída puede venir sobre nosotros sordamente, puede prolongarse y puede volverse tan confusa como nuestra codependencia original. O puede ser breve. En ocasiones, estamos reaccionando a la locura de otra persona. Otras veces, estamos reaccionando a nosotros mismos. A veces, estamos reaccionando a los años de entrenamiento que hemos tenido de cómo ser codependientes. En otras ocasiones, sencillamente estamos reaccionando.

Por muchas razones, podemos descubrir que estamos usando conductas de adaptación que ya considerábamos superadas. Empezamos a descuidarnos, a cuidar de los demás, a sentirnos víctimas, a congelar nuestros sentimientos, a reaccionar en exceso, a tratar de controlar, a sentirnos dependientes y necesitados, culpables, obligados, deprimidos, privados, no merecedores y atrapados. Las locuras codependientes regresan, y nos sentimos avergonzados hasta el cuello.

No hay necesidad de que debamos sentir vergüenza. Les he preguntado a miles de personas en recuperación. Ninguna pretendió haber tenido una recuperación perfecta.

"Pensé que había algo terriblemente malo en mí", recuerda Charlene, y continúa:

Me la pasaba amenazando con dejar a mi novio, pero no lo dejaba. Me sentía desconectada de la gente, completamente sola en el mundo. Me puse irritable, me deprimí, y no podía dormir. Pensé que me estaba muriendo. Fui al doctor. Me dijo que estaba bien, pero no me sentía bien. Esto siguió así durante meses antes de que me diera cuenta de que se trataba de mi codependencia. Verdaderamente me asusté. Me costó algún trabajo, pero ahora voy de nuevo por buen camino.

Jack cuenta su historia:

El pasado fin de semana me llamó la esposa de mi amigo. Yo me estoy recuperando de la adicción química y de la codependencia. Mi amigo sigue bebiendo, y su esposa sigue pensando en ir a Al-Anón. Ella había planeado salir de la ciudad el fin de semana y me pidió que me quedara con su esposo mientras ella estuviera fuera. Me dijo que *él* realmente quería permanecer sobrio ese fin de semana y que *él* quería ir conmigo de pesca. Estuve de acuerdo. Al llegar, me di cuenta de que su esposo no tenía intención de ir a pescar. Lo que quería era beber. Ella me comprometió para que yo fuera la nana de él durante el fin de semana. Me sentí embaucado y atrapado. Fue uno de los más desdichados fines de semana que he tenido en mis dos años de recuperación. Y no pude abrir la boca y salirme de ahí. Me di un enorme resbalón, un resbalón de codependencia.

Marilyn cuenta esta historia:

Tenía apenas cinco años en recuperación cuando me fui a vivir con Bob, un alcohólico en recuperación. Un año después, me encontré viviendo al lado de un alcohólico que no bebía pero que había dejado de acudir a sus reuniones de recuperación. Otra vez empecé a sentir que estaba loca. Me sentía culpable, insegura, necesitada y resentida. Sucedió en forma gradual. Sencillamente me derrapé hasta ahí. Dejé de fijar límites, dejé de pedir lo que necesitaba y quería. No podía averiguar qué era lo que estaba mal. Entonces un día, cuando consideraba necesario romper con la relación, me sorprendí a mí misma pensando *¡No! No puedo hacer eso. No puedo vivir sin él.* Ese pensamiento me sacudió y me hizo tomar conciencia y entrar en acción. ¡Yo sabía cómo conducirme mejor!

Las recaídas nos ocurren a muchos de nosotros. Pasan por recaídas las personas que han estado recuperándose durante diez meses o durante diez años. No nos suceden porque seamos deficientes o nos dejemos languidecer. Las recaídas se dan porque son una parte normal del proceso de recuperación.

De hecho, son tan normales que no las voy a llamar recaídas. Las voy a llamar "reciclajes".[4]

Recaída, de acuerdo con el *New World Dictionary*, significa resbalar o volver a caer en un estado anterior luego de haber experimentado una mejoría o una *aparente* mejoría.[5] *Reciclar* significa recuperarse, o pasar de nuevo por un ciclo o por parte de un ciclo para verificación o tratamiento.[6]

"Recaer suena como a regresar todo el camino andado hasta volver al lugar desde donde habíamos comenzado, al cuadro número uno del tablero", explica mi amigo, Scott Egleston, quien también es terapeuta. "No nos regresamos

---

[4] Scott Egleston sugirió este término.

[5] *New World Dictionary of the American Language, Second College Edition*, Nueva York, Simon & Schuster, Inc., 1984, p. 1198.

[6] *Ibid*, p. 1189.

hasta atrás. Cuando terminamos un proceso de reciclaje, nos movemos hacia un sitio de mayor progreso en nuestro camino de recuperación."

El reciclaje es más que una parte normal de la recuperación. En ocasiones, es una parte necesaria. Por ejemplo, al principio de este capítulo, Jan habló acerca de cómo le permitió a su ex marido que se portara bravucón para sacarle dinero. Su historia tiene un epílogo. Alrededor de cuatro meses después del incidente, Jan estaba tomando café con su consejera, y ella le preguntó a Jan si había aprendido algo de ese incidente. Jan respondió:

> Desde entonces, he aprendido algo de él, algo valioso. Ese incidente fue parte de una importante lección mayor que yo estaba aprendiendo. Por fin estaba bastándome a mí misma económicamente, y estaba empezando a dejar atrás de mí a todas las personas enfermas dentro de mi vida. Me le estaba enfrentando al bravucón, y me estaba deshaciendo del sentimiento de culpa que tenía acerca de curarme. La lección que estaba aprendiendo implicaba la idea de que yo podía sentir compasión por la gente sin por ello caer en la codependencia.

Todos nuestros incidentes de reciclaje pueden tener epílogos favorables. Podemos sacar provecho de ellos cuando nos ocurren. El reciclaje es una oportunidad de hacer nuestro trabajo de recuperación. Es una forma de descubrir en qué necesitamos trabajar e ir sobre ello. Es una manera de averiguar lo que todavía no hemos aprendido, para que podamos empezar a aprenderlo. Es una forma que tenemos para afianzar lo que ya hemos aprendido, de modo que podamos seguir sabiéndolo. Reciclar implica aprender nuestras lecciones para que podamos seguir adelante en nuestro viaje.

Actividad

1. ¿Qué trayectoria describiría el diagrama de tu recuperación?
2. A medida que avances en la lectura de este libro, quizá quieras empezar a reunir una lista de afirmaciones. Algunas sugerencias de afirmaciones para el reciclaje serían:
- Es buena la historia de mi recuperación. Todas mis experiencias son necesarias y valiosas.
- Estoy aprendiendo lo que necesito saber. Aprenderé lo que necesite saber cuando sea tiempo para ello.
- Estoy justo donde necesito estar.

CAPÍTULO 6

Situaciones comunes
de reciclaje

> Gracias por escribir "Otra vez codependien-
> te". ¡Uy! un resbalón freudiano. Quiero decir,
> "Ya no seas codependiènte".[1]

La sociedad está llena de invitaciones para ser codependiente, dijo alguna vez Anne Wilson Schaef.[2] Y si no nos
invitan, nos invitamos nosotros mismos. En este capítulo, exploraremos algunas de estas situaciones.

---

[1] Esta es una cita de una carta anónima que recibí de una mujer de New South
Wales, Australia.

[2] Schaef hizo este comentario cuando ambas aparecimos en un programa de
radio, por vía telefónica.

Reciclaje en el trabajo

Podemos experimentar un reciclaje en el trabajo por muchas razones. Algunas veces, arrastramos nuestras conductas. Si aún estamos tratando de controlar a la gente en casa, podremos hacer lo mismo en el trabajo. Si no fijamos límites en casa, podemos no estar haciéndolo tampoco en el trabajo. En ocasiones, ya hemos adquirido gran destreza para cuidar de nosotros mismos en casa y en el ámbito de nuestras relaciones interpersonales, pero no hemos aprendido cómo cuidar de nosotros mismos en el trabajo y en las relaciones profesionales.

Otras veces, los problemas que surgen en el trabajo pueden ser indicativos de un problema mayor al cual necesitamos dedicarnos. "No me he sentido contento en mi trabajo", confiesa Alice, quien se ha estado recuperando de la codependencia durante muchos años.

Me he estado quejando y lamentando acerca de ello. De modo que decidí acudir a un consejero, y durante las sesiones me impactó una percepción nueva.

No me gusta mi empleo. Lo tomé porque reunía los estándares de mis padres. Me he quedado ahí porque ellos no estarían de acuerdo en que lo dejara. Puedo oírlos decir: "¿Con todas esas prestaciones? ¿Con toda esa antigüedad? ¿Te vas a ir y vas a dejar eso?"

Sí, eso es exactamente lo que voy a hacer.

En ocasiones, nos encontramos trabajando con un alcohólico o con alguna otra persona con problemas. Una persona adicta puede causar un caos tan grande en el trabajo como el que provoca en casa.

Cuando un prestigiado hospital le ofreció un empleo a Marlyss, ella estaba encantada. Había estudiado enfermería ya en su edad madura. Hace ocho años ella empezó a recuperarse de la codependencia, y desarrollarse dentro de su carrera era una gran parte de esa recuperación. Pero dos años y medio después de que empezó a trabajar en el hospital, Marlyss se sentía nuevamente enloquecer.

Finalmente me di cuenta de lo que estaba sucediendo. Me habían promovido a la categoría de supervisora. Mi supervisor era un alcohólico activo. Las enfermeras que estaban bajo mi supervisión estaban reaccionando a mi alcohólico supervisor y a la locura del sistema. Yo reaccionaba a todo mundo: a mi supervisor y a las enfermeras a quienes yo a mi vez supervisaba. Estaba en mi familiar papel de pacificadora y de cuidadora, sintiéndome responsable de todos y todo. Era como solía ser el sistema familiar en mi casa. Y me sentía como solía sentirme, realmente codependiente.

Marlyss comenzó a practicar el desapego en el trabajo. Luego de un corto tiempo, encontró un empleo diferente. Ha estado trabajando ahí durante tres años hasta ahora. "Me fascina", dice Marlyss. "Cambiarme aquí fue una de los mejores cambios que he hecho".

Algunos pueden encontrarse como empleados de personas abusivas o groseras. "Mi jefe me trataba de una manera tan horrible", dice Elisa. "Era verbalmente abusivo. Me hacía insinuaciones sexuales. Yo me había estado recuperando de la codependencia durante varios años, y aun así tardé meses en darme cuenta de que yo no estaba haciendo nada mal; era él quien actuaba mal."

Jerry, alcohólico y codependiente en recuperación que era propietario de un negocio, tuvo la siguiente experiencia:

Contraté una secretaria. Al principio, era estupenda. Estaba dispuesta a aprender y a trabajar duramente. Al poco tiempo, me di cuenta de que estaba casada con un alcohólico. Al principio sentí lástima por ella, luego me dio coraje. Cada vez que él bebía en exceso, ella no quería estar en su casa. Trabajaba hasta muy tarde y los fines de semana, y me cobraba tiempo extra. Le estaba llevando más tiempo de lo normal completar su trabajo. Estaba cometiendo un montón de errores a mi costa.

Al principio no dije gran cosa. Le sugerí que acudiera a Al-Anón, pero no estaba lista para hacerlo. Me avergonzaba enojarme. En realidad ella lo estaba pasando bastante mal, casada con un alcohólico. Pero al mismo tiempo podía ver cómo ella se dejaba utilizar por ese tipo. Me enojé cada vez más, y luego las piezas se empezaron a acomodar. Había dejado de tenerle lástima y había empezado a cuidar de mí mismo. Sé que es un mito que los codependientes están más enfermos que los alcohólicos. Sé cuánto sufren los codependientes; soy uno de ellos. Pero también estoy empezando a ver qué difícil puede ser tratar con un codependiente. Puedes volverte tan codependiente de un codependiente como lo serías de un alcohólico.

Una familia es un sistema con sus reglas propias, con sus papeles, con su personalidad. La dinámica en el trabajo puede ser similar. A veces una persona es disfuncional dentro de ese sistema. En ocasiones, el sistema es disfuncional, ya sea abierta o encubiertamente.

"Tenía cerca de dos años en proceso de recuperación cuando entré a trabajar en una estación de radio", dice Al, hijo adulto de un alcohólico. Continúa su relato:

En verdad quería tener ese trabajo. Todavía quiero. Pero, ¡caramba! cómo fomentó mi codependencia... somos una estación pequeña con poco presupuesto, con escaso personal y con una gran misión: hacer todo lo que podamos por salvar la ciudad.

Luego de trabajar ahí durante dos meses, me percaté de que reaparecían mis síntomas de codependencia. Esta vez no se trataba de mi relación; se trataba de mi trabajo. Estaba trabajando 60 horas a la semana, descuidándome, sintiendo que, hiciera lo que hiciera, nunca era suficiente. Me sentía irritable, enojado y culpable porque no podía hacer más. Cada vez que consideraba la posibilidad de fijar límites o de cuidar de mí mismo, me sentía más culpable todavía ¿Cómo podía ser tan egoísta? ¿Quién lo haría si no yo? ¿Y qué había acerca de nuestra misión? Todo yo no bastaba. Ahora, estoy averiguando cómo voy a hacer para cuidar de mí mismo dentro de esta organización.

Sally se encontró en una situación difícil en el empleo. Tomó un puesto gerencial dentro de una fuerza de ventas varios años después de haber iniciado su recuperación de la dependencia química. A los seis meses, empezó a sentirse "enloquecer" otra vez. "Igualito que en los viejos tiempos", dice Sally.

La política de la compañía sobrepasaba lo que es alta presión dentro del área de ventas. Implicaba prácticas no éticas. La empresa usaba a la gente —empleados y clientes—. No me sentía a gusto siguiendo la política de la compañía. Durante un tiempo, traté de simular que no era así. Luego, esa simulación me llegó a ser muy difícil. Hablé con mi supervisor. Él me entendió, pero la política de la empresa era la política de la empresa. Para entonces, yo ya había aprendido que uno no puede cambiar a los demás. Ahora, estaba aprendiendo que tampoco puedes cambiar a una corporación. Lo único que me quedaba era cambiar yo misma. Lo hice. Cambié de empleo.

Por años, Earnie Larsen, respetado autor y conferencista en temas relativos a la recuperación, ha insistido en que algunos sistemas exigen una conducta enfermiza de parte de la gente que los conforma. Él se estaba refiriendo a las familias, pero los sistemas de empleo pueden ser igualmente exigentes.

A veces, experimentar reciclajes en el trabajo nos da una clave de algo sobre lo cual necesitamos trabajar o que debemos esperar. Otras veces, es un indicador de cuánto hemos crecido interiormente. A menudo elegimos relaciones que son tan sanas como lo somos nosotros y que satisfacen nuestras actuales (pero cambiantes) necesidades; con frecuencia elegimos empleos de la misma manera. Podemos crecer más interiormente al punto que una relación que antes era satisfactoria ya no lo sea. Nos puede pasar lo mismo en el trabajo.

"Tomé un empleo durante el primer año de mi recuperación de la codependencia", dice Kelly. "Estaba devastada en esa época, hecha trizas por una relación enfermiza que había tenido por varios años. Al principio me sentí bien en mi trabajo. Me sentía en un lugar seguro. El empleo no era demandante, pero me mantenía ocupada. Y la gente era agradable. Sentía que ahí encajaba bien."

Después de cerca de 18 meses, cambiaron los sentimientos de Kelly acerca de su empleo. Se sentía fuera de lugar. Empezó a reprimir sus sentimientos, haciendo torpemente su trabajo.

No sé cuándo o cómo sucedió, pero me di cuenta de que ya no encajaba ahí. Entre más me curaba, más me daba cuenta de que muchos de mis compañeros de trabajo eran víctimas. Y querían que yo fuera víctima. A medida que crecí interiormente y que empecé a hacer más cosas para cuidar de mí misma, empezaron a enojarse conmigo. Me sentía desgarrada. Yo quería encajar ahí y sentirme parte del grupo. Pero no quería ser una víctima.

Aunque Kelly decidió quedarse un tiempo más en ese empleo, sospecha que pronto se cambiará. Se ha estado recuperando durante un tiempo suficiente para saber que los cambios no necesariamente son malos. Que nos pueden llevar a nuestro siguiente punto de crecimiento.

Hay otros sistemas además de ciertos ambientes de trabajo que nos pueden invitar a comportarnos de manera codependiente. Podemos experimentar reciclajes en la iglesia, en grupos de recuperación, y en asociaciones profesionales, sociales o de caridad. Dondequiera que la gente se reúna, existe la posibilidad de que nosotros usemos nuestras conductas adaptativas codependientes.

"Llegaba a la iglesia los domingos sintiéndome bien. Me iba sintiéndome avergonzado. Nunca sentía que era suficientemente bueno, no importa qué hiciera para lograrlo", dice Len, un codependiente en recuperación, quien nos cuenta su historia:

A menudo me sentía presionado a brindarme como voluntario para hacer cosas. No podría decir si estaba contribuyendo con dinero porque así lo quería o porque me sentía culpable. Estaba muy bien toda la semana. Pero sentía vergüenza en la iglesia.

Desde entonces me cambié de iglesia. Necesito escuchar que Dios me ama, no que Él me está esperando para castigarme. He vivido con culpa y miedo toda mi vida. Mirando en retrospectiva, pienso que esa iglesia se basaba tanto en los sentimientos de culpa como lo hacía mi familia. Simplemente no pude darme cuenta de ello hasta que mejoré.

También podemos llegar a experimentar reciclajes cuando estamos en terapia o en grupos de apoyo. "Sabía que era alcohólica y que necesitaba de AA. También sabía que era codependiente y que necesitaba de Al-Anón", dice Theresa al contar su experiencia.

> Pero algunos miembros de mi grupo de AA empezaron a darme lata. Me decían que si yo realmente iba a trabajar sobre un buen programa de AA, no necesitaría de Al-Anón.
> Me salí de Al-Anón, y me empecé a sentir de nuevo verdaderamente loca. Luego me di cuenta de que la gente que estaba en mi grupo de AA no tenían que darme su aprobación para que yo me enfrentara a mi codependencia. O bien no la entendían, o se sentían incómodos de que yo acudiera a Al-Anón. Yo no necesitaba convencerlos de nada; mi labor consistía en cuidar de mí misma.

Cuidar de nosotros mismos puede significar encontrar otro empleo, iglesia o grupo. O puede significar que averigüemos cómo funcionar en el trabajo, en la iglesia o en el grupo en el que nos encontramos. Theresa ha seguido acudiendo al mismo grupo de AA. También sigue yendo a Al-Anón.

Reciclaje en nuestras relaciones

En cualquier relación es posible y bastante predecible que se presente un reciclaje. Podemos renunciar a nuestro poder y volvernos locos con personas que hemos conocido durante años y con extraños. Podemos empezar a reaccionar hacia personas que amamos y hacia gente que no estamos seguros de si nos caen bien.

Podemos empezar a sentirnos culpables, como si nosotros hubiéramos cometido el error, cuando otros se conducen de manera inapropiada. En ocasiones, experimentamos un reciclaje sin que ellos nos ayuden en absoluto.

En algunas ocasiones necesitamos aprender a utilizar ciertos conocimientos prácticos de recuperación que hemos adquirido en un tipo de relación —por ejemplo, en nuestra especial relación amorosa— o en otro —por ejemplo, en una relación de amistad.

"Puedo fijar límites con mi esposo y con mis hijos. Pero soy un fracaso para fijar límites con amistades", dice una mujer.

Podemos reaccionar ante gente recién conocida, personas cuya adicción o problemas nos toman desprevenidos. O podemos reaccionar ante personas cuya adicción o disfunción conocemos demasiado bien.

> Puedo irla pasando bastante bien —dice Sarah—. Pero después de diez minutos de hablar por teléfono con mi ex marido, soy otra vez un cesto. Todavía trato de confiar en él. Aún entro en la negación acerca de su alcoholismo. Todavía me asaltan la vergüenza y la culpa cuando hablo con él. Me ha llevado un largo tiempo, pero finalmente estoy aprendiendo que no tengo que hablar con él. Me sucede lo mismo cada vez que lo hago.

Algunas veces, las relaciones que hemos tenido en el pasado nos dan lecciones importantes. Puede ser que necesitemos ir lo suficientemente hacia el pasado para que entonces nos demos cuenta de que no queremos permanecer dentro de esa relación.

Las reuniones familiares, los días festivos y otras ocasiones especiales en que se reúne la familia pueden ser un reto para nuestra recuperación. Además de disparar una reacción hacia

todo lo que esté sucediendo ese día, pueden servir para disparar viejos sentimientos.
Tratar con ciertos miembros de la familia, estén ellos en
recuperación o no, puede ser provocador. "Me atrapan en el
teléfono algunos familiares", nos cuenta Linda.

Siento cómo atravieso el proceso completo: sintiéndome furiosa, culpable, y luego poniéndome torpe. Ellos no están en
recuperación. Siguen y siguen. Les digo que me tengo que ir,
pero no me oyen. Aparte de colgarles, ¡no sé qué otra cosa hacer!
A veces esto me deja sitiéndome agotada durante horas. Me
enojo tanto... Mi familia es importante para mí. Me gustaría gra-
barles esas conversaciones y hacerlos que se escuchen a sí mismos durante horas sin fin, como yo lo hago.
He estado recuperándome de la codependencia durante ocho
años. Sé que la verdadera respuesta no es conseguir que otras
personas se escuchen a sí mismas y "vean la luz", sino que la
solución es que yo me escuche a mí misma y que "yo vea
la luz". A veces puedo lidiar con mi familia, pero otras, sigo em-
brollándome con ellos.

Podemos descubrir que periódica o cíclicamente, reaccio-
namos ante ciertas personas en nuestras vidas. Dice una mujer:

Me he dado cuenta de que mis reciclajes dentro de las relaciones me vienen por periodos. Estoy muy bien durante unos
meses, y luego pareciera que personas dementes salieran de una
pila de maderos arrastrándose. Generalmente se trata de las mismas personas, y parecen decididas a infligirme su locura, todas
al mismo tiempo. No lo comprendo. Pero sí entiendo esto: es
tiempo de desapegarme y de cuidar de mí misma.

Lidiar con niños puede ser un reto para nuestra recuperación como podemos verlo en el caso de otra mujer:

> Soy apta para cuidar de mí misma con el resto del mundo. Pero con mis hijos me siento culpable cuando les digo que no. Me siento culpable cuando me enojo con ellos. Me siento culpable cuando los corrijo. Les permito que me traten espantosamente, ¡y luego soy yo la que me siento culpable!
>
> Mi hijo ha admitido que de manera deliberada emplea conmigo tácticas para producirme sentimientos de culpa. En sus momentos débiles —le llama a esto "la trampa de la culpa"—, ha admitido que me compara con otras madres y que miente acerca de lo que ellas les permiten hacer a sus hijos para controlarme a mí. Mis hijos saben lo que están haciendo. Ya es tiempo de que yo también aprenda qué necesito hacer.

"Fijarles límites a mis hijos me resulta más difícil que fijar límites en mi trabajo, con mis amigos, o con mi novia", dice un hombre divorciado. "Me siento tan culpable cuando lo hago, y tan victimado cuando no lo hago…"

Lidiar con los hijos de otros puede ser más difícil que lidiar con los propios. Le he preguntado a gente en recuperación: "¿Qué parte es la más difícil en tu relación?" Mucha gente que tiene relaciones que implican niños de matrimonios anteriores dicen: "tratar con los chicos".

Pero el reto más grande en nuestra recuperación aparentemente siguen siendo las relaciones amorosas. "No sé cómo estar enamorada y no ser codependiente", dice una mujer en recuperación. "Fui amiga de un hombre durante cerca de un año. En el momento en que empezamos a vivir juntos, ambos dejamos de cuidar de nosotros mismos y tratamos de controlar al otro. Verdaderamente llegó a ser una locura. Cuando estoy enamorada, todo lo demás me importa poco. Y lo que generalmente desparece primero son mis conductas de recuperación." Podemos sentirnos incómodos cuando una relación se hace demasiado íntima y demasiado buena. La crisis y el caos podrán no sabernos bien, pero esas cosas pueden ser cómodas. A veces, nos ponemos tan ansiosos esperando a que caiga el otro formidable zapatazo, que nos quitamos el zapato nosotros mismos y lo aventamos.

Otra mujer cuenta:

> Estoy en una buena relación, que tiene un potencial tremendo. Nos llevamos maravillosamente, pero cada vez que las cosas se ponen demasiado bien, yo provoco un problema. Al principio, no podía darme cuenta de que este era mi patrón de conducta. Pensaba que las cosas simplemente se ponían bien, y luego mal. Ahora, estoy empezando a ver mi papel.

Hay muchas razones para experimentar reciclajes en las relaciones. En ocasiones la relación se acaba, pero nosotros no estamos listos para terminar con ella. A veces necesitaríamos disfrutar de la relación, pero estamos demasiado asustados para hacerlo. Otras veces estamos provocando un caos para evitar la intimidad. A veces el enamorarse puede asemejarse a la codependencia; a medida que los límites se hacen más débiles, nos concentramos en la otra persona y tenemos una sensación de pérdida de control. En ocasiones lo que llamamos "conductas codependientes" son una parte normal de las relaciones donde hay cercanía o intimidad.

Es en las relaciones donde mostramos el espectáculo de nuestra recuperación. Cuidar bien de nosotros mismos no significa que evitemos las relaciones. La meta de la recuperación es aprender a funcionar dentro de las relaciones. La

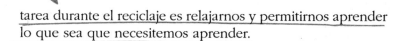

tarea durante el reciclaje es relajarnos y permitirnos aprender lo que sea que necesitemos aprender.

Otras situaciones de reciclaje

Muchas otras circunstancias pueden provocar nuestra co-dependencia. A veces empezamos a negar que la codependencia es real y que la recuperación es responsabilidad nuestra. Podemos descuidar nuestra recuperación y dejar de cuidar de nosotros mismos. A veces nos descuidamos a nosotros mismos antes de un incidente de reciclaje; en ocasiones lo hacemos después de que empezamos a experimentar el reciclaje, empeorando las cosas.

"¿Cuánto tiempo necesito seguir trabajando en mi recuperación?", pregunta una mujer. "Toda mi vida, supongo", se responde ella misma. "Cada vez que dejo de tomar en serio mi recuperación, mi vida se vuelve de nuevo una locura."

En ocasiones aparecen nuestras viejas reacciones *sin razón alguna*.

A veces el reciclaje es parte del proceso experimental que atravesamos a medida que luchamos por adquirir nuevas conductas y nos despojamos de las antiguas, que son auto-destructivas.

Enfermarnos o cansarnos en exceso pueden hacer que se disparen en nosotros conductas codependientes. El estrés —el de hoy y el de ayer— puede hacer que reaparezca nuestra codependencia. Nuestra reacción instintiva a situaciones estresantes puede ser descuidarnos a nosotros mismos.

"Una vez que una persona ha sido abrumada por sucesos traumáticos, está susceptible a que resurjan súbitamente los sentimientos, pensamientos y conductas que estaban presentes cuando el trauma", escribe Cermak en *Diagnosing and Treating Co-Dependence*. "Este resurgimiento es muy probable que ocurra cuando el individuo se vea enfrentado con algo que simbólicamente represente el trauma original, tal situación actuará como un detonador."[3]

Los gatillos le recuerdan a nuestro subconsciente de un evento traumático, provocando que emerjan sentimientos y conductas codependientes. Entre éstos se pueden incluir:

- sentirse ansioso o atemorizado;
- congelar los sentimientos, o "volverse torpe";
- concentrarnos en otros y descuidar de nosotros mismos;
- intentar controlar las cosas, los eventos y a la gente;
- experimentar una baja súbita de nuestra autoestima;
- o cualquiera de las conductas o sentimientos codependientes que tuvimos o que hicimos durante el suceso real.

Automáticamente empezamos a reaccionar y a protegernos a nosotros mismos.

Cada quien tiene sus propios detonadores. Si tuvo conexión con algo atemorizante o doloroso que sucedió en el pasado, puede ser ahora un detonador.

Casi cualquier cosa puede ser un detonador:

- conflictos;
- la amenaza de que alguien nos va a abandonar, incluso cuando nosotros queramos que él o ella se vayan;
- confrontación;
- cuentas por pagar;
- o escuchar determinada canción.

[3] Timmen L. Cermak. *Diagnosing and Treating Co-Dependence*, Minneapolis, Johnson Institute, 1986, p. 55.

Cualquier cosa que tenga relación, que se parezca o que represente una experiencia traumática del pasado puede ser un detonador. Enamorarse puede parecerse a la codependencia; también la puede hacer explotar.

Comprender nuestros detonadores puede no lograr que desaparezcan estos súbitos resurgimientos de codependencia, pero el entenderlos puede ayudarnos a salir adelante más pronto.

"Las cuentas por pagar son un detonador para mí", dice Carol.

> Ahora tengo suficiente dinero. Ese no es el problema. El problema es todos los años que estuve casada con un alcohólico, y que no había suficiente dinero. Antes de que aprendiera acerca de mis detonadores, me sentía ansiosa y angustiada el día que pagaba las cuentas. Ahora, reconozco lo que está sucediendo. Todavía me asusto, pero me digo a mí misma que todo está bien. Ahora hay suficiente dinero. Y había suficiente.

Los problemas y los traumas no son lo único que pueden provocar codependencia. El éxito, en cualquier área de nuestras vidas, puede provocar que controlemos y cuidemos todo de nuevo.

"Sé cómo afrontar las emergencias, las tragedias y las desilusiones", confía una mujer en recuperación. "No sé cómo enfrentar el éxito, la paz y las relaciones amorosas. Esas cosas son incómodas. Me asustan. Me pregunto qué cosa mala va a suceder después. Algún hecho terrible siempre sucedió en el pasado. Es difícil para mí creer que merezco cosas buenas. Me es más difícil aún creer que las cosas buenas van a durar."

Un cambio de circunstancias puede provocar en nosotros un reciclaje. Cambiar de empleo, terminar una relación, la

Éxito y Relaciones

93

amenaza de que se acabe una relación, un cambio en la situación económica, o un cambio en nuestra rutina puede ser desconcertante. Incluso los cambios apetecibles traen consigo una sensación de pérdida. La mayoría de nosotros hemos experimentado tantos cambios y pérdidas que ya no queremos seguirlo haciendo más.

Alrededor de seis meses después de que salió a la venta *Ya no seas codependiente*, mi vida empezó a cambiar. Estaba trabajando para un periódico y trabajando como escritora *free lancer* por las noches y los fines de semana. Me empezaron a pedir que hablara en público. Yo estaba combinando todas estas actividades con la rutina que implica ser una madre sola con dos niños pequeños. También estaba tratado de seguir involucrada en mi propio proceso de recuperación y de encontrar tiempo para divertirme.

Mi vida seguía llenándose de actividades nuevas. Yo seguía tratando de seguir con las que ya tenía antes y de hacer lugar para las nuevas. Seguía esperando que las cosas volvieran a lo normal. De lo que no me daba cuenta es de que lo normal había cambiado.

Entonces me enfermé de pulmonía doble. Supe del diagnóstico 24 horas antes de un compromiso para hablar en público en Joplin, Missouri. Pensé que sería impropio cancelar con tan poco tiempo de anticipación al evento, de modo que acudí y cumplí. Cuando regresé a Minnesota, tenía que entregar varias historias al periódico. Me dije a mí misma que tampoco podía cancelar ese compromiso.

Me pasé un día tratando de hilvanar una historia que normalmente me hubiera llevado tres horas escribir. Luego de ocho horas, no había hecho ni siquiera el primer párrafo. Me quedé hasta tarde, con la esperanza de que la quietud me ayudaría a pensar con más claridad. Alrededor de las ocho de la noche de ese día, había escrito a duras penas cuatro o cinco párrafos.

Cuando fui al salón a tomar un descanso, escuché esa queda voz dentro de mí. Decía: *es tiempo de que cuides de ti misma.* Yo estaba corriendo por todo el país, predicando esas palabras. Había escrito un libro que llevaba ese mensaje. Ahora, era tiempo de escucharme a mí misma.

Cuando empezamos a sentir de nuevo las locuras codependientes, sabemos que es tiempo. Es tiempo de que cuidemos de nosotros mismos.

Ya sea que experimentemos un reciclaje o no, podemos beneficiarnos poniendo atención extra al cuidado de uno mismo bajo estas circunstancias. Y ya sea que estemos reaccionando a un loco sistema, a una persona, a nosotros mismos, a nuestro pasado, o que sencillamente estemos reaccionando, cuidar de nosotros mismos sigue siendo un tema sobre el que no hay disculpas. Es nuestra responsabilidad.

En algún punto entre nuestra primera respuesta —de señalar con el dedo a la otra persona y decirle: "es tu culpa"— y nuestra segunda reacción —volver ese dedo hacia nosotros mismos y preguntarnos, ¿*Qué me está pasando?*— hay una lección que aprender. Esa lección es para que nosotros aprendamos de ella.

Actividad

1. ¿Vienen a tu mente algunos incidentes de reciclaje mientras lees este capítulo? ¿Cómo cuidaste de ti mismo durante esa situación?

2. ¿Hay alguna persona en tu vida que en especial parezca despertar la codependencia en ti? ¿Qué es lo que sucede? ¿De qué maneras puedes empezar a cuidarte a ti mismo con estas personas?

3. Al ir por tu rutina cotidiana, te fijaste en tus detonadores. ¿Cuáles situaciones parecen traer esos viejos sentimientos codependientes "sin razón alguna"? Busca la razón, la conexión con el pasado. Cuando eso sucede, ¿qué es lo que puedes decirte a ti mismo para ayudarte a sentir mejor?

CAPÍTULO 7

Cómo atravesar
el ciclo

> Todavía tengo días malos, pero así está bien.
> Solía tener malos años.

Anónimo

Reciclar puede significar que caigamos momentáneamente en nuestras antiguas conductas. O el reciclaje puede conducir a problemas más serios: la depresión, el uso de químicos que alteran los estados de ánimo para enfrentarnos a la situación, o a la enfermedad física. La codependencia es progresiva; el reciclaje también puede serlo. Podemos quedar atascados, hacer girar con rapidez nuestras ruedas, y luego descubrir que nos hemos hundido más hondo en el fango.

Ya sea que nuestra experiencia de reciclaje dure seis minutos o seis meses, nuestra reacción instintiva es generalmente de negación, vergüenza y descuido personal. Esa no es la manera de salir de ella. Es la manera de hundirnos más.

Salimos de ahí, o superamos este proceso de reciclaje practicando la aceptación, la autocompasión y el cuidado de uno mismo. Estas actitudes y conductas pueden no venir sin esfuerzo alguno como lo hacen la negación, la vergüenza y el descuido. Hemos pasado años practicando la negación, la vergüenza y el descuido. Pero podemos aprender a practicar alternativas más sanas, aunque lo sintamos embarazoso. Siguen algunas sugerencias para hacerlo.

La práctica de alternativas más sanas

El primer paso para salir de una situación de reciclaje consiste en identificar cuándo nos encontramos en ella. He aquí algunos signos de advertencia.[1]

Reprimimos las emociones

Podemos irnos entorpeciendo y comenzar a congelar los sentimientos o a ignorarlos. Regresamos al modo de pensar que dice que los sentimientos son innecesarios, inapropiados, injustificados o que no son importantes. Podemos decirnos lo mismo acerca de lo que queremos y necesitamos.

[1] Estos signos en parte se basan en "Co-Alcoholic Relapse: Family Factors and Warning Signs", Terence T. Gorski y Marlene Miller, en *Co-Dependency, An Emerging Issue*, Pompano Beach, Fla., Health Communications, Inc., 1984, p. 82.

Regresan las conductas compulsivas

De manera compulsiva podemos empezar a comer, a cuidar de los demás, a controlar, a trabajar, a mantenernos ocupados, a gastar, a involucrarnos en relaciones excesivamente sexuales, o en cualquiera otra cosa que hagamos compulsivamente para evitar sentir.

Regresa la autoimagen de víctima

Podemos comenzar a sentir, pensar, hablar y actuar de nuevo como víctimas. Podemos empezar a concentrarnos en los demás, o recurrir a culpar y a tomar chivos expiatorios. Una buena señal de que estoy "en una de aquéllas" es cuando me oigo a mí misma lamentarme de cómo es que alguien me está haciendo a mí esto o aquello, o de cuán horrible es algo. Mi voz empieza a triturarme los nervios.

Baja la autoestima

Nuestro nivel de autoestima puede bajar. Podemos quedarnos varados en el odio hacia nosotros mismos o en la vergüenza. Podemos volvernos hipercríticos de nosotros mismos o de los demás. Pueden retornar el perfeccionismo y los sentimientos de que uno no es suficientemente bueno.

Empieza el descuido de uno mismo

Descuidar las acciones grandes y pequeñas del cuidado de uno mismo que son parte regular de nuestra rutina de recuperación puede ser un indicio de que estamos muy cerca de una situación de reciclaje. Abandonar nuestra rutina cotidiana es otro indicio.

Regresan las locuras

Y puede volver la vieja historia que incluye el regreso de factores como el miedo y la ansiedad; sentirnos desconectados de la gente y de nuestro Poder Superior; trastornos en el sueño (dormir muy poco o en exceso); nos vuela la mente; nos sentimos abrumados por la confusión (o sencillamente, abrumados); tenemos dificultad para pensar con claridad; nos sentimos enojados o resentidos; nos sentimos culpables por sentirnos así; nos sentimos desesperados, deprimidos, privados, no merecedores y no amados. Podemos llegar a las "demasías": demasiado cansancio, demasiado trabajo, demasiados compromisos, demasiada sensibilidad; o bien a las "escaseces": estar mal pagados, no ser suficientemente apreciados, estar mal alimentados, estar desperdiciados y estar a merced del clima.

Un mal estado físico continuo puede ser un signo de advertencia de que algo está perturbando nuestra mente y nuestras emociones. Podemos empezar a aislarnos de la gente y a evitarla. Volver a ser mártires o al estado de ánimo de "todo lo soporto" es otro signo de advertencia. Esto incluiría regresar a la creencia de que no podemos disfrutar de la vida ni divertirnos hoy, esta semana o este mes; que la vida es algo que "debemos atravesar", y que quizá la próxima semana o el año que entra podamos estar felices.

Las conductas también regresan

Una vez que nos encontramos en una situación de reciclaje, pueden reaparecer algunas o todas las conductas adaptativas codependientes.

¡Atrapado!

Sentirse atrapado, creer que no tenemos alternativas, es una actitud altamente sospechosa.

Eso de nuevo ¡no!

Es posible ir hasta la zona de peligro durante el reciclaje. Los síntomas aquí incluyen enfermedad física crónica, dependencia química, depresión crónica, o posibles fantasías de suicidio.

Luego de que hayamos identificado un regreso a nuestras antiguas costumbres, el paso siguiente es sencillo. Decimos: "¡Ay! lo estoy haciendo otra vez". A esto se le llama *aceptación y honestidad*. Es útil en este momento volver a conceptos tales como la impotencia y la ingobernabilidad. Si estamos trabajando un programa de Doce Pasos, este es buen tiempo para trabajar el Paso Uno. A esto se le llama "sometimiento".

Ahora viene la parte potencialmente difícil. Nos decimos a nosotros mismos: *está bien. Lo hice de nuevo.* A esto se le llama "autocompasión".

Mitos acerca del reciclaje

El creer cualquiera de los siguientes mitos acerca del reciclaje puede hacer la recuperación más difícil de lo necesario.

- Debería estar más adelantado en mi recuperación de como lo estoy.
- He estado en recuperación durante un número de años. Ya no debería tener problemas con esto.
- Si trabajara un buen programa, no estaría haciendo esto.
- Si soy profesionista experto en recuperación, en salud mental, o en general en el campo de ayuda social, no debería tener este problema.
- Si mi recuperación fuera real, no estaría yo haciendo esto.
- La gente no me respetaría si supiera que yo pensé, sentí o hice esto.
- Una vez que ha cambiado, una conducta ha desaparecido para siempre.
- No es posible que esté haciendo esto otra vez. Ahora sé mejor cómo hacer las cosas.
- ¡Ay no!, he regresado al cuadro número uno del tablero.

Estos son mitos. Si creemos en ellos, necesitamos tratar de cambiar estas creencias. Es normal tener problemas. Es normal tener reciclajes. La gente que trabaja sobre buenos programas y que tiene una buena recuperación experimenta reciclajes, aunque sean profesionistas en estas áreas. Está bien "hacerlo" otra vez, aunque ahora ya sepamos mejor cómo conducirnos. No nos hemos regresado por completo hasta el cuadro número uno del tablero ¿Quién sabe? Podemos aprender de él esta vez.

Si insistimos en culpar o en sentirnos avergonzados, podemos darnos un tiempo limitado para hacerlo. De cinco a quince minutos deben ser suficientes.

Cuidar de nosotros mismos

Después de que nos hayamos aceptado a nosotros mismos y nos hayamos dado un abrazo, nos haremos dos preguntas:

- ¿Qué necesito hacer para cuidar de mí mismo?
- ¿Qué se supone que debo aprender?

Con frecuencia, los conceptos del cuidado de uno mismo que necesitamos practicar son básicos:

- aceptación,
- renuncia,
- una evaluación realista de lo que podemos controlar,
- desapego,
- dejar de ser víctimas,
- enfrentar nuestros sentimientos,
- tomar en serio lo que queremos y necesitamos,
- fijar límites,
- tomar decisiones, eligiendo, y asumir la responsabilidad por ello,
- fijar metas,
- ser honestos,
- dejar ir (cosas, personas, situaciones), y

- consentirnos a nosotros mismos y darnos amor en grandes dosis.

Concentrarnos conscientemente en nuestro programa de recuperación, hablar con gente sana, aplicarnos diligentemente a las meditaciones y pensamientos positivos, relajarnos y tener actividades divertidas también ayuda.

Necesitamos recuperar nuestro equilibrio.

Cuidar de nosotros mismos en el trabajo puede requerir de algunas consideraciones diferentes que cuidar de nosotros mismos en casa. Ciertas conductas podrán ser apropiadas en casa pero podrían tener como resultado que perdiéramos el empleo. Quizá no queramos decirle al jefe lo furiosos que estamos contra él. Cuidar de uno mismo es ser responsable de uno mismo.

La codependencia es un ciclo autoderrotista. Los sentimientos codependientes conducen al descuido de uno mismo, y el descuido de uno mismo conlleva a más sentimientos y conductas codependientes, lo cual conduce a un mayor descuido de uno mismo, y así sucesivamente. La recuperación es un ciclo más energetizante. Cuidar de uno mismo conduce a sentirnos mejor, estos sentimientos más sanos conllevan a cuidar más de uno mismo, y seguimos nuestro viaje por esa misma pista.

Yo no sé qué requieras precisamente para cuidar de ti mismo. Pero sé que lo puedes averiguar.

Otra cosa que ignoro es la lección que estás aprendiendo. Lo más que puedo hacer es aprender yo la mía. No puedo decirte cómo averiguar el sentido que tienen las experiencias particulares que tienes en tu vida, pero puedo decirte esto: entre tú y tu Poder Superior averiguarán todo eso también.

No te preocupes. Si no entiendes, o si no estás listo para

aprender hoy tu lección, está bien. Las lecciones no se marchan. Se nos siguen presentando hasta que las aprendemos. Y eso haremos cuando estemos listos y sea el tiempo justo para ello.[2]

Consejos a seguir durante el reciclaje

Aunque no tengo una fórmula para cuidar de uno mismo ni para aprender las lecciones de la vida, he reunido algunos consejos que pueden ser de ayuda durante el reciclaje:

- Si se siente el desequilibrio de la codependencia, probablemente está ocurriendo. A menudo cuando nos metemos dentro de un sistema loco, nuestra primera reacción es aún la de preguntarnos qué nos pasa a nosotros. Podemos confiar en algunas personas, pero no podemos confiar en todo mundo. Debemos confiar en nosotros mismos.
- Si nos estamos protegiendo, puede ser que algo nos esté amenazando. Quizá un detonador nos esté haciendo recordar los viejos tiempos o un antiguo mensaje esté tratando de sabotearnos. A veces, alguien nos está amenazando en el presente, y estamos tratando de aparentar que no es así. Si estamos protegiéndonos, nos ayuda el comprender quién o qué es lo que nos asusta, y de qué es de lo que nos estamos protegiendo.
- Cuando falla un método para la solución de un problema, prueba otro. A veces nos quedamos atorados. Encontramos un problema, decidimos solucionarlo de

[2] Basado en parte en una entrevista con Donna Wallace, "Donna Wallace on Empowering ACoAs at Work", *Phoenix* 8, núm. 5, mayo de 1988, p.2.

cierta manera, fracasamos, y luego en forma repetitiva, a veces durante años, tratamos de solucionar ese problema de la misma forma, aunque esa manera no nos funcione. Reagrupa las partes y prueba otro método.

- La obstinación no funciona mejor durante la recuperación del mismo modo que no funcionaba tampoco antes. El sometimiento es lo que sirve. A veces durante el reciclaje, atravesamos el proceso de negar un problema que está aflorando en nuestra conciencia. Estamos luchando por evitarlo o por superarlo poniéndonos cada vez más tercos. Cuando falle la terquedad, probemos el sometimiento.

- Los sentimientos de culpa, de lástima y de obligación son para el codependiente lo mismo que el primer trago es para el alcohólico. Fíjate en lo que sucede después.

- Sentirnos tristes y frustrados porque no podemos controlar a alguien o a algo no es lo mismo que controlar.[3]

- Tratar de recuperar lo que hemos perdido no funciona. "Si miro hacia atrás y me quedo viendo lo que he perdido en un lapso suficientemente largo, mis pérdidas se apoderan de mí", dice un hombre. "He aprendido a tomarlas y salir corriendo."

- No podemos fijar un límite y cuidar de los sentimientos de otra persona simultáneamente.[4]

- Hoy no es ayer. Las cosas cambian.

- No tenemos que hacer hoy más de lo que razonablemente podamos hacer. Si estamos cansados, descanse-

---

[3] Esta es sabiduría proveniente de Scott Egleston.

[4] Obtuve esta sabiduría de una mujer que conocí en un aeropuerto. Por un descuido no tengo su nombre, pero ella viaja a través del país dando clases a las enfermeras acerca de la codependencia. Basa parte de su enseñanza en *Ya no seas codependiente*, y compartió conmigo este pequeño manjar.

mos. Si necesitamos jugar, juguemos. Terminaremos de hacer nuestro trabajo.

- Cuando estés deprimido, fíjate si se encuentran presentes la ira, la vergüenza o los sentimientos de culpa.[5]
- Si no estamos seguros de algo, podemos esperar.
- Es difícil sentir compasión por alguien mientras esa persona nos esté usando o victimando. Probablemente nos sentiremos enojados. Primero, dejamos de permitir que nos utilicen. Después, trabajamos la compasión. La ira puede motivarnos a fijar límites, pero no necesitamos permanecer resentidos para seguir cuidando de nosotros mismos.
- Si nos escuchamos a nosotros mismos, probablemente identificaremos el problema. El siguiente paso es la aceptación.
- Nunca nos quedamos cortos en la necesidad que tenemos de consentirnos y de cuidar de nosotros mismos.
- Si todo nos parece negro, probablemente es porque tenemos los ojos cerrados.

Cuando todo lo demás falle, prueba con la gratitud. A veces, eso es lo que supuestamente deberíamos estar aprendiendo. Si no podemos pensar en ninguna cosa por la cual estemos agradecidos, seamos agradecidos de todas maneras. Esfuérzate en tener gratitud. Fíngela si es necesario. A veces durante el reciclaje necesitamos cambiar algo que hemos estado haciendo. En ocasiones dentro de nosotros se están componiendo aspectos importantes que son intangibles y que pueden no distinguirse claramente durante meses o años. Cosas tales como la paciencia, la fe y la autoestima.

[5] Basado en parte en la información de *Here Comes the Sun*, Gayle Rosellini y Mark Worden, Center City, Minn., Hazelden Educational Materials, 1987.

"He tenido un montón de altibajos, mucho dolor y muchas pérdidas", dice una mujer. "Todavía no estoy segura de qué se ha tratado todo esto, pero he aprendido unas cuantas cosas. He aprendido que el lugar donde vivo, la ropa que me pongo y el sitio donde trabajo no son yo. Yo soy yo. Y no importa lo que suceda, puedo pararme con mis propios pies."

Pónte a pensar en ello, tal vez a la recaída no le deberíamos llamar "reciclaje". Tal vez le debiéramos llamar "ciclos de crecimiento". O quizá simplemente "crecimiento".

Reciclar, quedarse varado, tener malos días, como quiera que le llamemos, la experiencia puede ser dura, especialmente si ya hemos tenido una probadita de lo que son días mejores. Podemos asustarnos, preocupándonos porque todo aquello del pasado ha vuelto, quizá para quedarse. No tenemos que preocuparnos. No tenemos que regresar todo el camino andado. Todo aquello que pertenece al pasado no ha llegado para quedarse. Es parte del proceso, y dentro de ese proceso, algunos días son mejores que otros. Nosotros podemos enfrentarlos con alegría.

Lonny Owen[6] y yo condujimos un seminario y un grupo de apoyo de diez semanas de duración para "codependientes avanzados" (aquellos que sabemos cómo hacer mejor las cosas, y que a pesar de ello no las hacemos así). Todos los participantes se habían identificado previamente como codependientes; todos habían estado involucrados activamente en su recuperación por lo menos por un año. La mayoría habían estado trabajando en su recuperación durante mucho más tiempo. Ya habíamos sobrepasado aquello de "¿Seré yo codependiente? ¿Quizá no lo sea? Pero, de cualquier forma, ¿qué

---

[6] Lonny Owen es un facilitador con ocho años de experiencia en terapia con codependientes y familias.

es la codependencia?" Fuimos al núcleo del asunto: "¿En qué punto de mi recuperación estoy varado? ¿En qué me he quedado atorado? y ¿qué necesito hacer para mejorar mi vida y mis relaciones?"

El taller necesitaba gran vulnerabilidad por parte de los participantes. Se les pidió que cada uno de ellos expusiera, y que fueran honestos acerca de quiénes eran al haber estado tanto tiempo en recuperación. El grupo también requería algo de vulnerabilidad de parte de Lonny y de mí. Esta vez no estábamos trabajando con codependientes "principiantes". Estábamos trabajando con gente que tenía una buena cantidad de información sobre el tema que estábamos tratando. En otras palabras, nosotros también estábamos asustados.

Este ha sido el grupo más desafiante con el que he trabajado en mis más de 13 años dentro del campo de la recuperación. Ha sido también el más emocionante. Vi que se logró un crecimiento interno mayor en diez semanas que lo que he visto en cualquier grupo similar a éste.

¿Quieren saber cómo lo hicimos? Primero, déjenme decirles lo que no hicimos. No criticamos, ni juzgamos, ni condenamos, ni confrontamos, ni culpamos ni avergonzamos. Por supuesto, el valor de los participantes y su deseo de crecer fue lo que hizo posible ese crecimiento. Pero el crecimiento se dio en ese grupo porque nos adherimos a conceptos como la honestidad, la aceptación, la promoción, la afirmación, la aprobación, el tener autoridad y el amor. *Autoafirmac.*

Así es como trabajamos. Tú puedes hacerlo igual.

Auto aceptación   en mi disciplina.   Autoestima

Actividad

1. ¿Cuáles son los patrones de autodescuido en los que caes cuando entras en una situación de reciclaje? Por ejemplo, los míos incluyen: eliminar las actividades divertidas, descuidar una nutrición adecuada y esforzarme más aún, cuando el problema radica en que me he esforzado demasiado.

2. ¿Cuáles son algunas de tus actividades favoritas en lo referente a tu propio cuidado, actividades que te ayudan a sentirte bien contigo mismo? ¿Cuáles son algunas de las cosas que disfrutabas hacer para ti cuando empezaste tu recuperación de la codependencia y que luego dejaste de hacer? ¿Qué explicación le das al hecho de no seguir haciendo esas cosas?[7]

3. Revisa la lista de verificación para la recuperación que damos a continuación. Esta lista de verificación puede ayudarte a determinar tus puntos fuertes y débiles dentro de la recuperación. También puede serte de utilidad para que te fijes metas en tu recuperación.

Lista de verificación para la recuperación[8]

- Mantener una rutina diaria adecuada.
- Fijar y lograr a diario metas cotidianas y metas de largo plazo.
- Cuidado personal.

---

[7] Esto proviene de Lonny Owen.

[8] Basada en parte en "Relapse Warning Signs for Co-Alcoholism", desarrollado por Terence T. Gorski y Merlene Miller, de "Co-Alcoholic Relapse", en *Co-Dependency, An Emerging Issue*, p. 82.

- Fijar límites con los niños y otras personas y ceñirse a ellos.
- Planear constructivamente.
- Esfuerzos apropiados para la toma de decisiones y para la solución de problemas.
- Elegir conductas.
- Estar bien descansado.
- Estar libre de resentimientos.
- Aceptar (*versus* negar).
- No controlar a los demás ni sentirse controlado por ellos.
- Estar abiertos a la crítica adecuada y a la retroalimentación.
- Estar libre de un exceso de crítica hacia uno mismo y hacia los demás.
- Sentir gratitud (*versus* lástima de sí mismo y privación).
- Nutrirse adecuadamente (no comer en exceso ni muy poco).
- No escaparse de algo o tratar de evitar algo a través del trabajo o del sexo.
- Ser autorresponsable (*versus* culpar a los demás y buscar chivos expiatorios).
- Estar libre de una autoimagen de víctima.
- Estar libre de miedo y ansiedad.
- Estar libre de vergüenza y sentimientos de culpa.
- Estar libre de preocupaciones y de pensamientos obsesivos.
- No sentirse demasiado responsable de los demás.
- Tener fe en un Poder Superior.
- Tener confianza en uno mismo y valorarse.

- Tomar decisiones adecuadas acerca de confiar en los demás.
- Proseguir con la rutina de recuperación (acudir a grupos de apoyo, etcétera).
- Tener la mente clara y en paz; tener un pensamiento lógico; estar libre de confusión.
- Sentir y manejar adecuadamente los sentimientos, incluyendo la ira.
- Saber desahogarse (cómo, cuándo y con quién).
- Tener expectativas razonables acerca de uno mismo y de los demás.
- Necesitar a la gente (*versus* NECESITAR de ella).
- Sentirse seguro de uno mismo; autoafirmarse.
- Comunicarse clara, directa y honestamente.
- Guardar un estado de ánimo equilibrado.
- Mantener contacto con los amigos.
- Sentirse en conexión con la gente y cercanos a ella (*versus* sentirse solos y aislados).
- Tener una perspectiva sana: la vida nos parece que vale la pena vivirla.
- No usar alcohol ni medicamentos para hacer frente a algo o a alguien.
- Divertirse, relajarse durante las actividades recreativas, disfrutar de la rutina cotidiana.
- Dar una adecuada retroalimentación positiva a uno mismo y a los demás.
- Obtener —y permitirnos a nosotros mismos creerla— una retroalimentación positiva.

Parte III:
Historia y sucesos actuales

Regresemos... regresemos... y regresemos... hasta descubrir el exuberante, de-
sembarazado, maravilloso y entrañable
niño que hubo, y hay en nosotros. Una
vez encontrado, démosle amor y cariño;
y nunca, nunca lo dejemos ir.

CAPÍTULO 8

Llegar a un arreglo con nuestra familia de origen

"¿Alguien necesita algo más de los miembros del grupo?", preguntó el terapeuta. "Sí", respondió una mujer. "¿Podrían venir todos ustedes conmigo a una reunión familiar este fin de semana para que no me vuelva loca?"

Durante años pensé en trabajar con la familia de origen. Por años, no lo hice. La idea traía a la mente muchas imágenes. Me imaginaba a un paciente acostado en el diván del psiquiatra, manifestando interminables recuerdos de la infancia. Podía ver libros de árboles genealógicos familiares de mil páginas.

Traté de hacer la versión del Análisis Transaccional: dibujar tres círculos para cada miembro de la familia. Disponer los círculos uno encima de otro en forma vertical (como la figura de un muñeco de nieve), y luego mandar flechas de cada uno de los círculos de la persona hacia los de otra persona. A lo largo de las flechas escribiría los mensajes psicológicos que habían sido recibidos desde ese círculo. Para encontrar estos mensajes se necesitaría responder a un cuestionario. "Mamá siempre... (llenar el espacio en blanco). Papá generalmente... (llenar el espacio en blanco). El frente de mi camiseta dice... la espalda de mi camiseta dice..."

Bueno, mamá siempre hizo cosas diferentes. Papá también, por lo general, así lo hacía. A mí siempre me preocupaba escribir la respuesta incorrecta, de modo que por lo general no llenaba ningún espacio en blanco. Y no tuve una camiseta hasta que cumplí 33 años, cuando me compré una en una tienda de garage. El frente decía: "St. Cloud State University". En la espalda no decía nada, sólo tenía un pequeño agujero.

Con el debido respeto a Sigmund Freud, a los árboles genealógicos y al Análisis Transaccional, consideré que el hecho de trabajar con la familia de origen era caro, aburrido y complicado. El pasado ya se fue y hay que terminar con él, pensaba. Además, ¿cómo podría *eso* estarme afectando *ahora*? Desde entonces he cambiado de opinión. Mi pregunta se ha convertido en: ¿Cómo podría ser posible que eso *no* me estuviera afectando ahora?

Durante muchos años los terapeutas han entendido el valor de hacer trabajo histórico. Comprenden la profunda influencia que tiene sobre los eventos actuales. Los carbones ardientes de ayer —los sentimientos no resueltos y los mensajes no examinados— provocan los incendios de hoy. Los solucionamos o los hacemos a un lado. Pero a aquello que neguemos del ayer estaremos ciegos hoy. Y tendremos muchas oportunidades para negarlo porque seguimos recreándolo. Los asuntos inconclusos podrán estar enterrados, pero están vivos y coleando. Y pueden controlar nuestras vidas.

En años recientes, el trabajo con la familia de origen ha surgido como una parte significativa en la recuperación de la codependencia y del síndrome del niño adulto. El hacer nuestro trabajo histórico se reconoce como una de las maneras en que podemos dejar de permitir que nos sigan afectando otras personas y los temas de cada una de ellas.

Han surgido también muchos métodos para hacer trabajo histórico.

Resolviendo asuntos inconclusos

Bedford Combs, presidente fundador de la Asociación de Carolina del Sur para Hijos de Alcohólicos, utiliza un proceso experiencial en su taller llamado "Moving Through Unfinished Business: The Recovery Journey from Codependency".*

Con una voz suave, Combs nos alienta a ponernos cómodos. Luego toca *The Rose* en un tocacintas:

Algunos dicen que el amor es un río...
cuando la noche ha sido demasiado solitaria...

Cuando en el ambiente del aula se respira seguridad, Combs habla acerca de las familias. Habla acerca de sistemas de control-liberación, en los cuales los periodos de control están equilibrados por otros donde hay una liberación. Habla acerca

* "Resolviendo asuntos inconclusos: la jornada de recuperación de la codependencia" (N. T.).

de otras familias, en las cuales las épocas de cuidados personales y de consentimientos están equilibradas por otros periodos de creatividad y experimentación.

Luego Combs hace en el pizarrón un dibujo de nuestro
centro de memoria. Quizá tuvimos un padre alcohólico, dice.
Y, para sobrevivir, tuvimos que cuidar de ese padre al igual
que de otras personas de nuestra familia. No pudimos ser un
niño o una niña, y eso nos dolió. En lugar de sentir ese dolor,
lo congelamos. Dibuja entonces un pedazo de dolor congelado en el centro de memoria. Tal vez alguien abusó de nosotros y nosotros congelamos ese dolor. Quizá estábamos tan
enojados con nuestros padres que pensábamos que los odiá-
bamos. Y nos sentimos culpables por tener esos sentimientos,
de modo que congelamos eso también.

Combs habla de sentimientos abrumadores, de sentimientos que son demasiado dolorosos para que los queramos
sentir. Menciona distintas conductas adaptativas que usamos
para detener el dolor. Dice que fue correcto que las utilizá-
ramos; que protegernos a nosotros mismos nos ayudó a sobrevivir. Pero también dice que esos sentimientos congelados
y esas conductas adaptativas ahora pueden estarnos blo-
queando de nosotros mismos y de los demás. Habla acerca
de gente que tiene el valor de encarar estos sentimientos. La
recompensa es grande, dice, porque las cicatrices del dolor
se convierten en una capacidad para amar y para ser amados.

Habla acerca del trabajo con la familia de origen —al estilo
experiencial.

Otros métodos para lidiar con el pasado

Earnie Larsen, profesionista experto en recuperación, ha desarrollado otro método para hacer el trabajo con la familia de origen ¿Qué consencuencia indeseable es la que estamos experimentando hoy? ¿Qué conducta mostramos para crear esa consecuencia? ¿Cuál es la regla o mensaje del pasado que genera esa conducta?[1]

Algunas personas usan un geneagrama familiar para hacer su trabajo histórico.[2]

Un geneagrama es un árbol genealógico dibujado con tres pequeños cuadros, uno para cada miembro de la familia. Los cuadros que están en la línea superior representan a los abuelos. Abajo de éstos, dibujamos cuadros que representan a mamá y a papá. En la siguiente línea, dibujamos cuadros para nosotros y para nuestros hermanos y hermanas. Incluimos también a cualquier persona que haya sido o sea significativa: como la tía Elena, la mujer que fue quien en realidad crió a papá.

Luego de que ponemos el nombre de cada persona dentro de cada cuadro, añadimos frases descriptivas. Las frases pueden caracterizar a la persona, o decir qué era lo que sentíamos acerca de ella o cuando estábamos junto a ella, o bien expresar lo que otros decían acerca de él o de ella. No tenemos que acudir al subconsciente ni retorcernos las manos para hacer esto. Escribimos lo que nos venga a la mente, de manera sencilla.

[1] Esta es una cita indirecta tomada del seminario de Earnie Larsen "Adult Children" en la iglesia trinitaria luterana, Stillwater, Minnesota, en la primavera de 1988.

[2] El método del geneagrama es popular, lo usan en todo el país muchos consejeros y programas para familias. La mayoría de los consejeros desarrolla su propio método para utilizarlo. Yo desarrollé esta adaptación con la ayuda de Lonny Owen durante el taller y grupo de apoyo que duró diez semanas y que ambos facilitamos.

Si recordamos que el abuelo era miedoso, malvado, que se reía mucho, o que nunca nos hizo caso, así lo debemos escribir. Si recordamos mensajes dobles —el abuelo dijo que estaba feliz de vernos pero nos ignoró durante el resto de la visita— escribimos ambas cosas. Anotamos adicciones y otros problemas. Por ejemplo, podemos escribir que el abuelo bebía mucho, trabajaba todo el tiempo, no podía conservar el empleo, nunca trabajó de acuerdo a su potencial, que apostaba, estaba excedido de peso o tenía aventuras extramaritales.

Escribimos lo "malo" y lo "bueno". Mencionamos los roles familiares. Las descripciones de rol muestran la forma en que la gente captó la atención de los demás. Por ejemplo, mi hermana Mabel captó la atención cuidando solícitamente de los demás; actuando en forma perversa; o siendo inteligente, "mona" o simpática. O que nadie se daba cuenta de la existencia de mi hermana Mabel. No captó la atención de nadie.

Describimos nuestras relaciones con la gente. Quizá una relación se caracterizara porque alguien no nos atendiera al tiempo que nosotros lo queríamos, esperando que algún día sí nos hiciera caso. Tal vez alguien trató de controlarnos, y nosotros nos rebelamos. Quizá nos volteamos de cabeza para obtener la aprobación de alguien que nunca nos dio su visto bueno. Tal vez tuvimos que desempeñar un papel inadecuado con uno de nuestros padres.

"Mi madre nunca tuvo una relación satisfactoria con mi padre ni con nadie más", recuerda un hombre, un adulto en recuperación hijo de un alcohólico. "Ella volteaba hacia mí para satisfacer sus necesidades: su necesidad de intimidad, de compartir sentimientos, de tener compañía para salir. Nunca me tocó en forma sexual, ni una vez, pero era una relación incestuosa. Yo no era su hijo", dice él, "era su esposo."

Dibujamos a nuestra familia, utilizando los cuadros y palabras. Recordamos, y decimos, qué sucedía. Esto lo hacemos sin sentimientos de culpa, porque ahora es adecuado hablar de estas cosas. Escribirlas es importante; pues de la escritura obtenemos profundas percepciones que no extraemos de la contemplación.

Estas son sólo tres de las muchas aproximaciones posibles para hacer el trabajo con la familia de origen. Algunos consejeros se especializan en trabajo con la familia de origen. Podemos usar la versión del Análisis Transaccional. O podemos emplear los Pasos Cuarto y Quinto de los programas de Doce Pasos.

Algunos hacemos trabajo histórico cuando empezamos nuestra recuperación. Otros no estamos listos todavía. Unos atacamos el asunto de golpe y porrazo; otros vamos lentamente, haciéndolo en forma natural y gradual a medida que salen a la superficie los temas y las percepciones profundas.

Sea cual fuere la manera como lo hagamos, y cuándo lo hagamos, no lo hacemos para culpar ni para faltar al respeto a nuestras familias. Ni su propósito es el de quedarnos varados en el barro de ayer. La meta es olvidar el pasado luego de que hemos *recordado* qué fue lo que sucedió. La meta es liberarnos de sus influencias destructivas o autoderrotistas.

En las páginas siguientes discutiremos los elementos que pueden ayudarnos a romper con el pasado, liberándonos de él. Entre éstos están:

- los sentimientos
- los mensajes
- los patrones
- la gente

Los sentimientos

Una parte del trabajo histórico consiste en sentir y en liberar los sentimientos que habían sido congelados y negados. Yo soy una persona controladora. He pasado muchos años tratando de hacer que la gente fuera lo que no era y de que hiciera cosas que no quería hacer. También he tratado de controlar mis sentimientos deseando que se vayan. Una manera en que he logrado esto es volviéndome insensible, congelando mis sentimientos. En mi congelador de sentimientos, tengo un cajón que llené desde mi niñez. No encajé en ese entonces mis sentimientos, pero éstos no desaparecieron. Están guardados. Algunos son grandes; otros son pequeños. Algunos han estado congelados durante tanto tiempo que están quemados por congelación. Están guardados en tejidos corporales, en mensajes y en conductas.

Recordar eventos es una manera de exponer todos estos sentimientos. Rememoramos un suceso, y luego sacamos de él una conclusión emocional: ¿Cuál era el sentimiento que experimentábamos durante el evento o después de él? ¿Lo sentimos entonces, o lo congelamos? Cómo sentimos una experiencia, o más bien, *qué fue lo que no sentimos pero que necesitábamos haberlo hecho,* es tan importante como lo que sucedió.

Ahora estamos a salvo. Nos permitimos experimentar sentimientos como el miedo, la vergüenza, el dolor y la soledad que en ese entonces no nos sentimos suficientemente seguros para sentir. Incluso tal vez queramos jugar con la fantasía, ir hacia atrás y pretender que teníamos mejores maneras para protegernos: que medimos dos metros; que tenemos un escudo y una espada; que tenemos lo que sea necesario para protegernos. Luego regresamos a la realidad. Sabemos que ahora somos adultos y podemos cuidar de nosotros mismos.[3] Este trabajo no debe realizarse a la ligera. Muchos de nosotros tenemos grandes heridas congeladas. Si las abrimos, necesitamos saber que lo estamos haciendo con alguien que nos puede ayudar a cerrar adecuadamente las incisiones. Una buena regla a seguir es esta: si no la puedes cerrar, ni la abras. Algunas personas encuentran bloques completos al ir al pasado. La negación es un recurso de seguridad necesario.[4] La usamos para protegernos. Si se nos quita ese recurso protector, necesitaremos de otra protección.

No guardar ningún recuerdo de ciertas épocas de nuestras vidas puede ser una clave dentro del trabajo histórico. O, el pensar o hablar de manera repetida de ciertos eventos del pasado puede indicar la presencia de asuntos inconclusos. Resolverlos ayudará a disolverlos. Los problemas inconclusos permanecen en el aire, dentro de nosotros y dentro de nuestras vidas. Seremos atraídos, arrastrados, obligados hacia aquello que está inconcluso dentro de nosotros. Experimentar y liberar los sentimientos completa la transacción.

"Estos sentimientos pueden ser abrumadores y temibles", dice el terapeuta Scott Egleston, quien trabaja con jóvenes. "Algunos de los chicos que están dentro de mi programa me dicen que tienen miedo de desaparecer si experimentan todo ese dolor."

El niño que todos llevamos en el interior puede temer que le suceda lo mismo. No nos preocupemos. No desaparecere-

[3] Scott Egleston generó el núcleo de estas ideas en el curso de una de nuestras conversaciones sobre el trabajo con la familia de origen. Él las usa en el trabajo con la familia de origen que hace con adolescentes.

[4] Melody Beattie, *Denial*, Center City, Minn., Hazelden Educational Materials, 1986.

mos. Una vez que sintamos y liberemos esas emociones, apareceremos.

Los mensajes

Otra meta importante del trabajo con la familia de origen es descifrar y transformar todos los mensajes autoderrotistas que recogimos cuando niños. El mensaje es el significado que interpretamos de aquello que sucedió. Es nuestro marco de referencia; el catálogo que guardamos como archivo para los eventos de la vida.[5] Nuestros mensajes pueden estar relacionados con las reglas codependientes:

• No está bien que yo sienta.
• No está bien que yo tenga problemas.
• No está bien que yo me divierta.
• No soy digno de ser querido.
• No soy suficientemente bueno.
• Si la gente se siente mal o actúa locamente, es culpa mía.

Cuando somos jóvenes —explica Egleston—, no tenemos el marco de referencia experimentado que los adultos poseen para que las cosas tengan sentido. Cuando alguien, en especial alguien a quien amamos, se comporta en forma inadecuada o nos trata mal, no vemos que la conducta tiene relación con un problema o adicción que la persona tiene. No entendemos que ese es *su* asunto. Nuestro único marco de referencia es, "debo ser yo. En algo tengo que estar mal".

---

[5] Otra vez, este pensamiento surgió de la mente de Scott Egleston durante una conversación que sostuvimos acerca de la familia de origen.

Cada uno de nosotros tiene su propia serie de mensajes que son únicos dentro de nuestras circunstancias y que tienen un sentido individual para nosotros. Cada persona puede interpretar mensajes enteramente diferentes a partir de un mismo evento.[6]

Los mensajes controlan, o generan, nuestras conductas. Algunos mensajes son buenos y nos permiten hacer ciertas cosas sin pensar demasiado acerca de ellas: "Sé un buen estudiante". "Paga tus cuentas a tiempo". "No te subas a un coche con desconocidos". Otros mensajes pueden ser neutrales: "Si vas a llorar, vete a tu recámara". Puede ser interesante descifrar estos mensajes, pero no es necesario que nos preocupemos demasiado acerca de ellos. Son los mensajes destructivos como "No está bien que sea como soy" o "No merezco que me quieran" los que deseamos cambiar. Éstos son los que generan conductas autoderrotistas.

Una manera de entender nuestros mensajes es usando la aproximación de Earnie Larsen:

- ¿Cuál es la consecuencia indeseable que tengo hoy?
- ¿Qué conducta está provocando esa consecuencia?
- ¿Cuál es la regla (el mensaje del ayer) que genera esa conducta?

"Una consecuencia era que yo nunca tenía dinero, no importa cuánto ahorrara", dice un hombre. "Utilicé la fórmula de Larsen. La conducta era que me gastaba el dinero al minuto de habérmelo ganado. La regla o mensaje era que yo no era responsable económicamente; que no sabía el valor de un dólar y que no merecía tener dinero."

---

[6] Originalmente Jessie Roberts me enseñó esto durante mi entrenamiento en Análisis Transaccional a mediados de la década de los años setenta. Ha estado en uso durante varios años, y se aplica al síndrome de niños adultos de alcohólicos y al de familias disfuncionales.

Otra forma de develar nuestros mensajes es empezar a escucharnos a nosotros mismos. Si escuchamos atentamente, con oídos prestos al entendimiento, escucharemos el mensaje. Está ahí mismo, debajo de la conducta.

Una vez que hemos descifrado nuestros mensajes, nos proporcionamos a nosotros mismos otros mensajes nuevos, más constructivos. Cuesta mucho trabajo, pero así de grandes son las recompensas que obtenemos al hacerlo.

Los patrones

Otra meta del trabajo histórico es comprender y cambiar los patrones de conducta autoderrotistas, incluyendo los patrones que seguimos para establecer intimidad o para evitar tenerla ¿Qué es aquello que sigue sucediendo, una y otra vez? ¿Qué es lo que sigo haciendo, una y otra vez? ¿Por qué necesito que suceda esto? ¿Cómo y por qué atraigo esto? ¿Cómo es que las características de las relaciones que tengo hoy día tienen similitud con mis relaciones pasadas?

Cuenta una mujer:

> Continuamente me hallaba en relaciones con hombres que decían amarme, pero que no podían mostrar ese amor o tener una relación estrecha conmigo porque eran adictos. La idea que yo tenía de la intimidad era esperar interminablemente algo que no iba a suceder. Después me di cuenta de que éste era el mismo patrón que yo seguía, y que sigo aún, con mi hermano y con mi padre.

"Los hombres en mi familia eran adictos sexuales", dice otra mujer. "Me pasé la niñez sintiendo miedo e incomodidad al encontrarme cerca de los hombres, y preguntándome en qué estaba yo mal que me sentía de ese modo. Luego pasé a formar los mismos patrones en mi vida adulta."

"Cuando niña, estaba rodeada de personas muy negativas y controladoras. Adivinen a qué tipo de gente atraía cuando crecí. A la misma", manifiesta una tercera mujer.

Algunos de nosotros tenemos más de un patrón. "Me descubro a mí misma alternando patrones distintos. En una relación, creo el patrón que tengo con mi padre; en la siguiente, el que tengo con mi madre", explica una cuarta mujer.

También examinamos nuestros roles ¿Cómo captábamos la atención cuando éramos niños? ¿Cómo captamos la atención hoy?

Los sentimientos, mensajes, patrones y roles están relacionados entre sí, entretejidos como en un tapiz.

La gente

Una parte importante del trabajo con la familia de origen consiste en resolver las relaciones con nuestros familiares. Esto significa reconocer y liberar cualquier sentimiento intenso que tengamos con respecto a los miembros de la familia, para que quedemos libres para crecer y para amar. Esto pude significar recorrer toda una gama de emociones que van de la negación, el odio, la rabia, la desilusión, la frustración, el rechazo, los buenos deseos, el resentimiento y la desesperación a la aceptación, el perdón y el amor. Muchos niños adultos desearían que las circunstancias y la gente pudieran haber sido, o fueran, diferentes. Pues no lo fueron y no lo son. Y aunque nuestros sentimientos hacia los miembros de la familia y hacia nuestra niñez sean válidos, estos sentimientos pueden obstaculizar nuestro desarrollo si no los hemos resuelto.

Tenemos nuestros asuntos por resolver con nuestra familia de origen, y otros miembros de la familia también los tienen. Es frecuente que nuestros padres tengan asuntos por resolver más serios que los nuestros con su familia de origen. Durante la recuperación aprendemos a aceptar el lado más oscuro de nosotros mismos. En nuestro trabajo con la familia de origen, aprendemos a aceptar también el lado más oscuro de nuestros padres.[7]

"Olvidamos que nuestros padres eran personas antes y después de haberse convertido en padres", afirma Egleston.

En *You Can Heal Your Life* [Tú puedes sanar tu vida], uno de los mejores libros que he leído acerca del amor propio, Louise Hay sugiere un poderoso ejercicio de visualización para ayudarnos a lograr tener compasión de nuestros padres y perdonarlos:

> Empieza a visualizarte como una criatura de cinco o seis años... Ahora deja que esta criatura se haga muy pequeña, hasta que sea de un tamaño que quepa en tu corazón. Ponla ahí para que cada vez que mires hacia abajo puedas ver esta carita mirándote hacia arriba y puedas darle mucho amor.
>
> Después visualiza a tu madre como una niña de cuatro o cinco años, asustada y en busca de amor sin saber dónde encontrarlo. Extiende tus brazos y abraza a esta niñita y deja que ella sepa cuánto la amas... Cuando se calme y empiece a sentirse a salvo, déjala que se haga muy pequeñita, hasta que sea de un tamaño que quepa en tu corazón. Ponla ahí, junto a la criaturita que eres tú.
>
> Ahora imagina a tu padre como un niñito de tres o cuatro

---

[7] Earnie Larsen y otros consejeros familiares enseñan esto.

años, asustado, llorando y en busca de amor... déjalo que se haga muy pequeñito, hasta que sea de un tamaño que quepa en tu corazón. Ponlo ahí para que esos tres niños puedan darse mucho amor unos a otros y para que tú puedas amarlos a todos.[8]

Además de encarar los sentimientos que albergamos hacia los miembros de nuestra familia, aprendemos a funcionar en nuestra relación con ellos, cuando esto es posible. Para algunos es fácil enfrentar a la familia. Para otros es difícil. Para algunos es un esfuerzo pavoroso. Para quienes nos encontremos en alguna de las dos últimas categorías, la solución está en practicar los principios básicos de la recuperación y del cuidado de uno mismo lo mejor que podamos, día con día. No podemos cambiar a los demás, pero podemos cambiar nosotros mismos. No tenemos que tomar de manera personal las conductas de los demás. Si no pueden darnos su amor o su aprobación, no es culpa nuestra. Puede ser que no tengan nada de ello y que no puedan, entonces, dárselo a nadie, ni a ellos mismos.[9] Algunos dicen que el trabajo con la familia de origen significa aceptar que uno de nuestros padres, o que ambos, no nos amaron. Otros, y yo estoy de acuerdo con ellos, dicen que significa aceptar que nuestros padres no pudieron mostrarnos el amor que nos tenían de la forma que nosotros hubiéramos querido, pero que nos amaron lo mejor que pudieron, y tal vez más de lo que nosotros pensábamos. Algunas personas necesitan retirarse de ciertos miembros de la familia hasta que ellas (las que están en recuperación) se sientan mejor equipadas para lidiar con estas relaciones.

Una mujer relata su caso:

[8] Louise L. Hay, *You Can Heal Your Life*, Santa Monica, Calif., Hay House, 1984, pp. 78-79.

[9] Esta es una paráfrasis de las conferencias de Earnie Larsen sobre niños adultos.

En verdad he luchado con mis relaciones familiares. Mi padre abusó de mí durante años. Mi madre lo sabía. He tratado de ir a casa y de fingir que nada sucedió. He tratado de hacer que ellos encaren el abuso. No estaban preparados. En ocasiones, he necesitado alejarme. Algunas personas me han recomendado que me aleje para siempre, pero yo no quiero. Es la única madre y el único padre que podré tener. Mi familia es importante para mí. Durante años, he utilizado su maltrato para justificar el hecho de que los castigo emocionalmente y de que los chantajeo económicamente. En lo que trabajo ahora es en tratar de perdonarlos y en seguir cuidando de mí misma. Estoy trabajando en cambiar mis conductas para con ellos. Los visito cuando me siento bien, cuando quiero hacerlo, y cuando puedo manejar la situación. Estoy trabajando en hacerme responsable de mí misma.

"Mi padre sigue bebiendo, y mi madre sigue siendo una mártir", explica un hombre que se está recuperando de la codependencia. "Durante muchos años necesité apartarme de ellos. Ahora, puedo ir a casa. Puedo hacer cosas con mis padres. Puedo permitirles que sean como son, disfrutar lo que tienen de bueno, dejar ir lo demás y cuidar de mí mismo cuando necesito hacerlo."

Volvemos a nuestras familias cuando estamos preparados para hacerlo. Cuando regresamos, lo hacemos de un modo diferente. Ya no somos parte del sistema. Tenemos un nuevo sistema de autocuidado, de autoamor y de autorresponsabilidad.

También, el hecho de tener una percepción profunda no significa necesariamente que otros miembros de la familia estén listos para escuchar o para apreciar esa percepción. De hecho discutir nuestros asuntos con ellos puede hacer que se disparen sus defensas. Cada uno de nosotros encara sus asuntos y sus secretos cuando está listo. El propósito del trabajo con la familia de origen es el de beneficiarnos; no el de hacer cambiar a los otros miembros de la familia. La mejor manera de ayudar a la gente, incluyendo a los miembros de la familia, es seguir haciendo nuestro propio trabajo.[10]

El tirón y las demandas de una familia disfuncional son fuertes. Escucha, ¿puedes oír a la enfermedad cantar en el fondo?[11] ¿Puedes entender que enfermedades tales como la dependencia química y el abuso intergeneracional hacen víctimas a todos? ¿Sabes que no es culpa tuya? Probablemente tampoco sea culpa de tus padres. ¿Sabes que tienes derecho a volverte tan sano como quieras, sin importar lo que tu familia haga o no haga? ¿Sabes que, de todas maneras, puedes amar a la gente? ¿Sabes que eres digno de ser querido?

De la misma manera que la recuperación, el trabajo con la familia de origen es un proceso. Es un proceso curativo, un proceso de hacer conciencia, es un proceso de perdón, y un proceso de cambio en el cual uno se transforma. Es un proceso de pena, en el cual estamos de duelo por las cosas que perdimos o que nunca tuvimos. Negamos, nos enojamos, regateamos, sentimos el dolor, y luego finalmente aceptamos lo que era y lo que es. Después de que aceptamos, perdonamos. Y asumimos la responsabilidad por *nosotros mismos*. Esto lo haremos cuando estemos listos, cuando sea tiempo, y cuando hayamos trabajado con las otras emociones. Cuando podamos hacerlo, brillará la buena voluntad si la dejamos y la buscamos. El proceso empieza cuando estamos dispuestos a que así sea.

[10] Esta idea fue generada por Bedford Combs.

[11] Esta idea también fue generada por Combs. En su conferencia él dice que en su programa de terapia para temas de codependencia, tiene un coro de personas que verdaderamente "cantan" la canción de la enfermedad en el fondo, para ayudar a la gente a reconocer mensajes y patrones disfuncionales.

Volvemos al lugar en el que crecimos. Caminamos por cada uno de los cuartos a oscuras, encendemos la luz, y miramos a nuestro alrededor. Exponemos los secretos, los problemas, las adicciones, los mensajes, los patrones, y los sentimientos. Miramos los eventos y miramos a la gente. Vemos los roles y las conductas de sobrevivencia. Vemos lo que estamos negando hoy porque lo negamos ayer. Vemos cuáles necesidades no fueron satisfechas ayer y cómo podemos seguir reaccionando a esa privación. Luego, después de que hayamos contemplado nuestra niñez y hayamos sentido lo que necesitábamos sentir, liberamos nuestros sentimientos. Nos dejamos ir, para que podamos apreciar lo que era y sigue siendo bueno. Haremos esto valientemente, sin miedo, y con compasión —hacia nosotros mismos y hacia los demás— cuando estemos listos para hacerlo.

Regresamos al pasado lo suficiente para ver qué sucedió y cómo nos está afectando eso ahora. Visitamos al ayer lo suficiente para sentir y para curarnos. Volvemos al hoy sabiendo que estamos libres para tomar alternativas. Vamos a la guerra con los mensajes, pero hacemos las paces con la gente porque merecemos ser libres.

Regresamos... más lejos... más lejos aún... a través de las capas de miedo, de vergüenza, de rabia, de dolor y de conjuros negativos hasta que descubrimos al niño exuberante, no abrumado, deleitoso y amoroso que estaba, y que aún está, dentro de nosotros.

Y una vez que lo hemos encontrado, lo amamos y lo queremos, y nunca, nunca más lo dejamos ir.

Actividad

1. ¿Cuáles son algunos de los sucesos significativos de tu pasado acerca de los cuales has descubierto que piensas o hablas mucho? ¿Has enfrentado los sentimientos que albergas respecto a esos sucesos?

2. Como un comienzo para lograr tu trabajo con tu familia de origen, puede ser que quieras probar el método del geneagrama familiar que se describe en este capítulo. Con un amigo, amiga o en un grupo, dibuja a tu familia, usando cuadros y palabras.

3. ¿Cuáles son algunos de los mensajes que has descubierto? ¿Has trabajado por cambiarlos?

4. Cuando estés listo, escribe una carta a los miembros de tu familia, diciéndoles todo lo que te gusta de ellos y lo que crees que tienen de bueno. No es necesario que la pongas en el correo, pero puedes hacerlo si quieres.

CAPÍTULO 9

Liberándonos

"¿Cómo es que uno se convierte en mariposa?" preguntó ella melancólicamente. "Debes tener tantas ganas de volar que estás dispuesta a renunciar a ser oruga."

TRINA PAULUS en *Hope for the Flowers*

"¡Eureka! ¡Las reglas son ciertas! ¡Son una entidad con vida!" Esta luz se prendió una noche oscura, mientras yacía yo en mi cama, confundida por una serie de miedos infundados a los que previamente no había encontrado explicación durante varios meses. Había estado recuperándome de la codependencia a lo largo de varios años. Yo había oído acerca de las reglas codependientes y las había *enseñado*.[1] Pero en ese

---

[1] Las reglas codependientes a las que me refiero a lo largo de todo este libro se

momento, finalmente di a las reglas el respeto que ellas merecían.

Las reglas se colocan en posición en nuestro centro de control. Apiñan las cosas y toman posesión. Ellas dirigen nuestras conductas, y a veces nuestras vidas. Una vez que se han colocado, nos programan para hacer cosas que nos dejan sintiéndonos infelices, confundidos y codependientes.

Eso es lo que me pasó a mí. Las reglas habían regresado, arrastrándose, y yo no me había dado cuenta. De hecho, había vivido tanto tiempo con ellas que las sentía cómodas. Pero me sentía enloquecer porque estaba yo haciendo lo que ellas dictaban:

- No sientas ni hables acerca de los sentimientos.
- No pienses, ni imagines soluciones, ni tomes decisiones; probablemente no sabes lo que quieres o lo que mejor te conviene.
- No identifiques, ni menciones, ni soluciones problemas; no está bien que los tengas.
- Sé buena, recta, perfecta y fuerte.
- No seas quien eres porque eso no es suficientemente bueno.
- No seas egoísta, ni te pongas tú en primer lugar, ni digas lo que quieres y lo que necesitas, ni digas no, ni fijes límites, ni cuides de ti misma —cuida siempre de los demás y nunca lastimes sus sentimientos ni los hagas enojar.
- No te diviertas, ni seas boba ni disfrutes de la vida —eso cuesta dinero, hace ruido y no es necesario.

basan en el trabajo de Robert Subby y de John Friel "Co-Dependency— A Paradoxical Dependency", en *Co-Dependency, An Emerging Issue*, Pompano Beach, Fla., Health Communications, Inc., 1984, pp. 34-44.

- No confíes en ti misma, ni en tu Poder Superior, ni en el proceso de la vida ni en ciertas personas, en vez de ello, deposita tu fe en gente poco digna de confianza; y luego sorpréndete cuando te hagan una mala pasada.
- No seas abierta, ni honesta ni directa, lanza indirectas, manipula, haz que otros hablen por ti, adivina qué es lo que quieren y necesitan y luego espera que ellos hagan lo mismo por ti.
- No tengas cercanía con la gente; es riesgoso.
- No perturbes el sistema creciendo o cambiando interiormente.[2]

La gente no hace estas reglas. Las adicciones, los secretos y otros sistemas desequilibrados son los que las formulan para mantener las adicciones, los secretos y para que tales sistemas persistan. Pero la gente sigue estas reglas. Y la gente inadvertidamente las va pasando de generación en generación. Las reglas son los guardianes y protectores del sistema, del loco sistema.

Muchos de nosotros hemos vivido dentro de estas reglas y las hemos aprendido. Expertos como el conferencista Robert Subby dicen que, por encima de todo lo demás, incluso de vivir con un alcohólico que bebe, estas reglas son el lazo que ata a la mayoría de nosotros a esa trampa llamada codependencia.[3] Seguir estas reglas nos mantiene encerrados dentro de la codependencia; romperlas es la clave para la recuperación.

Cuando eras niño, ¿qué sucedía cuando te sentías triste, enojado o asustado? ¿Qué sucedía cuando le contabas a alguien

---

[2] *Ibid.*

[3] Robert Subby, "Inside the Chemically Dependent Marriage: Denial & Manipulation", en *Co-Dependency, An Emerging Issue*, p. 26.

acerca de tus sentimientos? ¿Eras criticado, ignorado, te decían "cállate" o "no te sientas así"? ¿Cómo encaran los sentimientos los miembros de tu familia? ¿Se te permitía tomar decisiones? ¿Qué decían los demás acerca de lo que decidías? ¿Qué pasaba cuando tú señalabas un problema? ¿Se te decía que tú podías resolver tus problemas? ¿Se te explicaban las cosas de manera que tuvieran sentido? ¿Era la negación un estilo de vida? ¿Se permitía el conflicto, y luego se resolvía?

¿Sabías que estaba bien que fueras quien eres y que eres suficientemente bueno? ¿Alguien te enseñó cómo cuidar de ti mismo? ¿Te divertías? ¿Tus familiares disfrutaban de la vida? ¿Se te alentaba a que confiaras en ti mismo, en Dios y en la vida?

¿Tus familiares hablaban en forma abierta, honesta y directa? ¿O estaba el aire pesado por la tensión al tiempo que la gente sonreía y decía, "muy bien"? ¿Aprendiste cómo tener cercanía con la gente? ¿Qué sucedía cuando tratabas de crecer, de cambiar o de salirte del sistema? ¿Alguien en la familia agitaba, se quejaba, desarrollaba un problema o una crisis, o de alguna otra manera hacía un ruido tan grande que te hacía regresar? ¿Qué sucede ahora en tu familia?

Pueden estar operando algunas de las reglas, o todas ellas, o variaciones de las mismas. Podemos tener más reglas que estas que hemos dicho. Desde que escuché al autor Bedford Combs dar conferencias acerca de las familias que "lucen bien" —familias que se ven bien pero dentro de las cuales uno se siente enloquecer porque no están permitidos los sentimientos ni los problemas— he añadido otra posible regla: *Luce* siempre bien, no importa cómo te sientas ni qué tengas que hacer.

Se nos puede haber enseñado indirectamente a seguir estas

reglas. Métodos poderosos tales como la vergüenza, miradas desaprobatorias, o el modelaje de roles las pueden haber puesto en práctica. Una vez que aprendemos las reglas, éstas gobiernan en forma silenciosa pero segura. Empezamos a experimentar un sentimiento. Se dispara la regla de "no sientas". Automáticamente detenemos el proceso de sentir. Decidimos hacer algo especial por nosotros mismos. La idea o el hecho hacen que se dispare el mandato de "no seas egoísta".

Pensar en una conducta que viole las reglas o llevarla a cabo puede hacer que se dispare esa regla. Estar alrededor de una persona o de un sistema que siguen las reglas también puede hacer que se activen nuestras reglas. Una vez que las reglas se convierten en mensajes nuestros, operan espontáneamente. Nos mantienen "a raya", sirviéndonos con negativas consecuencias de sentimientos de culpa, de vergüenza y de miedo si las rompemos sin habernos dado permiso de hacerlo de una manera consciente.

"Un viejo amigo, alcohólico en recuperación, me llamó para pedirme dinero prestado", recuerda Sandy, quien se está recuperando de la codependencia.

Algo me decía que no estaba bien que así lo hiciera, pero cuando pensé en decirle que no, sentí oleadas de sentimientos de culpa y de vergüenza ¿Cómo podía ser yo tan egoísta? Le presté el dinero, y dos semanas después me enteré que había vuelto al alcohol en una juerga que duró más de un mes. Ahora puedo ver claramente cómo el mensaje de "no seas egoísta" me hizo clic y me impidió hacer lo que yo quería. Estoy tratando de aprender a reconocer los mensajes en el momento en que surgen, en vez de hacerlo dos semanas después.

Muchos de nosotros somos atraídos y nos sentimos cómodos cuando estamos con personas y en sistemas que tienen reglas similares a las nuestras.[4] Si el sistema o la persona tiene diferentes reglas, pronto lo descubriremos. Las reglas son poderosas y prontas para darse a conocer.

Es sano cambiar las reglas

Con el tiempo, durante la recuperación, nos formulamos nuevas reglas. Gradualmente aprendemos —de la gente que está en nuestros grupos de apoyo, de los consejeros, de amigos sanos, y de la literatura y las cintas sobre recuperación— que es sano romper con las reglas. Pero si tratamos de cambiar nuestras conductas sin cambiar las reglas, podemos encontrarnos en conflicto con nuestro centro de control.

En vez de permanecer en conflicto o de esperar que el tiempo y las circunstancias nos den reglas nuevas, ¿por qué no cambiar las reglas de una manera consciente? Al igual que otras conductas adaptativas que *solíamos* utilizar, las reglas servían como un recurso protector cuando no teníamos otra forma de protegernos. Tuvimos que sobrellevar la situación y sobrevivir en ese entonces. Pero ahora podemos elegir.

Cuando comencé a desapegarme de los alcohólicos que formaban parte de mi vida, cuando hice una elección consciente de regresarles a los demás sus vidas y de corregir la mía propia, tenía un sentido tan pequeñito de lo que era mi yo, que me sentía como un globo desinflado. Vivir en cercanía al alcoholismo activo contribuyó a ello. Mi codependencia activa contribuyó a ello. Pero haber seguido las reglas durante

[4] *Ibid.*, p. 27.

30 años contribuyó a todo ello —a mi frágil autoestima, a vivir en cercana proximidad con alcohólicos, y a mi codependencia. Las reglas no le permiten a uno *ser.* Las reglas no me dejaron ser una persona sana. No me permitieron ser, mucho menos ser yo misma.

Las reglas nos despojan del poder personal que Dios nos ha dado —de nuestros derechos humanos, mentales, emocionales, físicos y espirituales. No tenemos que perder nuestro poder personal ante estos mensajes. Podemos darnos a nosotros mismos reglas nuevas una vez que aceptamos —que hemos renunciado— a las antiguas. La renuncia suele preceder a la toma de poder. (En mi vida, la renuncia generalmente antecede a cualquier cosa.) Y qué tanto estemos dispuestos a renunciar por lo general determina qué tanto poder adquiriremos.

He aquí nuestra primera regla: está bien que cambiemos las reglas. Tenemos el poder, la capacidad y el derecho. Así nos hayamos estado recuperando durante diez minutos o durante diez años, nunca es demasiado pronto o demasiado tarde para cambiar las reglas de manera asertiva, incluso de manera agresiva. Podemos retomar nuestro poder personal. Tendremos ese poder. Y cuando cambiemos las reglas, cambiarán nuestras conductas.

Mis reglas nuevas son:

- Está bien que sienta mis sentimientos y que hable acerca de ellos cuando esté en una situación segura y apropiada, y quiero hacerlo.
- Puedo pensar, tomar buenas decisiones y resolver.
- Puedo tener problemas, hablar de ellos y solucionarlos.
- Está bien que sea quien soy.
- Puedo cometer errores, ser imperfecta, a veces ser débil,

a veces no tan buena, en ocasiones mejor, y ocasionalmente grandiosa.,

- Está bien ser egoísta a veces, ponerme yo en primer
lugar en ocasiones, y decir lo que quiero y lo que
necesito.
- Está bien dar de uno mismo a los demás, pero también
es correcto guardar algo para sí.
- Está bien que yo cuide de mí misma. Puedo decir no
y fijar límites.
- Está bien divertirse, a veces ser boba y disfrutar de la
vida.
- Puedo tomar decisiones acertadas respecto a las personas en las que puedo confiar. Puedo confiar en mí
misma. Puedo confiar en Dios, aunque parezca imposible.
- Puedo ser adecuadamente vulnerable.
- Puedo ser directa y honesta.
- Está bien que yo tenga cercanía con algunas personas.
- Puedo crecer y cambiar, aunque el hacerlo signifique
"moverle el tapete" a muchos.
- Puedo crecer a mi propio ritmo.
- Puedo amar y ser amada. Y puedo amarme a mí misma,
porque soy digna de amor. Y soy lo suficientemente
buena.

Hemos vivido mucho tiempo con las viejas reglas. Violarlas
y seguir mensajes nuevos puede no ser cómodo al principio.
Eso es normal. Lo podemos hacer, de cualquier manera. Como
dije antes, las viejas reglas quizá no estaban colgadas en la
puerta del refrigerador, pero como si lo hubieran estado. Si
las hemos estado siguiendo toda nuestra vida, están pegadas
en nuestras mentes. El grabarnos las nuevas reglas puede

llevarnos uno, dos o cien intentos. Y tal vez queramos pegar las nuevas en el refrigerador.

Podemos pensar. Podemos sentir. Podemos resolver las cosas. Podemos solucionar todos nuestros problemas y despegarnos de aquello que no está en nuestra mano resolver. Podemos dejar de cuidar de otras personas y empezar a cuidar de nosotros mismos. Podemos disfrutar de la vida. Podemos tener cercanía emocional con los demás, confiar, crecer, cambiar y amar. Está bien hacer todas esas cosas. Y es responsabilidad nuestra darnos permiso de hacerlo.

Si estamos en una relación con alguien que sigue las viejas reglas, esa persona puede reaccionar cuando las rompemos. Él o ella pueden experimentar todos los sentimientos que nosotros tenemos cuando una regla trata de imponerse a la fuerza: miedo, culpa, vergüenza y ansiedad. Él o ella pueden querer que nosotros nos sintamos también igual. Pero no tenemos que sentirnos así. Si así nos sentimos, no tenemos que dejar que nuestros sentimientos nos detengan. Viviendo de acuerdo con los nuevos mensajes, podemos darle permiso a quienes están a nuestro alrededor, de una manera suave pero poderosa, de vivir bajo las nuevas reglas.

Liberémonos a través de la renuncia. Liberémonos rompiendo con las reglas. Trabajemos porque se cumplan en nosotros las reglas nuevas. Trabajemos sobre ellas hasta que se vuelvan tan vivas y tan poderosas como las reglas antiguas. Trabajemos sobre ellas hasta que formen parte de nosotros mismos y de nuestras vidas. Y luego trabajemos otro poco sobre de ellas.

Cuando nos empecemos a hundir, cuando regresen las viejas consignas, cuando la gente nos diga "no deberías", cuando empecemos a preguntarnos si ellos tienen razón, redoblemos nuestro esfuerzo. Cuando vengan en tropel los sentimientos de culpa, de miedo y de vergüenza, cincela dentro de tu mente consciente la nueva regla. Pregúntale a tu Poder Superior. Rodéate de gente que te apoye en tu empeño, de gente que esté luchando por vivir bajo las nuevas reglas. También apóyalos en sus esfuerzos. A esto se le llama recuperación.

Las reglas son reglas, pero algunas reglas se hicieron para que las rompiéramos.

Actividad

1. ¿Cuáles son tus viejas reglas? ¿Bajo cuáles reglas nuevas te gustaría vivir? Escribe las reglas que quieres romper, y luego traza una línea cruzándolas. Táchalas. Ahora, escribe las nuevas reglas que estás escogiendo.
2. Aprende a reconocer cuando un viejo mensaje esté tratando de controlar tu conducta. Presta atención a cómo te sientes. Usa esos periodos para afirmar conscientemente tu nueva regla.
3. La visualización nos puede ayudar a cambiar las reglas. Conocemos las conductas que las viejas reglas generan; ¿qué conductas generarán las nuevas? Imagina cómo te verías siguiendo las nuevas reglas ¿Qué es, específicamente, lo que harías de una manera distinta cuando estuvieras siguiendo una nueva regla? ¿Cómo te verías? ¿Cómo te sentirías? ¿Cómo te sonaría?

CAPÍTULO 10

Romper la barrera de la vergüenza

"Soy pobre, soy negra, podré ser fea y no saber cocinar —dice una voz a todo aquello que la esté escuchando—. Pero estoy aquí."

CELIE, personaje del film *El color púrpura*
de ALICE WALKER

"No tienes por qué sentirte avergonzado porque quieras tener una relación", le dije al público. "Si estuvieras desempleado, no te sentirías avergonzado por buscar trabajo, ¿no es así?"

"Sí me sentiría avergonzado", musitó un hombre que estaba sentado en la quinta fila.

"Fui a un baile", dijo Marcie, una mujer de 34 años que

145

está en recuperación por asuntos relacionados con el síndrome del niño adulto y el incesto. "Lo único que pude hacer fue bajar la cabeza y mirar mis pies."

"Nunca tienes que pedir disculpas por ser quien eres. Y no debes avergonzarte por ser quien eres", le dije.

"Bueno", contestó titubeante, "tal vez en ocasiones lo hago".

"He estado recuperándome de la codependencia y de la dependencia química por años", comenzó diciéndonos una mujer.

> Durante muchos de esos años, mi terapeuta me dijo que nunca había visto tal discrepancia entre el potencial, la inteligencia y el talento de una persona y lo que esa persona cree acerca de su potencial, su inteligencia y su talento. Finalmente estoy empezando a ver qué es lo que ella quiere decir ¡Nunca he creído en mí misma! ¡Nunca me he otorgado crédito alguno! Es como tener un coche de alto rendimiento dando vueltas o estacionado, y luego quejarse porque no se mueve hacia adelante.

Ya sea que la llamemos "limitada por la vergüenza", "basada en la vergüenza" o "encarada por la vergüenza",[1] la vergüenza puede ser un lastre y un problema para muchos de nosotros. La vergüenza puede detenernos, puede tirar de nosotros hacia abajo y mantenernos mirándonos los pies. Podemos no entender técnicamente a la vergüenza. Podemos ser incapaces de etiquetarla. La podemos llamar por otros nombres: miedo, confusión, culpa, rabia, indiferencia, o culpa de otra persona.[2] Pero si nos estamos recuperando de la codependencia o de asuntos relacionados con el síndrome del niño adulto, pro-

---

[1] Esta frase ha sido tomada del panfleto *Shame Faced: The Road to Recovery*, de Stephanie E., Center City, Minn., Hazelden Educational Material, 1986.

[2] *Ibid.*, p. 1.

146

bablemente hemos sido profundamente influenciados por la vergüenza.

La vergüenza es la marca de fábrica de las familias disfuncionales. Se da en las familias adictivas, en donde una o más personas eran adictas al alcohol, a las drogas, a la comida, al trabajo, al sexo, a la religión o a las apuestas. Se da en las familias que tienen problemas y secretos. Se da en las familias en las que los padres, los abuelos e incluso los bisabuelos tenían adicciones, problemas o secretos.[3] La vergüenza le añade combustible al fuego de la adicción. Se le usa para proteger los secretos y tenerlos guardados en su lugar. Se le usa para mantenernos a nosotros en nuestro lugar. Y a menudo pasa de generación en generación, como una fina pieza de porcelana, hasta que reposa sobre la chimenea de nuestra sala.

¡Vergüenza debía de darte! Las palabras son una maldición, un conjuro que otros arrojan sobre nosotros. Es un conjuro que hemos aprendido a echarnos encima. El estiércol pegajoso se escurre como tinta china desde nuestra cabeza hasta nuestros pies. Ya sea que nos lancen el conjuro por medio de una mirada, de ciertas palabras, de un tono de voz o de un viejo mensaje que esté dentro de nuestras cabezas, ahí está hasta que hacemos algo al respecto. El conjuro dice: "Lo que hiciste no está bien, no está bien que seas quien eres, y nada de lo que hagas podrá cambiar eso" *¡Vergüenza debía de darte!*

La vergüenza tiene sus raíces en nuestra niñez y sus ramificaciones en nuestras vidas actuales. La vergüenza es una manera de controlar, una herramienta utilizada por los padres y las sociedades quizá desde el principio del tiempo. La ver-

---

[3] Merle A. Fossum, y Marilyn J. Mason, *Facing Shame. Families in Recovery*, Nueva York, W.W. Norton & Company, Inc., 1986, p. 44.

güenza es el sentimiento que experimentamos cuando hacemos algo que decepciona a la gente que amamos. Cuando se le usa adecuadamente, puede ayudar a inculcarnos principios éticos y a formar nuestra conciencia.[4] Es un sentimiento de culpa que se aplica en forma externa.

La vergüenza, cuando es adecuada, nos señala ciertas conductas impropias, y separa entre nuestras conductas y quiénes somos nosotros. "¡Deja de hacer eso, Johnny!", regaña la madre. "No quiero volverte a ver pegándole a alguien. Pegar no está bien".[5] En este caso, Johnny aprende que no está bien pegar, pero que sí está bien ser Johnny. Ese no es el tipo de vergüenza del que hablo en este capítulo. Me refiero a la que es maligna, de la vergüenza que dice: "Deja de hacer eso, Johnny. Y eres malo, una mala persona por haberlo hecho".

En este caso, Johnny aprende que no está bien pegar, pero, además, que no está bien ser Johnny. El sentimiento de culpa externamente aplicado se convierte en sentimiento de culpa por ser. En algunas de nuestras familias, se nos avergüenza por tener conductas sanas y adecuadas, tales como pensar, sentir, divertirnos, amar y ser amados, cometer errores y cuidar de nosotros mismos. Hemos desarrollado un sentimiento de vergüenza acerca de nuestros cuerpos, de ciertas partes de nuestros cuerpos, o de nuestra sexualidad.

Algunas veces, nos vemos sumergidos en la vergüenza por lo que otros nos hicieron. Las víctimas del abuso a menudo están plagadas por la vergüenza, aunque no hayan sido responsables de la conducta inadecuada.

---

[4] Esta idea, y muchas otras que se encuentran en este capítulo, provienen de Scott Egleston.
[5] Este ejemplo me lo dio Scott Egleston.

Cómo puede controlarnos la vergüenza si la dejamos crecer

Para muchos de nosotros, la vergüenza se extiende, desde el sentimiento que experimentamos cuando decepcionamos a alguien a quien amamos, hasta el sentimiento que experimentamos cuando provocamos desaprobación en otro, incluso, la desaprobación por parte de un extraño.

Una mujer en recuperación nos cuenta:

> Mis hijos estaban en el recibidor de un restaurante jugando con otros niños que no conocían. Empezaron a agredirse con niñerías —se hacían gestos, se sacaban la lengua—. Luego, entró en el pleito infantil la madre de esos niños. Yo le advertí que no quería involucrarme en la discusión de los niños; que sabía que por lo general ambos bandos tienen parte de culpa. Ella empezó a quejarse de lo malos que eran mis hijos, y que no era de extrañarse, puesto que yo era una mala madre. Me quedé helada. Me encerré en mí misma y me morí por dentro. Me tardé medio día en deshacerme de la vergüenza ¡Me dejé apabullar por una completa extraña!"

La gente nos puede controlar por medio de nuestras áreas de vergüenza. Eso es lo que es la vergüenza: una herramienta para controlar la conducta. Ser vulnerables a la vergüenza nos hace vulnerables a ser controlados. El pensamiento de que la gente nos desapruebe, *nos eche encima el conjuro*, puede ser suficiente para detenernos. La vergüenza casi puede paralizarnos.

"La vergüenza amarra y bloquea el flujo de energía", dice el terapeuta Scott Egleston.

Déjenme dar un ejemplo. Hace algún tiempo, tenía problemas para llegar a tiempo a la iglesia. Por muchas razones, en especial porque estaba saliendo tarde de casa, llegaba con demora. Y comencé a sentirme avergonzada. ¿Qué pensarían los demás de mí? ¿Qué clase de persona era yo, si no podía llegar a tiempo a la iglesia con mis hijos? ¿Y si no era lo suficientemente importante para mí como para llegar puntual, para qué me molestaba en asistir? Opté por irme a sentar a hurtadillas a una de las bancas de hasta atrás, regañándome durante todo el servicio religioso en vez de escuchar. Nadie me estaba desaprobando. Yo sola era la que lo hacía.

Entre más avergonzada me sentía, más me juraba a mí misma que llegaría a tiempo y más tarde llegaba cada domingo. Una semana todo me salió mal, desde que me levanté hasta que llegué con los niños a la iglesia. Nadie podía encontrar algo bonito qué ponerse de ropa. Alguien tiró el cereal. Estábamos discutiendo. Me sentía frenética, y mis sentimientos se derramaban sobre la familia entera. El asunto no tenía su raíz en que llegar a tiempo era preferible. El asunto ya era que yo no estaba bien si llegaba tarde a la iglesia. Llegamos casi quince minutos tarde.

Me quedé en el atrio fuera de la iglesia. *¡Qué desastre de persona soy!,* pensaba. *¡Cómo me atrevo a llegar tan tarde!* Nadie me prestó atención en particular, pero yo podía ver a la congregación entera mirándome, juzgándome y frunciendo el ceño.

No pude pasar al interior de la iglesia. No pude mover mis pies hacia adelante. Estaba paralizada por la vergüenza. Tomé a mis hijos y a toda prisa me los llevé de ahí, jurando que nunca volvería a suceder.

A la siguiente semana me levanté, salimos temprano de la casa y llegamos a la iglesia con cinco minutos de anticipación.

Todos se estaban subiendo a sus coches y se estaban yendo. El servicio había terminado. Se había cambiado ese día al horario de verano y yo no había adelantado mi reloj. Llegué casi una hora tarde. Me rendí, me sometí, y desde entonces el asunto se ha vuelto manejable.

La moraleja de la historia es esta: la vergüenza nos puede impedir actuar. Si crecimos dentro de un sistema que ligaba a la vergüenza con conductas sanas como pensar, sentir y cuidar de nosotros mismos, la vergüenza puede estarnos impidiendo que hagamos precisamente esas cosas. Cada vez que experimentamos un sentimiento, que tenemos un pensamiento, que nos divertimos, que tenemos cercanía con los demás, o que sencillamente nos dejamos ir y somos espontáneos, la vergüenza puede arruinarlo. La vergüenza puede impedir que fijemos límites. Y la vergüenza puede hacer que permanezcamos atrincherados en nuestros errores.

Me involucré en ciertas prácticas sexuales inadecuadas —recuerda un hombre—. Caí en una situación, e hice algunas cosas que no me hicieron sentir nada bien. Después, me sentí tan culpable y avergonzado... Me sentía basura. No sabía cómo enfrentarme a todos esos espantosos sentimientos. No sabía cómo perdonarme y aceptarme a mí mismo. Lo único que me prometía hacerme sentir mejor era hacer lo mismo otra vez. Comencé así con una conducta compulsiva que duró varios meses, hasta que finalmente me rendí y me perdoné a mí mismo. No pude cambiar la conducta mientras sentía odio hacia mí. Solamente pude cambiar cuando empecé a amarme a mí mismo, incondicionalmente.

Hasta Opus, el pingüinito de la caricatura *Bloom County*, tuvo sus experiencias con la vergüenza. Unos miembros de la comunidad encontraron a Opus leyendo ciertas revistas.

Lo acusaron de ser un pingüino lujurioso y le prohibieron la entrada al reino de Bloom County. Cabizbajo, Opus se retiró a los confines de la Tierra. Tiempo después, aceptó un empleo como pingüino nudista, el único empleo del que se sentía digno. "Estoy sufriendo", dijo Opus, "de una autoestima crónica y fatalmente baja".

La vergüenza puede afectar cada una de las elecciones que hacemos: la elección de un cónyuge, de amigos, de casa, de empleo o de coche; de cómo gastamos nuestro dinero y qué hacemos con nuestro tiempo. La vergüenza puede impedir que veamos nuestras mejores alternativas, porque no creemos que merecemos lo mejor. Si creemos que no somos suficientemente buenos, cada encuentro con la vida probará lo que creemos, no importa qué tanto bien hagamos. Podemos buscar o crear experiencias que refuercen esa creencia. En ocasiones, esto hará que destruyamos lo que tenemos de bueno.

Un hombre en recuperación cuenta la siguiente historia:

> Siempre quise un Mercedes. Un día me compré uno. Encargué el coche, lo recogí, y enseguida se apoderó de mí el peor de los sentimientos. Cada vez que iba a algún lado, estacionaba el coche a una o dos cuadras de ahí. A nadie le dije que había comprado el coche. Quería ponerme una bolsa de papel en la cabeza cada vez que lo manejaba. No sabía qué me pasaba; simplemente, me sentía incómodo con el coche. Una semana después, lo llevé a un lote de autos y quise cambiarlo por otro de mucho menor valor ¡Iba a perder dinero! Entonces me di cuenta. Lo que me hacía sentir incómodo era la vergüenza. Yo no creía que merecía tener ese coche.
>
> Me quedé con el coche. Estoy trabajando con mi vergüenza. Estoy trabajando en cambiar lo que creo acerca de mí mismo, y del derecho que tengo a tener cosas buenas.

La vergüenza puede provocar que nos sintamos medio locos y que hagamos cosas locas. Creer que no está bien que seamos lo que somos, duele. Para protegernos de ese dolor, podemos evitar la vergüenza cambiándola por otros sentimientos que son más fáciles y seguros de manejar: rabia; indiferencia; una abrumadora necesidad de controlar; depresión; confusión; evasión; o una obsesión por usar una droga que elijamos, ya sea esa "droga" el alcohol, una píldora, comida, sexo o dinero. Podemos transformar la vergüenza en culpar a los demás, en hacernos insensibles o en experimentar pánico. O podemos lidiar con ella escapándonos.[6] Podemos no comprender que la vergüenza está provocando que nosotros o los demás hagamos estas cosas. Es perturbador tener una relación con una persona atrapada en la vergüenza.[7] Vemos cómo salimos corriendo, cómo culpamos a los demás o cómo nos enfurecemos; sin entender el porqué nosotros o la otra persona hacemos esas cosas.

La otra noche tuve un sueño. Estaba en una cárcel subterránea. En esa prisión estaban conmigo otras personas. Todas mis alternativas tenían que ver con la gente y las cosas que había en esa cárcel. Cuando me desperté, me di cuenta de que la prisión representaba la vergüenza y la baja autoestima. También, me di cuenta de que la puerta de esa prisión no estaba cerrada; estaba abierta. Lo único que tenía que hacer era salirme.

En las páginas siguientes discutiré algunas ideas para ayudarles a empezar a salir. Esos puntos incluyen:

- cambiar de un sistema basado en la vergüenza a otro de amor por uno mismo y de aceptación;

---

[6] Stephanie E., *Shame Faced*, p. 1.
[7] Fossum y Mason, *Facing Shame*, p. 29.

- manifestar la vergüenza;
- tratar a la vergüenza como a cualquier otro sentimiento;
- seguirle la pista a la vergüenza hasta sus raíces;
- cambiar lo que sea necesario;
- liberarse de la vergüenza; y
- conocer tus derechos y tus reglas.

Cambiar de un sistema basado en la vergüenza a otro de amor por uno mismo y de aceptación

Un sistema basado en la vergüenza significa que operamos a partir de la creencia subyacente de que lo que somos y lo que hacemos no está bien. En la recuperación, decidimos que está bien ser quienes somos. Nos amamos y nos aceptamos a nosotros mismos de manera incondicional. Cuando hacemos algo que no es adecuado separamos la conducta de lo que es nuestra identidad. Lo que hicimos podrá no estar bien, pero nosotros estamos bien. Luego, tomamos medidas para corregir nuestra conducta. Esta es la meta básica en la recuperación. Es la esencia de los programas de Doce Pasos, y eso es lo que podemos lograr trabajando sobre los Pasos.[8]

Este sano sistema cree que si estamos trabajando en nuestra recuperación y tenemos conexión con nuestro Poder Superior, tenemos un código moral interno que enviará señales cuando sea violado. Este sistema dice que podemos confiar en nosotros mismos, en nuestra recuperación, y en nuestro Poder Superior. Y nos dice que está bien que cometamos errores, porque así es como aprendemos y crecemos.

[8] Esta idea vino de Lonny Owen durante el taller que ambos facilitamos.

Manifestar la vergüenza

Aprendamos a reconocer la diferencia entre los sentimientos de vergüenza y de culpa. La culpa es creer que no está bien haber hecho lo que hicimos. El auténtico sentimiento de culpa es valioso. Es una señal de que hemos violado nuestro código moral propio o universal. Nos ayuda a mantenernos honestos, sanos y sobre el camino. La vergüenza no vale para nada. La vergüenza es la creencia de que, haya o no estado bien lo que hicimos, no está bien ser quienes somos.[9] El sentimiento de culpa se puede resolver. Corregimos lo que hicimos, aprendemos de nuestro error e intentamos corregir nuestra conducta. La vergüenza no se puede resolver. Nos deja con la sensación de que lo único que podemos hacer es disculparnos por el hecho de existir, y que incluso eso se queda corto, comparado con lo que se necesitaría.

Tenemos ataques de vergüenza de intensidad leve, mediana o severa. Podemos vivir en un estado de vergüenza constante. Podemos aprender a reconocer y a identificar la vergüenza: cómo se siente, los pensamientos que provoca, y qué nos impulsa a hacer ¿Huyes, te escondes, culpas a los demás, te congelas, te dejas arrebatar por la rabia o tratas de controlar? Aprende a detectar cuándo es la vergüenza el núcleo de estas conductas. Identifica la verdad y llámala por su nombre: un asqueroso sentimiento que nos echaron encima para imponernos reglas; generalmente las reglas de alguien más.

---

[9] Esta definición es bastante común, pero me la dio Scott Egleston.

Tratar a la vergüenza como a cualquier otro sentimiento

La vergüenza es una fuerza poderosa. A falta de una palabra mejor, podemos llamarla sentimiento. Cuando aparezca, trátala como a cualquier otro sentimiento. Habla acerca de ella. Por lo menos reconócela ante ti mismo. A veces "hago Gestalt" con mi vergüenza: agacho la cabeza, me cubro la cara con las manos y digo: "Estoy tan avergonzada". Otras veces, simplemente digo: "Sí. Eso es vergüenza". La regla básica para "lidiar con nuestros sentimientos" se aplica a la vergüenza: es nuestro sentimiento y nuestra responsabilidad. Percatémonos de ello. Aceptémoslo luego. La vergüenza es como cualquier otro sentimiento: negarla no va a hacer que desaparezca; la hará crecer.

De hecho, no me importan esos momentos en los que me siento avergonzado. Solía sentirme así la mayor parte del tiempo. Ahora, por lo general tengo lo suficiente de autoestima y de buenos sentimientos para advertir cuando la vergüenza reaparece.

Seguirle la pista a la vergüenza hasta sus raíces

¿Por qué te sientes avergonzado? ¿A quién has decepcionado? ¿De quién son las reglas que estás rompiendo? ¿Son de otra persona, o son las tuyas? Tal vez estemos cometiendo algo que nos haga sentir legítimamente culpables. Quizá estemos violando nuestro propio código moral, y el sentimiento de culpa se ha entretejido con el de vergüenza. Algunas veces la vergüenza nos da una pista de algo que legítimamente necesitamos cambiar, pero que probablemente no cambiemos hasta que podamos deshacernos de la vergüenza.

En ocasiones, la vergüenza se presenta a causa de nuestro pasado, algo que no podemos cambiar.

Otras veces, la vergüenza indica que hemos roto una regla familiar. Cada uno de nosotros tiene sus propios mensajes, y la vergüenza estará ligada a esos mensajes. El encarar la vergüenza puede ayudarnos a entender nuestros mensajes. Una mujer compartió conmigo la siguiente experiencia:

> Cada vez que hablaba con los hombres, me ponía roja de vergüenza. No importaba si se trataba de amigos hombres o de un hombre con quien me interesara salir. Luego, me di cuenta de lo que estaba sucediendo. Cuando era adolescente, mi familia tenía algunos verdaderos tabúes acerca de ser sexual. Cada vez que mi padre me sorprendía hablando con un niño, me avergonzaba. Las palabras que usaba eran: "deberías tener vergüenza. Estás actuando como una golfa".
>
> Tenía yo 35 años. Vivía en otra ciudad, no en la que vivía mi padre, pero todavía tenía sus palabras dentro de la cabeza. Tenía todavía la vergüenza dentro de mí, cada vez que hablaba con un hombre. Me ayudó el entender esto. He podido darme a mi misma nuevos mensajes, y la vergüenza está desapareciendo.

"Me sentía avergonzada cada vez que salía de casa sin mis hijos", explica otra mujer, madre de tres niños. "Una vez que dejé de huir de mi vergüenza, develé el mensaje: una buena madre siempre pone a sus hijos en primer lugar. Una vez que lo descubrí, pude cambiarlo. Mi nuevo mensaje es: una buena madre también cuida de sí misma."

Cambiar lo que sea necesario

Si nos sentimos avergonzados porque hemos hecho algo de lo cual nos sentimos culpables, convertimos la vergüenza en sentimiento de culpa, y luego corregimos lo que sea pertinente y cambiamos nuestra conducta. Si decidimos que la vergüenza está tratando de imponernos un mensaje poco sano e inadecuado, cambiamos el mensaje. Si nos sentimos avergonzados acerca de algo que no podemos o que no necesitamos cambiar, nos rendimos ante la situación y nos damos un fuerte abrazo a nosotros mismos.

Liberarse de la vergüenza

Una vez que aceptemos la presencia de la vergüenza, busquemos la manera de desaparecerla. Replícale. Ponte furioso con ella. Dile que se vaya. Siéntela intensamente. Hazte amigo de ella. Déjala ir. Trabaja los Pasos Seis y Siete del Programa de Doce Pasos. Trabaja el Paso Seis preparándote para retirar de ti la monserga de la vergüenza, y trabaja el Paso Siete pidiéndole a Dios que la aparte de ti.[10] Manéjala de la manera que a ti te funcione, pero sigue con el curso de acción que hayas elegido y deja ir el sentimiento de vergüenza.

Conoce tus derechos y tus reglas

Muchos de nosotros crecimos habiendo ligado la vergüenza

[10] Basados en el Paso Seis y el Paso Siete del programa de Doce Pasos de Al-Anón.

con nuestros derechos básicos y necesidades humanas.[11] Conocer nuestros derechos y nuestras nuevas reglas nos ayuda. Después, podemos encarar la vergüenza cuando trate de imponer las viejas reglas. Tenemos derecho a decir sí o no, a ser sanos, a sentirnos seguros, y a cuidar de nosotros mismos. Tenemos derecho a fijar límites, a estar libres del abuso, a crecer a nuestro propio ritmo, a cometer errores, a divertirnos, a amar y a ser amados. Tenemos derecho a tener nuestras propias percepciones, observaciones, opiniones y sentimientos. Tenemos derecho de volvernos tan sanos y exitosos como podamos.

También tenemos otros derechos. Los descubrí el día que descubrí la "base" de mi vergüenza. Iba manejando rumbo a una cita que tenía en una preparatoria local con un consejero vocacional. No necesitaba que me hicieran una prueba. No tenía que pasar ningún examen. No tenía nada que ganar ni que perder. Tan sólo necesitaba tomar unos cuantos folletos y obtener alguna información. Y sin embargo me sentía ansiosa y asustada, que era la manera en que normalmente me sentía. Entonces me di cuenta de qué era lo que estaba sucediendo. Me sentía ansiosa la mayor parte del tiempo porque no me sentía adecuada para vivir. La situación o la circunstancia no importaban. No me sentía suficientemente apta. Yo no era suficiente.

Ese día tomé una decisión. Yo estaba aquí, era yo misma, y era suficientemente buena a pesar de mi pasado, mi presente, mi futuro, mis debilidades, mis flaquezas, mis errores y mi calidad humana.

Somos aptos, y suficientemente buenos. En ocasiones co-

---

[11] De Lonny Owen.

metemos grandes errores, a veces pequeños errores. Pero el error estriba en lo que hacemos, no en lo que somos. Tenemos derecho a ser, a estar aquí, y a ser quienes somos. Si no estamos seguros de quiénes somos, tenemos derecho a hacer ese emocionante descubrimiento. Y nunca debemos dejar que la vergüenza nos diga otra cosa.

Actividad

1. A medida que vas por tus actividades cotidianas, lleva un registro de tus ataques de vergüenza. Luego, busca los patrones ¿En cuáles áreas eres más vulnerable a la vergüenza?: ¿Al hablar sobre tus sentimientos? ¿Sobre tu cuerpo? ¿Sobre actividades divertidas? ¿En qué cometes errores y eres imperfecto? ¿Sobre tu pasado? ¿Cuáles personas son más proclives a hacerte sentir vergüenza?

CAPÍTULO 11

De la privación al merecimiento

> Miraré muy bien en qué lugar me encuentro hoy y me sentiré agradecido por ese sitio. Es el lugar correcto para mí ahora y me está preparando para la aventura que hay más adelante.
>
> de *Each Day a New Beginning**

El psiquiatra le enseñó a Jason un boceto.[1] "¿A qué se parece esto?"

---

* *Cada día un nuevo comienzo* (de próxima aparición en Promexa).

[1] Los detalles acerca de este test, los bocetos y a qué se parecía cada boceto han sido recopilados por la memoria de Jason y puede que no sean completamente precisos. Pero lo esencial de la historia sí lo es.

Jason, un hombre de edad mediana y cabello castaño, respondió que parecía un pájaro.

"Bien", dijo el psiquiatra. Y sacó la siguiente ilustración. "¿Y ésta?"

Jason dijo que le parecía un árbol. El doctor asintió y le mostró a Jason el siguiente boceto.

"Una mariposa"

"¿Y ésta?", preguntó de nuevo el doctor.

Jason se le quedó mirando. Examinó el dibujo desde todos los ángulos. "No sé qué es", dijo Jason.

El psiquiatra le enseñó a Jason el siguiente dibujo y en seguida otro más. Ninguno de ellos le recordaba nada a Jason. Después de esos tres dibujos, Jason no tuvo problema para identificar el resto de las ilustraciones que le fueron mostradas durante la prueba.

"¿Por qué no pude reconocer nada en esos bocetos?", preguntó Jason cuando el psiquiatra terminó.

"No es de sorprender que ese grupo de dibujos no hayan tenido sentido para usted", dijo el psiquiatra. "Representan el amor de un padre. Usted sólo reconocería los dibujos si hubiera tenido la experiencia de ser amado por su padre. Los dibujos para usted estaban en blanco porque ese es un sitio en blanco que usted tiene en su desarrollo."

Jason empezó a hablar. Habló acerca de su calidad de hijo menor de una familia de nueve hijos, de una familia rural durante el tiempo de la depresión. Reconstruyó su batalla de 15 años contra el alcoholismo. Mencionó sus dos matrimonios fracasados con mujeres que lo trataron como lo había hecho su padre —fríamente y con rechazo—. Habló acerca de sus incesantes esfuerzos de hacer cosas para los demás y de no ser apreciado. Hacia el final de la sesión, Jason hizo una pausa. Cuando volvió a hablar, se veía y se oía más como un niñó de nueve años que como un hombre de 50.

"¿Por qué él nunca me cargaba sobre sus piernas, ni me abrazaba ni me decía que pensaba que yo era especial?", preguntó Jason "¿Por qué nunca ni siquiera me dijo que me amaba?"

"O bien no era capaz de hacerlo, o no sabía cómo demostrar su amor", dijo quedamente el psiquiatra.

Jason se levantó. Tenía lágrimas en los ojos, pero una nueva fuerza en su rostro. "¿Quiere usted decir que no era yo?", dijo Jason, "¿que no era mi culpa?, ¿que no soy detestable?".

"No", contestó el doctor. "No es usted detestable. Simplemente estuvo privado de amor."

La búsqueda de lo normal

Muchos de nosotros sufrimos privaciones cuando niños. Pudimos haber tenido tanta privación de buenos sentimientos que creímos que la vida no valía la pena de vivirse. Podemos haber estado tan privados de amor que creímos que no valíamos la pena. Podemos haber estado tan privados de protección y de consistencia que creímos que la gente no era digna de confianza. Nuestros padres pueden haber estado tan inmersos en sus problemas y en su dolor, tan llenos de privaciones ellos mismos, que no pudieron darnos lo que necesitábamos. Podemos haber tenido privaciones de cosas materiales: juguetes, dulces, ropa, comida o una casa decente.

Algunos de nosotros de lo que estuvimos privados fue de nuestra niñez.

Se ha dicho que los hijos adultos de familias disfuncionales no saben qué con exactitud es lo "normal". Eso sucede a causa de que muchos de nosotros no hemos tenido, tampoco, mucho de eso.

Mi búsqueda de lo normal ha sido un enorme empeño. ¿Qué es diversión? ¿Qué es el amor? ¿Cómo se siente y cómo se ve? ¿Qué es una buena relación? ¿Cómo se forma uno una opinión? ¿Qué hace uno en sus días de descanso? ¿Cómo se compra uno ropa? ¿Cómo se hacen amigos? ¿Qué se hace con ellos una vez que los tenemos? ¿Qué es una locura? ¿Qué es salud mental? ¿Cómo se le hace para sentirse uno mejor cuando tiene una pena? ¿Qué son las cosas buenas de la vida? ¿Existirán éstas? ¿Qué tantas de ellas puedo tener?

Para muchos de nosotros, la vida es como una tienda grande. Esta tienda tiene dos departamentos: el piso principal, en el cual se exhiben montones de cosas buenas, gran parte de las cuales no sabemos ni cómo se llaman pues nunca las habíamos visto; y el sótano de las baratas, donde se encuentran los saldos y mercancía de segunda. Ese es el piso donde nosotros compramos.

Escuchemos la siguiente conversación entre dos mujeres. Una está en recuperación por asuntos relacionados con el síndrome del niño adulto y por un matrimonio con un alcohólico. La otra desciende de gente bastante normal.

"No puedo decidir si rompo con mi novio o no", dice una de las mujeres.

"¿Qué cualidades tiene?", le pregunta su amiga.

"Bueno, pues diario trabaja. Normalmente cumple lo que dice que va a hacer. Es amable. Y nunca me ha golpeado."

"No", dice su amiga. "No me has entendido ¿Cuáles son sus puntos a favor? Las cosas que enumeraste son algo normal, que damos por hecho". "Ah", exclama la mujer. "No lo sabía."

¿Cuál de las dos mujeres creen ustedes que es el niño adulto? Las pérdidas son penosas. Nos duele tener algo y después perderlo. La privación cala hondo. Nos provoca vacíos interiores.

Una mujer en recuperación me contó su caso:

Nunca tuve una figura paterna sana, amorosa y presente. Tuve un padre alcohólico que abandonó el hogar cuando yo tenía dos años; y un padrastro muy distante que me duró dos años, cuando era adolescente.

Cuando crecí, tuve varias relaciones desafortunadas con ese mismo tipo de hombres: alcohólicos o distantes. No sabía que hubiese algo más. Si nunca has comido helado y no has oído hablar mucho de él, el helado no forma parte de tu mundo. No es una alternativa. Bien, pues los hombres sanos y amorosos no eran parte de mi mundo. No eran un alternativa para mí.

Un día que viajaba en camión atravesando el estado, me senté al lado de un señor ya mayor. Platicamos y empezó a contarme de su esposa, y de lo solo que se sentía porque era la primera vez en años que viajaban por separado. Me contó de sus hijos. La mayoría de los incidentes los recordaba con alegría. Me platicó una anécdota de su hijo, quien en una ocasión le pidió a él que hiciera algo, pero él estaba muy ocupado y no pudo responder a su petición. Dijo que se había sentido culpable por años, hasta que un día se lo comentó a su hijo y su hijo ni siquiera se acordaba.

Algo que él no dijo pero que yo de todos modos escuché fue que él era un apoyo fundamental para su familia. Estaba presente en el plano emocional, físico, mental y económico. Se preocupaba por su familia y tenía la suficiente salud mental para demostrarlo.

Por primera vez, abrí los ojos a algo. No sabía que esa clase de hombre —ese tipo de esposo, de padre, de persona o de familia— existía en la vida real. Por un momento se apoderó de mí la tristeza. Ya antes había pasado por un proceso de pena, pero ¿cómo podía experimentar pena por algo que no sabía que había perdido? Me sentí triste por no haber conocido esa clase de amor paternal o familiar. Luego, puse esa información dentro de mi realidad. Sí existían esa clase de amores y ese tipo de hombre.

Necesitamos llenar los vacíos interiores. Son muchas las cosas que pueden ser opciones para nosotros:

- un amor sano,
- una identidad,
- una fundamental necesidad de seguridad,
- una norma para sentirnos bien,
- la capacidad para resolver conflictos,
- tener buenos amigos,
- un trabajo que nos satisfaga,
- suficiente dinero, y
- el amor incondicional y la protección de un Poder Superior.

Muchos de nosotros tuvimos privaciones cuando niños, pero muchos hemos acarreado esas privaciones a nuestra vida adulta. La privación provoca una manera de pensar estrecha. Una forma de pensar estrecha perpetúa la privación.

Podemos caer en la trampa de pensar en la escasez: sí, hay cosas buenas en la vida, pero no hay suficiente para que nos toque a nosotros. Podemos llegar a desesperarnos, revolviéndolo todo para obtener lo que podamos y aferrándonos con fuerza a ello, aunque no sea lo que queremos ni lo que más nos conviene. Podemos tenerle resentimiento y celos a la gente que tiene lo suficiente. Podemos atesorar lo que tenemos o negarnos a disfrutar de ello, por miedo a gastárnoslo.

Podemos ceder y conformarnos con menos. La privación se vuelve habitual. Podemos seguir sintiéndonos temerosos y privados, aunque no lo estemos.

"Compré 52 rollos de papel higiénico de un jalón", dice una mujer, una hija adulta de un alcohólico que ha estado casada con dos alcohólicos.

> Compré de un jalón 52 rollos de papel higiénico porque durante muchos años no había suficiente papel higiénico ni dinero para comprar más. Y no quiero que nunca más me vuelva a hacer falta. Durante los últimos tres años, he ganado alrededor de 25 mil dólares al año. Hay suficiente dinero para comprar más. Pero siento como si no tuviera lo suficiente, o como si no me fuera a alcanzar.

Podemos reaccionar a la privación de muchas maneras. Podemos insistir en que la vida, y la gente a nuestro alrededor nos den todo aquello que nunca tuvimos. Eso no es justo, y esas expectativas pueden dar al traste con lo que hoy tenemos de bueno.

Una manera de pensar negativa, en términos de privación, hace que las cosas desaparezcan. Estamos refunfuñando por el vaso de agua medio vacío, tan concentrados en lo que no tenemos que dejamos de apreciar el vaso medio lleno, el vaso mismo, o el hecho de que estamos vivos y con suficiente salud para beber el agua. Nos da tanto miedo de no poder obtener más, o estamos tan amargados pues únicamente tenemos medio vaso para beber, que podemos no beberlo. Lo dejamos sobre la mesa hasta que se evapora. Y luego no tenemos nada, que de todos modos, es lo que habíamos pensado que teníamos. ¡Es una ilusión! Podemos beber el agua si tenemos sed, luego abrir la llave y servirnos más.

Quizá el efecto más profundo de la privación es que decidamos que no merecemos tener las cosas buenas de la vida. Eso no es verdad, pero nuestra creencia puede hacer que efectivamente así suceda. Porque todo aquello que creamos que merecemos, lo que realmente creamos en lo profundo de nuestro ser, será lo que obtendremos.

La manera negativa de pensar en términos de privación puede impedir que veamos lo que tiene de bueno nuestra vida hoy, y puede ser un obstáculo para que nos sucedan cosas buenas. Duele tener privaciones. Duele caminar por la vida creyendo que no hay suficientes cosas buenas para todos. Es doloroso creer que no somos merecedores. Así que, para ya. Ahora mismo. Tú puedes llenar los huecos con un "hay suficiente para todos", y "yo merezco". Hay suficiente para ti. Hay suficiente para tu vecino también. Mereces lo mejor, cualquiera que sea lo que eso signifique para ti.

El principio de gratitud

Pensar en términos de privación convierte las cosas buenas en menos de lo que son o en nada. Pensar en términos de gratitud convierte las cosas en más.

Hace muchos años, cuando empecé a reconstruir una vida hecha añicos por la utilización de fármacos, soñaba en casarme y tener una familia. También soñaba en ser dueña de una casa, de una bella casa que fuera nuestro castillo. Quería tener algunas de las cosas que otras gentes tenían. Quería "lo normal", fuera lo que fuera.

Parecía que estaba a punto de lograrlo. Me casé. Me embaracé. Tuve una niña. Ahora, lo único que necesitaba era la casa. Vimos todo tipo de casas de sueño —casas grandes de sueño y casas de sueño término medio. La casa que compramos no resultó ser una de ésas, pero era la que estaba de acuerdo a nuestro presupuesto.

Había estado rentada por un periodo de 15 años y vacía un año, tenía tres pisos de ventanas rotas y de duelas rotas. Varios cuartos tenían diez capas de diferentes papeles tapiz. Algunas paredes tenían agujeros que daban directo a la calle. Los pisos estaban cubiertos con alfombra de un color naranja encendido y tenía manchas grandes. Y no teníamos dinero para arreglarla ni sabíamos tampoco cómo hacerlo nosotros mismos. No teníamos dinero para ponerle ventanas nuevas, ni cortinas, ni para pintarla. No nos alcanzaba para amueblarla. Teníamos tres pisos de una casa en ruinas, con una mesa de cocina, dos sillas, un sillón, una cama, una cuna y dos cajoneras, una de las cuales tenía los cajones rotos.

Cerca de dos semanas después de que nos mudamos, vino un amigo a visitarnos. Nos quedamos platicando en lo que sería el pequeño prado del frente si creciera ahí el pasto. Mi amigo seguía repitiéndome cuán afortunada era yo y qué maravilloso era tener una casa propia. Pero yo no me sentía afortunada, y no me sentía a gusto. No conocía a nadie que fuera dueño de una casa como esta.

No hablaba mucho acerca de cómo me sentía, pero cada noche, mientras mi esposo y mi hija dormían, me iba de puntitas a la sala, me sentaba en el suelo y me ponía a llorar. Esto se convirtió en un ritual. Cuando todo mundo estaba dormido, me sentaba en medio del suelo pensando en todo lo que odiaba de esa casa, llorando y sintiéndome desesperanzada. Hice esto durante meses. Por legítima que hubiera sido mi reacción, nada cambió.

Unas cuantas veces, en mi desesperación, traté de arreglar la casa, pero nada funcionó. El día antes del día de acción de gracias intenté pintar las paredes de la sala y del comedor. Pero en el momento en que empecé a pintarlas, se empezaron a desprender una capa tras otra de papel tapiz. En otra ocasión, ordené un caro papel tapiz, tratando de tener fe en que tendría dinero para pagarlo cuando me llegara. No fue así.

Luego una noche, mientras estaba sentada en medio del piso de la sala en mi ritual de lamentaciones, se me ocurrió un pensamiento: *¿Por qué no probar con la gratitud?*

Al principio deseché la idea. Tener gratitud era absurdo ¿De qué podría yo estar agradecida? ¿Cómo podría estarlo? ¿Y por qué debería de estarlo? Luego decidí probar de cualquier manera. No tenía nada que perder. Y ya me estaba hartando de mis lloriqueos. Todavía no estaba segura de qué debería estar agradecida, de modo que decidí sentir gratitud por todo. No me sentía agradecida. Deseé estarlo. Me forcé a ello. Fingí estarlo. Simulé estarlo. Me propuse tener pensamientos de gratitud. Cuando pensaba en las capas de papel tapiz que se deshojaban, le di gracias a Dios. Le di gracias a Dios por cada una de las cosas que detestaba de esa casa. Le di gracias por habérmela dado a mí. Le di gracias por estar yo ahí. Incluso le di gracias por odiarla. Cada vez que tenía un pensamiento negativo acerca de la casa, lo contrarrestaba con otro positivo.

Tal vez esta reacción no fuera tan lógica como la negatividad, pero probó ser más efectiva. Después de que practiqué la gratitud durante tres o cuatro meses, las cosas empezaron a cambiar.

Mi actitud cambió. Dejé de sentarme a llorar en medio de la sala y empecé a aceptar la casa tal como estaba. Comencé a cuidar la casa como si fuera realmente la casa de mis sueños.

La mantuve lo más limpia, ordenada, y tan bonita como se pudiera.

Luego, comencé a pensar. Si primero quitara todo el papel tapiz viejo, quizá la pintura se adheriría. Arranqué pedazos de la alfombra anaranjada y descubrí que toda la casa tenía sólidos pisos de encino. Desempaqué algunas de las cajas que había guardado y encontré unas cortinas de encaje antiguo que eran del tamaño de las ventanas. Descubrí un programa de acción comunitaria que ofrecía un buen papel tapiz a un dólar el rollo. Averigüé acerca de la pintura texturizada, esa que cubre paredes viejas y agrietadas. Decidí que si no sabía como hacer el trabajo, podría aprender. Mi madre se ofreció como voluntaria a ayudarme con la colocación del papel tapiz. Vino hacia mí todo lo que necesitaba.

Nueve meses después, tenía una bella casa. Por toda la casa brillaban los pisos de encino macizo. El papel tapiz de estilo country y las paredes texturizadas en blanco contrastaban bellamente con la ebanistería en maderas oscuras que decoraba cada una de las habitaciones.

Cada vez que encontraba un problema —como que faltaba la mitad de las puertas de la alacena y no tenía dinero para contratar un carpintero— me proponía sentir gratitud. Bastante pronto surgía una solución: quita todas las puertas y ten una despensa abierta, tipo rústico.

Trabajé y trabajé, y finalmente tuve una bella casa de tres pisos. No era perfecta, pero era mía y yo estaba feliz de vivir ahí. Estaba orgullosa de vivir ahí. En verdad agradecida de vivir ahí. Amaba esa casa.

Pronto la casa se llenó también de muebles. Aprendí a coleccionar piezas de aquí y de allá por cinco y por diez dólares, a cubrir los defectos que tuvieran con carpetitas de encaje y a darles un buen acabado. Aprendí a sacar algo de casi nada, en vez de sacar nada de algo.

He tenido oportunidad de practicar el principio de gratitud muchas veces durante mi recuperación. No me ha fallado. O cambio yo, o cambian mis circunstancias, o ambas cambiamos.

"¡Pero tú no sabes las privaciones que yo tengo!", dice la gente. "No sabes de cuántas cosas he carecido. No sabes lo difícil que me la estoy pasando ahora. No sabes lo que se siente no tener nada!"

Sí, sí lo sé. Y la gratitud es la solución. Estar agradecidos por lo que tenemos en este momento no significa que eso es lo que tendremos siempre. Significa que reconocemos que lo que hoy poseemos es lo que se supone que debemos de tener hoy. Hay suficiente, somos suficientes y todo lo que necesitamos vendrá a nosotros. No tenemos por qué estar desesperados, temerosos, envidiosos, resentidos o desdichados. No tenemos que preocuparnos por lo que tienen los demás; ellos no tienen lo que nosotros tenemos. Lo único que necesitamos hacer es apreciar y cuidar lo que tenemos hoy. El truco estriba en que debemos estar agradecidos primero; antes de que tengamos algo más, y no después.

Después, necesitamos creer que merecemos lo mejor que la vida puede ofrecer. Si no lo creemos, necesitamos cambiar lo que creemos que merecemos. Cambiar nuestras creencias acerca de lo que merecemos no es un proceso que se dé de un día para otro. Ya sea que estemos hablando de relaciones, de trabajo, de casa o de dinero, esto con frecuencia se lleva a cabo poco a poco. Creemos que merecemos algo un poco mejor, luego otro poco mejor, y así sucesivamente. Necesitamos comenzar por donde nos encontramos en este momento, cambiando nuestras creencias a medida que vayamos siendo capaces de hacerlo. A veces las cosas se toman su tiempo.

Creer que merecemos cosas buenas es siempre tan importante como sentirse agradecido. Practicar la gratitud sin hacer un cambio en lo que creemos merecer puede mantenernos sumergidos en la privación.

Una mujer en proceso de recuperación cuenta:

> Ganaba 30 mil dólares al año y cada mañana al subirme a mi coche de hace diez años que tiene descompuesta la calefacción le daba gracias a Dios por él. Estaba tan agradecida... Mis hijos me animaban a comprar un coche nuevo y yo les decía que no; que me sentía agradecida de tener mi coche viejo. Luego un día, cuando estaba hablando acerca de la privación con alguien, de pronto me di cuenta de que podía pagar un coche nuevo si en verdad creía que me lo merecía. Cambié mi manera de pensar acerca de lo que creía merecer, y compré un auto nuevo.

Hay épocas de nuestra vida en las cuales privarnos de algo nos ayuda a formar el carácter, nos prepara para ciertos propósitos o forma parte de "pagar nuestra cuota" mientras nos encaminamos a lograr nuestras metas. La privación tiene un propósito, al igual que un principio y un fin. Muchos ya hemos llegado a este fin. Nuestra privación ya no tiene propósito ni finalidad.

En una tira cómica de Andy Capp, un día llegó la esposa de Andy refunfuñando acerca de su andrajoso abrigo. "Ese abrigo mío es una desgracia. Me da vergüenza salir con él. Deveras que necesito comprarme uno nuevo", decía.

"Ya veremos, ya veremos", él le respondía.

"La traducción burda de eso", dijo ella, arrugando la cara,

"es que nunca sabes de lo que puedes prescindir hasta que lo pruebas".

Bien, pues nunca sabemos lo que podemos tener hasta que lo probamos. Y podemos no saber lo que ya tenemos hasta que sintamos gratitud por ello. Siéntete agradecido y cree que mereces lo mejor. Puedes tener más hoy de lo que piensas. Y el mañana puede ser mejor de lo que imaginas.

Actividad

1. Para ayudarte a determinar lo que crees merecer, completa cada una de las siguientes aseveraciones. Completa cada una de ellas con todo lo que se te venga a la mente. Escribe hasta que indagues cuáles son tus creencias más arraigadas. Escribe con la técnica de la libre asociación de ideas, anotando lo que primero te venga a la mente. Esto no es una prueba. Es para que uno esté más consciente. Una vez que hayas identificado toda creencia negativa, cámbiala por una afirmación positiva que empiece con "yo merezco". He aquí un ejemplo de posibles respuestas a las primeras preguntas:

No puedo tener o no tengo una relación amorosa sana porque:

- Juan no quiere dejar de beber.
- No hay por ahí ningún hombre bueno.
- No tengo tiempo.
- No sirve de nada.
- Los hombres siempre me dejan.
- Me doy por vencido.
- Nunca encontraré el amor.

- No sé cómo hacerlo.
- Nadie podría amarme.

He aquí otro ejemplo:

No puedo tener o no tengo un trabajo que me guste porque:

- No tengo un título universitario.
- Nadie me contrataría.
- No tengo buenos antecedentes de trabajo.
- Nunca aprendí a hacer nada.
- Nunca podré hacer nada.
- Todos los empleos buenos los tienen otros.
- Debo conformarme con lo que tengo; es mejor que no tener nada.
- ¿A quién le importa?

Completa las siguientes aseveraciones con todas las respuestas que se te ocurran:

- No puedo tener o no tengo una relación amorosa sana porque:
- No puedo tener o no tengo un trabajo que me guste porque:
- No puedo tener o no tengo suficiente dinero porque:
- No puedo tener o no tengo una casa o departamento cómodos porque:
- No puedo tener o no tengo una vida segura y feliz porque:
- No puedo amarme a mí mismo de manera incondicional o no me amo porque:
- No puedo tener o no tengo suficientes amigos porque:
- No puedo divertirme o no lo hago porque:
- No puedo aceptar o no acepto que Dios me ama porque:
- No puedo tener o no tengo buena salud porque:

- No puedo tener éxito porque:
- No puedo ser suficientemente listo porque:
- No puedo tener una buena apariencia porque:
- No puedo disfrutar de la vida porque:

CAPÍTULO 12

Afirmándose
uno mismo

Es lo que todos queríamos cuando éramos
niños: ser amados y aceptados exactamente
como éramos en ese entonces, no cuando fuéramos más altos, o más delgados o más gua-
pos... y todavía queremos eso mismo... pero
no lo tendremos de parte de los demás hasta
que no lo tengamos de nosotros mismos.

LOUISE HAY[1]

Yo solía pensar que las afirmaciones eran tontas. Pero he
cambiado de manera de pensar, y ha cambiado mi vida. Cam-

---

[1] Esta cita de Louise Hay apareció en un artículo escrito por Carolyn Rebuen,
"Healing Your Life with Louise Hay", [Para curar tu vida con Louise Hay], *East West*,
junio de 1988, p. 41.

bié de forma de pensar porque las afirmaciones son una herramienta que me ayudó a cambiar mi vida. Además de los programas de Doce Pasos y de nuestro Poder Superior, las afirmaciones pueden ser la herramienta más eficaz para nuestra recuperación.

"Afirmar" significa decir positivamente, declarar firmemente o aseverar que es cierto.[2] En la recuperación, el concepto del empleo de las afirmaciones está cercanamente relacionado con otro término, *dar poder*. "Dar poder" significa habilitar, facultar o permitir.[3]

En los últimos cuatro capítulos hemos examinado una serie de fuentes de mensajes negativos. Por medio de los mensajes de la familia de origen, del vivir bajo las "reglas", de sentirnos avergonzados, y de la privación, muchos hemos desarrollado un repertorio de ideas negativas en relación con nosotros mismos, de otras personas y de la vida. Podemos haber dicho, pensado y creído en esos mensajes durante años. Puede ser que tengamos un disciplinado ritual para cantar esos mensajes. Muchos de nosotros podemos haber repetido estas creencias por tanto tiempo, que hemos llegado a internalizarlas. Los mensajes negativos se han incrustado en nuestro subconsciente y se han manifestado en nuestras vidas. Se han convertido en nuestras premisas, en nuestras verdades y, por lo tanto, en nuestra realidad.

En la recuperación, desarrollamos un repertorio de ideas positivas acerca de nosotros mismos, de las demás personas y de la vida. Desarrollamos un disciplinado ritual para entonar estos mensajes. Repetimos estas creencias tan a menudo, que

---

[2] *New World Dictionary of the American Language, Second College Edition,* Nueva York, Simon & Schuster, Inc., 1984, p. 23.
[3] *Ibid.*, p. 459.

las internalizamos. Los mensajes positivos llegan a incrustarse en nuestro subconsciente, y se manifiestan en nuestras vidas. Se convierten en nuestras premisas, en nuestras verdades, y por lo tanto, en nuestra realidad. Eso es lo que son las afirmaciones. Cambiamos la energía que tenemos dentro de nosotros mismos y de nuestras vidas de negativa a positiva. Las afirmaciones son aquello de lo que cargamos nuestras baterías.

Muchos de nosotros hemos pasado gran parte de nuestras vidas asegurando y enfatizando ciertas ideas acerca de nosotros mismos, de los demás y de la vida. El principio en la recuperación es escoger lo que queramos afirmar.[4]

"He hecho el trabajo con mi familia de origen", dice una mujer. "Conozco mis mensajes, sé cuáles son mis patrones, pero ¿qué hago con ellos?"

"Lo que hacemos con ellos" es alimentarlos con las afirmaciones y la toma de poder.

Las afirmaciones son la vía por la cual cambiamos esas reglas, cambiamos los mensajes, lidiamos con la vergüenza y emprendemos el camino que va de la privación al merecimiento. Afirmamos que nuestras nuevas creencias son verdad, nos damos permisos nuevos, elaboramos mensajes nuevos, y nos dotamos a nosotros mismos con nuevas capacidades. Damos poder a lo que nosotros y la vida tenemos de bueno y de positivo. Las afirmaciones no son optativas. Son el núcleo de nuestra labor de recuperación. Si los mensajes negativos han contribuido a este estrago, ¡imagina lo que pueden ayudar a crear los mensajes positivos!

Las afirmaciones no son dichitos tontos o una creencia

---

[4] Esta idea surgió de los escritos de Nita Tucker y Debra Feinstein sobre el hecho de darnos poder en *Beyond Cinderella: How to Find and Marry the Man You Want* [Más allá de la Cenicienta: cómo encontrar al hombre que quieres y casarte con él], Nueva York, St. Martin's Press, 1987, p. 155.

movida por el deseo. Son el antídoto contra toda la basura de negatividad con la que nos hemos estado alimentando durante años. Las afirmaciones abren la puerta a las cosas buenas que se aproximan a nosotros, y a lo que ya tenemos de bueno.

La conexión entre los pensamientos, los sentimientos, las creencias, el bienestar físico y la realidad han estado últimamente a la vista del público. Libros como el de Louise Hay *You Can Heal Your Life* [5] [Tú puedes cambiar tu vida] y el de Bernie Siegel *Love, Medicine & Miracles* [6] [Amor, medicina y milagros] han escalado hasta la cima de las listas de *best sellers* por buenas razones. Tienen sentido. Lo que pensamos, decimos y creemos puede afectar lo que hacemos, a quiénes conocemos, con quién nos casamos, cómo lucimos, cómo nos sentimos, el curso de nuestras vidas e incluso, dicen algunos, cuántos años viviremos.[7] Nuestras creencias pueden influir sobre el tipo de enfermedades y padecimientos que tengamos, y en si nos recuperaremos de esos padecimientos.

Las afirmaciones ayudan a crear la realidad

Las afirmaciones crean el espacio para que la realidad se presente.[8] El concepto de usar afirmaciones en la recuperación

[5] Louise Hay, *You Can Heal Your Life* [Tú puedes curar tu vida], Santa Mónica, Calif., Hay House, 1984. Muchas de las ideas que se encuentran en este capítulo han sido inspiradas por el trabajo de Hay.

[6] Bernie S. Siegel, *Love, Medicine & Miracles* [Amor, medicina y milagros], Nueva York, Perennial/Harper & Row, 1986.

[7] Esta idea ha sido muy elogiada en diferentes escuelas de terapia durante años, incluyendo al Análisis Transaccional. Hay y Siegel la están repitiendo otra vez.

[8] Esta idea también ha sido muy elogiada por años. Creo que recientemente se la oí decir a Louise Hay y a la terapeuta que me da masaje.

significa remplazar los mensajes negativos por mensajes positivos: cambiamos lo que decimos para que podamos cambiar lo que vemos. Si damos énfasis y poder a lo que tenemos de bueno, veremos y tendremos más de lo mismo. Si damos poder a lo que de bueno tienen los demás, también tendremos más de lo mismo.

El poder y la responsabilidad para transformar nuestros mensajes y creencias —para afirmar acerca de nosotros mismos y para darnos poder— está en cada uno de nosotros. Durante ciertas épocas de nuestras vidas podemos necesitar confiar en otros para que podamos darnos poder y afirmarnos. Cuando empecé a recuperarme de la codependencia, ciertas personas me afirmaron y me permitieron tomar el poder, y esto para mí fue un regalo de Dios. Yo trato de pasar este regalo a otros. Todavía necesito que la gente crea en mí y me permita así que me haga de poder. Es bueno que hagamos esto unos por otros. Cuando empecemos a afirmarnos a nosotros mismos y a asumir nuestro poder, daremos pasos gigantescos hacia adelante.

La recuperación es un proceso, y es un proceso espiritual. Pero el trabajar agresivamente con las afirmaciones es una de las partes que nos toca desempeñar en ese proceso.

Autorizar significa darle poder a.[9] ¿A qué le hemos estado dando poder? ¿A lo terrible que es nuestra apariencia? ¿A lo mal que nos sentimos? ¿A nuestros problemas? ¿A los problemas de otra persona? ¿A nuestra falta de dinero, de tiempo o de talento? ¿A lo temible que es la vida? Siguiente pregunta: ¿Deveras queremos alimentar y nutrir ideas negativas —sabiendo que esas actitudes seguramente crearán más ideas

---

[9] Esta idea es del *New World Dictionary of the American Language*, p. 459, y del libro de Nita Tucker, *Beyond Cinderella*.

negativas y una realidad negativa—? ¿Queremos darle poder al problema o a la solución?

Si nuestras relaciones han funcionado pobremente, podremos creer que las relaciones no funcionan, que no hay por ahí ninguna gente sana, y que los demás siempre nos usan. Podemos bromear acerca de ello. Podemos decirlo seriamente. O podemos guardarnos este pensamiento para nosotros mismos. Pero se convierte en lo que creemos y en lo que esperamos. Si queremos cambiar lo que ocurre, cambiemos lo que creemos y lo que esperamos. Nos sometemos a lo que era y a lo que es. Dejamos ir nuestra necesidad de que sucedan estas circunstancias negativas,[10] y cambiamos nuestras conductas. Aceptamos nuestras circunstancias actuales, pero hacemos lugar para que suceda algo diferente en nuestras vidas.

Por ahí hay buenas personas. Yo atraigo a personas sanas y amorosas, y ellas me atraen a mí. Viene en camino una relación sana. No nos obsesionamos con este pensamiento. No nos desvelamos porque se cumpla. Pero podemos querer pensar este pensamiento nuevo cinco veces al día, o cada vez que se nos ocurra un viejo pensamiento negativo. Luego dejamos fluir los resultados. Ya sea que nada suceda hoy, mañana o la próxima semana, decidimos que esta será nuestra nueva creencia. Si sucede algo contrario a nuestra nueva creencia, no utilizamos el incidente para probar que nuestra antigua creencia en realidad era cierta.

Cambiamos las reglas de nuestra familia de origen y cambiamos los mensajes negativos por otros positivos. Por ejemplo, cambiamos: *Yo no soy adorable* y *No puedo cuidar de mí mismo* por *Soy adorable* y *Puedo cuidar de mí mismo.* Ven-

---

[10] Esta idea está basada en los escritos de Louise Hay en *You Can Heal Your Life*.

cemos a lo negativo con un mensaje positivo igualmente poderoso.

Si la vergüenza es un problema para nosotros, tal vez queramos concentrarnos en el mensaje: *Está bien que sea quien soy. Soy bueno, y soy suficientemente bueno.* También cambiamos lo que creemos merecer. De la actividad que se encuentra al final del capítulo anterior, podemos descubrir una lista de ideas negativas que están implorando que las cambiemos por aseveraciones positivas. Lo que queramos afirmar es al gusto de cada quien. Si hemos creído que no hay suficientes empleos buenos, hombres valiosos, dinero o amor, empezamos a demandar que haya prosperidad en esas áreas.

Nuestra meta al emplear afirmaciones no es eliminar todo pensamiento negativo o sentimiento triste de nuestras vidas. Eso no es sano ni deseable. No queremos convertirnos en robots. Sentirse triste y enojado a veces es tan importante como sentirse feliz y en paz.

Lo que son y lo que no son las afirmaciones

Usar afirmaciones no significa que ignoremos los problemas. Eso es negación. Necesitamos identificar los problemas, pero necesitamos darles poder a las soluciones. Las afirmaciones no eliminarán los problemas de nuestras vidas; las afirmaciones nos ayudarán a solucionarlos.

Las afirmaciones no son un sustituto para aceptar la realidad. No son una forma de control. Necesitan utilizarse con fuertes dosis de renuncia, de espiritualidad y de la actitud de dejar fluir.

Con frecuencia, nos sentimos extraños e incómodos cuando

empezamos el proceso de cambiar mensajes negativos por otros positivos. A veces las cosas pueden empeorar. Nuestras viejas maneras de pensar salen a la superficie de nuestra conciencia. Eso es normal. Se trata de retirarlas de nuestro subconsciente y hacer lugar para poner las nuevas.[11] Un cuarto siempre se ve más sucio cuando empezamos a limpiarlo. Quitamos de los rincones y las hendiduras lo que ya no queremos y la basura. La limpieza intensifica el desorden, hasta que pueda crearse un orden nuevo.

Es normal que nos resistamos a las afirmaciones y a los pensamientos positivos. Si te has alimentado con ideas negativas durante 10, 20, o 30 años, desde luego que las ideas positivas te resultarán extrañas en un principio. Date la oportunidad de afirmar diligente y asertivamente las ideas buenas durante cinco o diez años. No se tardarán tanto en manifestarse en tu vida, pero dales tiempo de todas maneras. Sé paciente. No te des por vencido. No permitas que ningún problema o asunto que surja refuerce tus patrones de pensamiento viejos y negativos.

Probablemente seas probado cuando cambies tus creencias negativas por creencias positivas. A menudo, cuando cambio una creencia, se presenta en mi vida una enorme ola que trata de barrer con mi nueva creencia. Es como si la vida me estuviera diciendo: "Mira esto. Ahora ¿qué es lo que *realmente* crees?" Deja que se calme la tormenta. Aférrate a tus nuevas afirmaciones. Que éstas sean un ancla para ti. Cuando pase la tormenta, verás que estás en tierra firme con tus nuevas creencias.

---

[11] Esto se basa en las ideas que da Louise Hay en *You Can Heal Your Life* y en conferencias que sobre el uso de las afirmaciones ofrece Earnie Larsen.

Acciones que afirman

Existen muchas acciones y actividades que son conocidas como afirmadoras. En las páginas siguientes he enlistado algunas de ellas:

- Acudir regularmente a grupos de apoyo de Doce Pasos y aplicar esos Pasos en nuestras vidas nos afirma a nosotros y afirma nuestra recuperación.
- Leer libros de meditación y concentrarnos en pensamientos que nos eleven es afirmador.
- La plegaria es una afirmación.
- Escuchar audiocassettes ayuda. El mercado de audiocassettes de autoayuda se está expandiendo rápidamente. Las cintas subliminales también se están popularizando. En los mensajes subliminales sólo nuestro subconsciente escucha las afirmaciones, pasando por alto cualquier resistencia consciente que pudiéramos tener a los mensajes positivos.*
- Asistir a una iglesia en la cual nos sintamos cómodos es una afirmación.
- Asistir a seminarios, talleres y conferencias contribuye a afirmarnos.
- El concepto de actuar "como si", es una afirmación. Otra frase que se usa para describir este concepto es "finjamos hasta que lo consigamos". Esto no implica el uso negativo de una farsa. Quiere decir que nos tratemos a nosotros mismos como si ya fuéramos la persona

---

* Sin embargo, es necesario actuar con suma cautela en cuanto a los mensajes subliminales, precisamente porque actúan en un nivel subconsciente, siendo más recomendable y desde luego, más seguro, recurrir únicamente a aquello que conscientemente podamos aprender. (N.T.)

en la que nos queremos convertir.[12] Esta es una forma poderosa mediante la cual creamos el espacio para una realidad nueva.

- Las metas escritas son una afirmación.
- El uso de la imaginación o la visualización es otro método para invitar a lo positivo. Creamos imágenes mentales de lo que queremos que suceda; nos vemos a nosotros mismos como queremos ser.
- Hablar de nosotros mismos en términos positivos es una manera básica de afirmarnos. Nos forzamos a pensar en forma positiva. Nos damos nuevas reglas, nuevos mensajes y creencias nuevas. Nos miramos al espejo y nos hablamos a nosotros mismos en voz alta: nos miramos a los ojos y nos decimos que nos amamos a nosotros mismos y que somos formidables. Podemos sentirnos tal vez raros en un principio, pero lo absorberemos de manera tan segura como hemos absorbido todas las ideas negativas que hemos ingerido. Ver viejas fotografías nuestras y hablarles positivamente es otra técnica útil. Nos hablamos a nosotros mismos en forma positiva y amorosa cualquiera que sea nuestra edad o la época de nuestras vidas en tales fotografías. Nos damos a nosotros mismos todo lo bueno que necesitamos y queremos.
- Las afirmaciones escritas también son útiles. A mucha gente le gusta pegar mensajes positivos en el baño, en la recámara, en su área de trabajo o en cualquiera otro lugar en el que quieran tener un foco de positividad.
- Es afirmador rodearnos de amigos que crean en noso-

---

[12] Basado en una cita de Haim Ginott en la portada de "Citas citables", *Selecciones del Reader's Digest*, junio de 1988.

tros. Lo que la gente diga, piense y crea acerca de nosotros puede tener un impacto significativo en lo que creemos.

- Afirmar a los demás —creer en ellos, apoyarlos y darles autoridad— también nos ayudará. Si damos algo de nosotros mismos, tendremos más para guardar. Creer en lo positivo tanto como para regalarlo a los demás reforzará lo que creemos y nos lo recordará.
- La relajación y la diversión son afirmadoras.
- El trabajo puede ser una afirmación de quiénes somos, de nuestras capacidades y de nuestro talento creativo.
- Celebrar nuestros éxitos y nuestros logros es afirmador.
- Dar y recibir cumplidos es una afirmación.
- El ejercicio y una nutrición adecuada son una afirmación.
- El masaje terapéutico es una forma de afirmación que está creciendo en popularidad. Mucha gente que está en recuperación de la codependencia, del abuso y del síndrome del niño adulto han sentido repudio por sus cuerpos. Repudiar nuestros cuerpos, dividirnos de nuestro yo físico puede haber sido un artilugio protector. Para sobrevivir al dolor físico o emocional podemos haber congelado nuestras emociones y también podemos haber congelado o entorpecido nuestros cuerpos.[13] El suministro de energía hacia ciertas partes de nuestro cuerpo puede estar bloqueado. El masaje terapéutico —de contacto no sexual, de efecto calmante— puede restaurar el flujo de energía y brindarnos la curación que necesitamos. Nuestro yo físico es tan "nuestro" como nuestra mente, emociones y espiritualidad.

[13] El componente somático o corporal del dolor emocional ha sido explorado durante largo tiempo por muchos tipos de terapia.

- Leer literatura positiva, incluso ver películas con temas positivos, puede ser afirmador.
- Sentirse agradecido es una manera formidable de decir sí a lo bueno.
- Los abrazos cariñosos también ayudan.
- El amor es afirmador. Las afirmaciones son amor.

Entre más sentidos nuestros estén involucrados en el proceso de afirmación, más poderosas serán nuestras afirmaciones. Hablar, mirar, escuchar, pensar y tocar positivamente son maneras de hacerlo. Nos inundamos de energía positiva. Las afirmaciones son más que pedacitos de papel que pegamos en nuestros espejos; aunque esos pedacitos de papel sean importantes. Afirmarnos significa que desarrollemos un estilo de vida que sea autoafirmador, en vez de autonegador.

Consintámonos

Desarrollamos una manera de vivir que comprenda y mezcle los conceptos de autoconsentimiento y autodisciplina. Nos amamos de todas las maneras en que necesitamos y merecemos ser amados; nos disciplinamos de distintas maneras para nuestra propia conveniencia. Nos convertimos en nuestro mejor amigo y en nuestro mejor padre.[14]

¿Cómo hacemos para consentirnos? De todos los vacíos internos que tenemos, éste es con frecuencia el más profundo. Si nunca lo hemos visto, tocado, probado o sentido, ¿cómo podremos saber qué significa consentirnos? Consentirnos es una actitud de amor y aceptación incondicionales que tene-

---

[14] Este pensamiento fue generado hace años por el reverendo Phil Hansen, pionero del movimiento de recuperación de las adicciones a los químicos.

mos hacia nosotros mismos. Estoy hablando respecto de amarnos tanto que lo bueno de la vida nos llega hasta nuestro núcleo mismo, y después se derrama en nuestras vidas y en nuestras relaciones. Estoy hablando de amarnos a nosotros mismos sin importar lo que suceda o hacia dónde estemos yendo.

En la mañana y durante el día, amorosa y gentilmente nos preguntamos qué podemos hacer por nosotros mismos que nos haga sentir bien. Nos preguntamos qué necesitamos hacer para cuidar de nosotros mismos. Cuando tenemos una pena, nos preguntamos qué nos podría ayudar a sentirnos mejor.[15] Nos damos aliento y apoyo. Nos decimos que podemos hacerlo, que lo podemos hacer bastante bien, y que las cosas funcionarán. Cuando cometemos un error, nos decimos que está bien. Esperamos un momento hasta que recuperamos nuestro equilibrio y luego nos preguntamos si podemos aprender algo de nuestro error, o si hay alguna forma en la que podamos mejorar nuestra conducta en el futuro, o si hay algo que necesitemos corregir.

Nos decimos a nosotros mismos que nos amamos y que nos aceptamos. Nos decimos que somos grandiosos y especiales. Nos decimos que siempre nos tendremos a nosotros mismos. Nosotros mismos nos hacemos sentir seguros y amados. Hacemos por nosotros todas esas cosas maravillosas que desearíamos que alguien más hubiera hecho por nosotros.

Si nosotros no creemos que somos dignos de amor, ¿por qué habría de pensarlo así alguien más? Si yo no creo que soy digna de amor, ni siquiera puedo creer que mi Poder Superior me ama. Si yo no creo que soy digna de amor, no

---

[15] Esta idea se basa en una sugerencia que da Louise Hay en su libro *You Can Heal Your Life.*

dejo que la gente, ni Dios, me amen. Si nos amamos a nosotros mismos, nos volvemos capaces de amar a los demás.

Dejamos de criticarnos y de reprendernos con aspereza. En vez de ello hacemos un esfuerzo consciente por consentirnos y alabarnos a nosotros mismos, porque esto hace que salga lo mejor que llevamos dentro.

"Me he presionado a mí misma toda mi vida", dice Arlene. "Si trabajo mucho, me digo que trabaje más aún. Cuando me canso, me presiono otro poquito. Me digo y me hago todas las cosas críticas que mi madre hacía y decía de mí y de ella."

Arlene se preocupaba de que si se consentía a ella misma, no terminaría su trabajo. Temía que, si cedía ante sus necesidades, se volvería floja. Decidió consentirse, de todas maneras, y estaba sorprendida.

> Era mi día de descanso. Estaba exhausta, pero me estaba presionando yo sola a limpiar mi casa. Entonces tomé la decisión de consentirme. Me pregunté qué me haría sentir mejor, y decidí que una siesta. Descansé dos horas. Cuando me levanté, sentí ánimos de hacer el quehacer. Lo terminé, e incluso tuve tiempo de salir esa noche. Haberme consentido no me volvió floja ni ineficaz. Me dio energía y me hizo más eficiente.

Al consentirnos nos damos poder y nos cargamos de energía. Cuando nos amamos, nos aceptamos y nos consentimos, podemos descansar lo suficiente para rendir al máximo. Una bonificación extra es que cuando nos amamos, nos aceptamos y nos consentimos a nosotros mismos, somos capaces de hacer lo mismo por los demás. Podemos ayudarlos a que se amen a sí mismos, y así están más aptos para reaccionar hacia nosotros con amor y aceptación. Esto da principio a una gran reacción en cadena.

Amarnos y aceptarnos a nosotros mismos de manera incondicional no significa que neguemos nuestra capacidad para crecer y madurar. Es la manera en que nos capacitamos
para amar y crecer.

"La crítica nos encierra en el patrón mismo que estamos
tratando de cambiar", escribe Louise Hay. "Comprendernos y
ser gentiles para con nosotros mismos nos ayuda a salir de ella.
Recuerda, te has estado criticando durante años y no te ha
funcionado. Intenta aprobarte a ti mismo y ve qué sucede."[16]

No hay una serie de instrucciones para que nos consintamos
a nosotros mismos. Pero si nos preguntamos qué nos ayudaría
a sentirnos mejor o qué es lo que necesitamos, y luego escuchamos, oiremos la respuesta.

El desarrollo de la autodisciplina

La disciplina es un proceso individual. La disciplina significa
que no siempre hablamos de los sentimientos. En ocasiones
no resulta apropiado, otras veces debemos esperar. La disciplina significa que vayamos siguiendo las señales de las conductas de recuperación en los días grises, esos días en los
que no estamos seguros de si está sucediendo algo o de si
estamos yendo hacia alguna parte en esta jornada. Disciplina
significa que creemos en nuestro Poder Superior y en Su amor
hacia nosotros, aunque no parezca o no sintamos que Él nos
ama. La disciplina significa que comprendemos la naturaleza
de la causa y el efecto de las cosas y elegimos conductas que
generan las consecuencias que deseamos. La disciplina es

[16] Hay, *You Can Heal Your Life*, p. 15.

autocontrol, pero no la clase de control con el que hemos vivido muchos de nosotros. Es el tipo de control que enseñaríamos a un niño a quien amamos muchísimo, porque sabemos que esa criatura necesita hacer ciertas cosas en la vida para vivirla bien.

¿Cuándo nos volveremos adorables? ¿Cuándo nos sentiremos seguros? ¿Cuándo tendremos toda la protección, los apapachos y el amor que tanto merecemos? Todo esto lo tendremos cuando empecemos a dárnoslo a nosotros mismos.

Antes de que empezara a trabajar con afirmaciones, mi primer pensamiento en la mañana era "Ay no. Otro día no". De ahí me iba cuesta abajo hasta que me metía por la noche en la cama, cerraba mis ojos y decía: "Gracias a Dios que se acabó".

Ahora, al abrir los ojos por la mañana, permanezco un momento con este pensamiento: *Este es el día que ha hecho el Señor. Me regocijaré y estaré contenta en él.*[17]

Al poco rato digo mis plegarias matutinas. Mientras me lavo los dientes y me aplico el maquillaje, me digo a mí misma *en voz alta* que me amo, que cuidaré de mí misma, que Dios me ama y que me está cuidando, que soy buena en lo que hago, y que se me proveerá con todo lo que hoy necesito.[18]

Durante mi descanso en la mañana leo un libro de meditación. Sobre el escritorio de mi oficina hay muchas tarjetas con dichos que levantan el ánimo. Tengo un horario establecido para acudir a mis grupos de apoyo. Por lo menos cada tercer día hablo con una persona que esté en recuperación para darle apoyo, aliento y aceptación y para recibirlos.

A lo largo del día, me esfuerzo por alimentar mi mente con

---

[17] Basada en el Salmo 118:24.
[18] Ideas inspiradas por Louise Hay.

pensamientos positivos. Cuando me siento avergonzada, me digo a mí misma que está bien ser quien soy. Cuando tengo un sentimiento, me digo que está bien sentirlo. Cuando me siento preocupada por dinero, me concentro en este pensamiento: *Mi Dios proveerá todas mis necesidades de acuerdo con Sus riquezas en la gloria.*[19]

Me concentro en un pensamiento positivo cada vez que me asalta un pensamiento negativo y atemorizante. También me concentro en pensamientos positivos en esas raras ocasiones en las que de otra manera me estaría concentrando en mensajes negativos. Si me siento invadida por el pánico o desesperada, ocupo mi mente con pensamientos positivos. Me prometo a mí misma que estoy a salvo.

Regularmente escribo metas. Escribo lo que creo que merezco. Me paso una hora a la semana escuchando cintas de meditación. Paso unos cuantos minutos a la semana visualizando lo bueno que quiero que suceda. Veo cómo me vería y cómo me sentiría cuando eso sucediera. Voy a que me den un masaje terapéutico en forma regular, y durante ese rato trabajo sobre las afirmaciones. Y tengo gratitud casi por todo.

Esa es mi rutina normal. En tiempos de estrés, intensifico mis esfuerzos. Si esto suena como una buena matada, no lo es. Una matada fueron todos los años que pasé concentrándome en mensajes negativos, destructivos.

Para descubrir en qué debes trabajar, pásate uno o dos días escuchando cada uno de tus pensamientos. Escucha lo que dices. Escucha los problemas y los pensamientos negativos a los que les das poder en ti mismo y en los demás. Mira en el espejo y dáte cuenta de lo que piensas y de lo que dices. Siéntate a hacer cuentas y a pagar lo que debes y escucha

[19] Basada en Fil: 4:19.

de esta manera tus pensamientos. Acude a tu trabajo y escucha qué es lo que piensas en relación con tu trabajo, de tus capacidades y de las perspectivas que tienes en tu carrera. Abraza a esa persona que es especial para ti y escucha tus pensamientos. Escucha cómo reaccionas a tus problemas. Escucha lo que les dices a tus hijos y lo que hablas sobre ellos. ¿A qué le estás dando poder? ¿A qué estás dando lugar? ¿Estás alimentando lo que quieres que crezca? Cambia lo que sea necesario y hazlo bien. Declara una guerra abierta a tus patrones de pensamiento destructivos.

Muchos de nosotros hemos pasado años casi negándonos la existencia. Ahora estamos aprendiendo a amarnos y a vivir nuestra propia vida.

Actividad

1. Dedica algún tiempo a investigar tus aseveraciones, creencias y premisas actuales. Escucha lo que dices y lo que piensas. Haz esto como si fueras un observador externo. ¿Qué es lo que piensas y dices acerca de ti mismo, de tus capacidades, de tu apariencia, de tus finanzas, de tus relaciones? ¿Estás dando énfasis a lo que quieres ver en aumento? ¿Cuáles problemas estás afirmando?

2. Escribe una serie de afirmaciones personalizadas para ti mismo. Escribe afirmaciones amorosas, que te den poder y que te hagan sentir bien cuando las leas. Todos los días dedica un rato a leerlas, diciéndolas en voz alta. Podrás querer cambiarlas a medida que cambien tus necesidades.

3. Date tiempo, mientras te veas al espejo, para decirte que te amas a ti mismo, que eres bello, que eres bueno en lo que haces. Di que vas a cuidar de ti mismo, y que tu Poder Superior te está cuidando también.

4. Desarrolla una rutina de autocuidado que incluya el consentirte a ti mismo. Tal vez quieras dedicar a diario un rato para leer libros de meditación, un horario fijo para acudir a grupos de apoyo, un programa regular para escribir tus metas, un tiempo para relajarte, tiempo para pasar con tus amigos, y otros ratos para apapacharte. Escoge cualquiera de las opciones que para ello damos en este capítulo, y otras que hayas descubierto. Date a ti mismo la libertad para experimentar con diferentes maneras de hacer esto hasta que encuentres una que te funcione.

Parte IV:
Relaciones

Aceptamos la impotencia. Encontramos
un Poder Superior. Estamos aprendiendo
a ser dueños de nuestro propio poder.
Ahora podemos compartir ese poder.

CAPÍTULO 13

Mejorar nuestras relaciones

> ...no es ni cinismo ni volubilidad describir
> que el amor, al igual que todo en la natura-
> leza, tiene su estación. Hasta las cosas vivas
> más adorables normalmente se van por un
> tiempo... y con igual precisión regresan.
>
> MARTIN BLINDER[1]

En las relaciones es donde mostramos el espectáculo entero de nuestra recuperación. En esta sección exploraremos algu-nas ideas para mejorar nuestras relaciones. Gran parte del énfasis se hará en las relaciones amorosas de pareja, pero las

---

[1] Doctor Martin Blinder, "Why Love Is Not Built To Last" [Por qué el amor no está hecho para durar], *Cosmopolitan*, junio de 1988, p. 223.

ideas se aplican a todas nuestras relaciones. Muchas de ellas pueden llegar a ser también relaciones amorosas.[2]

De hecho, el libro entero explora ideas para mejorar nuestras relaciones. Toda nuestra labor de recuperación —lidiar con la vergüenza, hacer nuestro trabajo histórico, creer que merecemos lo mejor, romper con las reglas, aprender a afirmarnos y a darnos poder, aprender a creer que somos dignos de ser amados— afecta nuestras relaciones con los demás.

La recuperación es más que aprender a terminar relaciones o a evitarlas. Aunque muchos de nosotros podemos pedir un compás de espera en ciertas relaciones, la recuperación no se da al prescindir de las relaciones. Y las relaciones no se dan prescindiendo de la recuperación.[3] Y aprendemos a funcionar dentro de las relaciones participando en ellas.

En un taller que yo facilité, pregunté a los participantes cuántos de ellos tenían relaciones fracasadas. Todo mundo levantó las dos manos. "No sabía que ibas a hacer bromas", respondió una mujer.

Muchos de nosotros hemos tenido relaciones fracasadas. Muchos estamos luchando en este mismo instante con nuestras relaciones.

> Kate y yo hemos estado casados seis años —dice Del—. Ambos provenimos de familias un poco disfuncionales, y los dos estuvimos trabajando en nuestra recuperación durante varios años antes de casarnos. A veces hemos trabajado con ahínco por nuestra relación. A veces nos hemos retraído y trabajado sobre nosotros mismos. En ocasiones hemos estado demasiado ocupados y no hemos trabajado sobre nada. A veces sabemos que

---

[2] Esta idea fue inspirada por mi amigo Bob Utecht.

[3] Esta gema se originó en Earnie Larsen. Es su definición de lo que significa recuperarse de la codependencia.

de verdad nos amamos el uno al otro; otras es un verdadero esfuerzo. Nunca supe que las relaciones fueran tan difíciles.

A pesar de nuestros esfuerzos, muchos de nosotros todavía creemos en el matrimonio, la familia y el amor. A pesar de nuestros fracasos, muchos queremos tener una relación amorosa, plena, en la que haya un compromiso. Podemos tener miedo y ser cautelosos, pero, sean cuales fueren nuestras circunstancias, la mayoría de nosotros queremos que las relaciones sean lo mejor posible. El tema de este capítulo, de esta sección, de este libro y de la recuperación *es* mejorar nuestras relaciones. El propósito de este capítulo es convencernos de que podemos hacerlo.

Desde el principio de los tiempos, la gente ha estado luchando por vivir con alguien a quien ama o sin esa persona. Algunos elementos de las relaciones han cambiado con los años. Hemos progresado desde el tiempo en el que la gente tenía pocas alternativas en cuanto a elegir pareja, divorciarse o vivir con un determinado estilo de vida, hasta la época en la que es posible quedar paralizado con todas las opciones que existen. Las mujeres han transitado el camino que va de una dependencia culturalmente dictaminada hasta el feminismo y una liberación que incluye la elección de los valores tradicionales. Para algunas personas, los roles en las relaciones han cambiado en forma dramática.

"Ya no sé qué es lo que quieren o esperan las mujeres", dijo un hombre.

"No te sientas mal", le respondí. "Nosotras tampoco estamos siempre seguras de ello."

La gente está hambrienta de información acerca de las relaciones. Queremos aprender más acerca de cómo hacer para que funcionen, para que funcionen mejor, y para evitar errores del pasado. Queremos comprender y ganar en percepción acerca de ellas. En años recientes hemos sido bombardeados con libros acerca de las relaciones. Tenemos cursos para enriquecer las relaciones, asesorías, seminarios y entrenamiento en intimidad. Trabajar por las relaciones se ha convertido en una de las muchas alternativas que tenemos acerca de ellas.

"Yo solía pensar que la gente simplemente conocía a alguien, se enamoraba y se casaba", dice Hank. "Después de la recuperación, entré en 'una relación' y descubrí que se esperaba de mí que 'trabajara' por ella. ¡Ni siquiera sabía yo lo que significaba el término! Hasta la palabra 'relación' era nueva para mí. Solíamos llamarlo 'encontrar novia' o 'casarse'."

Para alimentar las relaciones

Hemos descubierto que ciertas conductas y actitudes alimentan las relaciones y las ayudan a crecer. Un sano desapego, la honestidad, el amor propio, el amor del uno por el otro, el abordar los problemas, negociar las diferencias y ser flexible ayudan a alimentar las relaciones. Podemos mejorar las relaciones con la aceptación, el perdón, el sentido del humor, una actitud realista pero optimista, la comunicación abierta, el respeto, la tolerancia, la paciencia y la fe en un Poder Superior.

- Ayuda atender a nuestros propios sentimientos y a los del otro.
- Ayuda pedir algo en vez de exigirlo.
- Abstenerse, cuando brindar una atención excesiva lastima, también ayuda.

- Ayuda estar presentes cuando necesitamos uno del otro.
- Contar con nosotros mismos, y trabajar por nuestra recuperación también ayuda.
- Tener límites y fijarlos y respetar los límites de los demás mejora las relaciones.
- Cuidar de nosotros mismos —asumiendo la responsabilidad que tenemos para con nosotros mismos— beneficia las relaciones.
- Ayuda estar interesados en nosotros mismos y en los demás.
- Es benéfico creer en nosotros mismos y también en la otra persona.
- Ayuda ser vulnerable y permitirnos cercanía con algunas personas.
- Darle a las relaciones energía, atención y tiempo las ayuda a crecer.
- Iniciar relaciones con personas que son capaces de participar en relaciones ayuda.[4]

Por otro lado, ciertas actitudes y conductas dañan las relaciones. Una baja autoestima, asumir la responsabilidad por los demás, descuidarnos a nosotros mismos, los asuntos inconclusos del pasado, y el tratar de controlar a los demás o a la relación pueden causar daño. El daño también puede ser producido por ser demasiado dependientes, por no discutir los sentimientos y los problemas, por mentir, abusar y por tener adicciones no resueltas. Ciertas actitudes como la desesperanza, el resentimiento, la crítica perpetua, la ingenuidad,

---

[4] Este pensamiento es de Earnie Larsen. Mi paráfrasis de su idea es que muchas relaciones estaban sentenciadas a muerte desde un principio porque no había modo posible de que hubieran funcionado.

la poca confiabilidad, la dureza de corazón, la negatividad o el cinismo pueden arruinar las relaciones.

- Ser demasiado egoísta, o no serlo en la medida suficiente, puede lastimar las relaciones.
- Tener demasiada tolerancia o muy poca puede dañar las relaciones.
- Tener expectativas demasiado elevadas o demasiado bajas puede dañar las relaciones.
- Buscar en nuestras relaciones todos los sentimientos positivos, toda la emoción o toda la estimulación puede dañarlas.
- Ser demasiado duros con nosotros mismos por los errores que hemos cometido puede dañar las relaciones.
- Esperar que otras personas, nosotros mismos o nuestras relaciones sean perfectos puede dañar las relaciones.
- No examinar una relación lo suficiente puede dañarla; del mismo modo que escudriñarla bajo un microscopio.

Las relaciones y el amor tienen una vida propia.[5] Al igual que otras cosas vivas, tienen su nacimiento, su muerte y alguna actividad entre una y otra —un principio, una mitad y un fin.[6] Algunas cubren el ciclo entero en doce horas; otras duran toda la vida. Como el resto de las cosas vivas, las relaciones son cíclicas, no estáticas. Podemos tener ciclos de pasión y de aburrimiento, de tranquilidad y de lucha, de cercanía y de distanciamiento, de alegría y de dolor, de crecimiento y de reposo.[7]

A veces, a medida que cambian los ciclos o estaciones de las relaciones, cambian los límites y las dimensiones de las

---

[5] Earnie Larsen dice: "el amor es una cosa viva".

[6] Blinder, "Why Love Is Not Built To Last", pp. 221-222.

[7] Esta idea proviene de Dan Caine, director ejecutivo de Eden House Rehabilitation Center en Minneapolis, Minnesota.

mismas. Podemos aprender a ser lo suficientemente flexibles para atravesar estos cambios estacionales y para aceptarlos.

Hemos identificado muchos tipos de relaciones. A algunas las llamamos "sanas" y a otras "enfermizas". La energía entre dos personas puede ser positiva o negativa. Se pueden desarrollar relaciones a partir de nuestras deficiencias, de nuestros puntos fuertes, o de la soledad. Algunas se basan en la química. La mayoría son una combinación de estas características y se establecen por variadas razones; muchas de las cuales les son desconocidas a la gente en un momento dado y se clarifican sólo en retrospectiva. Generalmente, dos personas sencillamente creen que se aman una a la otra y que la relación parece compatible.[8] En ese momento la relación satisface las necesidades de ambas personas.[9]

En sus conferencias y escritos, Earnie Larsen ha identificado tres estados en las relaciones: "dentro", "fuera" o "en suspenso". Y no puede haber relación alguna si una persona dice "fuera", comenta Larsen.

Ningún estado en particular de estar "dentro o fuera de una relación" indica una recuperación. La recuperación se marca cuando cada uno de nosotros tomamos nuestras propias alternativas sobre lo que queremos y lo que necesitamos hacer y de lo que para nosotros es importante. Tal vez no exista en nuestra vida otra área que exprese tanto nuestra individualidad como nuestras relaciones —la historia de nuestras relaciones, las circunstancias actuales de las mismas y nuestras metas en cuanto a ellas.

Cuando Sheryl empezó su recuperación de la codependencia, se divorció de su marido, a quien ella llama "un adicto

[8] Esta idea fue inspirada por Martin Blinder, "Why Love Is Not Built To Last".
[9] Esta idea me la dio Scott Egleston.

sexual practicante y alcohólico". Ahora, dos años y medio después, sale en compañía masculina de manera ocasional.

"No sería justo para mí ni para un hombre que iniciáramos una relación ahora. No estoy preparada para ello. Además, no conozco a nadie con quien me gustaría verme involucrada. Quiero tener una buena relación algún día", dice Sheryl. "Pero mientras tanto, estoy trabajando sobre mí misma."

Hace muchos años, Beth, la esposa de Sam, entró en tratamiento para curarse de una adicción química y empezó a asistir a Al-Anón. Ellos tienen 25 años de casados y planean seguir casados el resto de sus vidas. Así lo cuenta Sam:

> Las locas conductas terminaron. Las cosas se mejoraron. No tenemos una relación fantástica, pero queremos preservar la estructura familiar. Nuestros hijos nos han agradecido haberlo hecho así. Estoy contento de que lo hayamos hecho así. No es una relación perfecta, pero es manejable. Y es lo que ambos queremos. Si pudiéramos volver a vivir nuestras vidas, probablemente escogeríamos a otra persona. Pero nos escogimos el uno al otro, y vamos a hacerle honor a ese compromiso.

Luego de tres años en Al-Anón, Marianne se divorció de su esposo Jake, alcohólico practicante. Marianne hace un balance:

> Tenemos tres hijos. Tenía miedo de bastarme sola, y me sentía culpable por divorciarme. No creo en el divorcio. Algunas veces me siento triste por haber perdido nuestra familia original. En ocasiones extraño las cosas buenas que tuvimos juntos. Pero no me arrepiento de haber roto nuestro infeliz hogar. Nos estaba dañando a los niños y a mí.

Jan y Tom han estado casados 25 años. Durante los últimos diez años, Jan ha asistido a Al-Anón. Durante los últimos ocho años, Tom ha asistido a Alcohólicos Anónimos. Jan me cuenta:

> Unos días no le doy mucho a este matrimonio; otros, sé que aún amo a Tom con el mismo amor que le tenía el día que me casé con él. A veces hemos crecido juntos, a veces separados. Hemos cambiado mucho, pero en algunas cosas todavía somos iguales. Lo que no ha cambiado es esto: estoy junto a Tom hoy porque así lo he elegido, no porque piense que no tengo otra alternativa.

He oído muchas historias de relaciones. Algunas personas en recuperación están felizmente casadas; otras, infelizmente casadas; otras, en matrimonios regulares y otras, fluctúan. Algunas personas están divorciadas, otras solteras y en busca de alguien, otras más solteras y evitando las relaciones. Algunas personas están tratando a alguien, otras están viviendo juntas y muy comprometidas en la relación, otras, en cambio, están juntas por un día a la vez. Algunas personas formaron muy buenas relaciones después de que empezaron a recuperarse; otras no. Algunas parejas están trabajando en relaciones que se pueden salvar y que datan de los tiempos de antes de la recuperación.

Algunas relaciones duran una vida entera; otras no. Muchos de nosotros hemos decidido llamar a aquellas que no duran "experiencias de aprendizaje". A menos que nos rehusemos a aprender de nuestros errores, la mayoría de nuestras relaciones van siendo mejores que las anteriores. Martin Blinder, quien fue citado al principio de este capítulo, escribe:

La mayoría de nosotros, como parte del proceso de madurez, nos enamoramos y nos desenamoramos una y otra vez... Mientras que unas cuantas personas se enamoran a los 17 años y siguen enamoradas de la misma persona el resto de sus vidas, la mayoría de nosotros vamos a través de una serie de relaciones más cortas, repetidamente dejando un amante por otro que iguala nuestro nivel de maduración que va siempre en aumento. Generalmente cada nueva pareja es una combinación de las características de nuestros amores anteriores y de nuestro más acabado ideal, representando así, en efecto, un reciclaje de lo viejo enriquecido con matices de lo nuevo. Pueden resurgir conflictos que nos son familiares, pero éstos se resuelven más rápido y con menos dolor. Todavía se podrán cometer errores, y las alternativas estarán por debajo de lo óptimo, pero es mucho lo que aprendemos y nos beneficiamos de experiencias pasadas. A la larga, nuestras relaciones más nuevas frecuentemente representan una gran mejoría sobre las más tempranas.[10]

A pesar de nuestros descubrimientos acerca de las relaciones, probablemente sepamos en este momento tanto acerca de controlar el curso del amor como de la curación del resfriado común. El antiguo adagio que muchos hemos escuchado sigue poseyendo gran sabiduría. "Si así tiene que ser, así será." "Si amas a alguien, déjalo libre; si regresa, es que era tuyo." Y "para encontrar a la persona correcta, hay que ser uno mismo la persona correcta". Estos dichos no alcanzaron el encumbrado estado de máximas sin haber pasado las pruebas de la verdad y del tiempo.[11] La idea de que nuestras

----

[10] Blinder, "Why Love Is Not Built To Last".

[11] Esta frase está basada en la frase de otro escritor: "alcanzar el encumbrado estado de cliché", pero no recuerdo dónde la leí. Probablemente en una revista para escritores.

relaciones son tan sanas como nosotros mismos sigue siendo el fondo de esto.[12]

Quizá el más grande fracaso que podemos tener en las relaciones es invalidar la historia de nuestras relaciones o nuestras circunstancias presentes volviéndonos cínicos, desesperanzados, amargados o avergonzándonos.[13] Nuestras historias no son un error. Podemos haber tomado alternativas que posteriormente necesitamos corregir. Buscaremos tomar decisiones nuevas a medida que maduramos. Podremos descubrir patrones que necesitemos aclarar. Pero podemos aprender y obtener algo de cada relación que hayamos tenido. Nuestras relaciones son un reflejo de nuestro crecimiento, y a menudo nuestras relaciones han contribuido a ese crecimiento.

Aunque algunas pueden ser más sanas que otras, no hay tal cosa como la persona perfecta o la relación perfecta. Se escribe y se enseña mucho acerca de los ideales, pero las relaciones no se dan de esa manera y la gente no se comporta en esa forma. Lo cierto es que es más fácil convivir con algunas personas que con otras.

En esta jornada de recuperación, estás en donde debes de estar, y estás con la gente con la que debes estar —hoy—. Has estado con la gente que has necesitado estar para haber llegado hasta este punto. Está bien no tener una relación. Está bien dejarla si ya está muerta. Está bien permanecer en ella. Está bien querer tener una relación —aunque hayas tenido una o algunas que no funcionaron—. Mereces otra oportuni-

---

[12] Mucha gente ha expresado esta idea. Recientemente ha sido grandemente alabada a viva voz por Earnie Larsen.

[13] Este pensamiento fue inspirado por Nita Tucker y Debra Feinstein, *Beyond Cinderella: How to Find and Marry the Man You Want* [Más allá de la Cenicienta: Cómo encontrar al hombre que quieres y casarte con él], Nueva York, St. Martin's Press, 1987.

dad: sea esa oportunidad la de establecer una nueva relación o la de mejorar la que ya tienes.[14]

Puedes encontrar un amor que dure. Puedes practicar tus conductas de recuperación con la gente que está dentro de tu vida hoy. Puedes mejorar, a veces en forma tremenda, la calidad y energía de tus relaciones. Quizá ya hayas empezado a practicar nuevas conductas dentro de tus relaciones y ya hayas visto una mejoría. Te mereces lo mejor que puede ofrecer el amor. Pero el proceso de sacar lo mejor del amor empieza dentro de ti.

Desde luego, como insiste Earnie Larsen, "nada cambia si nada cambia". Y la única persona a la que alguna vez podrás cambiar es a ti misma. Pero a veces, al hacerlo, cambiarás más de lo que puedas imaginar.

Veamos cómo puedes convertir las experiencias de aprendizaje en experiencias amorosas.

Actividad

1. Escribe una historia de tus relaciones. Incluye a toda persona significativa —amigos, miembros de la familia, novios o novias, cónyuges, etcétera. Para aquellos que no sean miembros de la familia, ¿cómo es que empezó la relación? Si ha terminado, ¿cómo acabó? ¿Qué necesidades ha satisfecho cada relación? ¿De qué manera has aprendido, o qué has ganado, de cada relación?

2. ¿Albergas algún sentimiento negativo acerca de relaciones pasadas? ¿Puedes estar dispuesto a dejar ir esos sentimientos? ¿Puedes aceptar la historia de tus relaciones?

[14] La cita "los niños adultos merecen otra oportunidad en sus relaciones", se dice que es original de Robert Subby, profesionista experto en recuperación que reside en Minnesota.

CAPÍTULO 14

Superar las atracciones fatales

> ¡No te digo que te conformes!... Te estoy diciendo que busques el oro, no una barata imitación.

NITA TUCKER[1]

En 1987, la película *Atracción fatal* atrajo a verdaderas multitudes. El título me atrajo. Resumía la historia de mis 40 años de relaciones en dos palabras.

"Puedo entrar en un lugar donde haya 500 hombres, de los cuales 499 son gente sana y de éxito, detectar al único gañán

---

[1] Nita Tucker y Debra Feinstein, *Beyond Cinderella: How to Find and Marry the Man You Want*, Nueva York, St. Martin's Press, 1987, p. 61.

desempleado entre todos ellos, y descubrir que me busca con la mirada", dice Christy.

"Cuando conocí a mi ex esposo, un loco adicto sexual y alcohólico, mi primer pensamiento fue: *este hombre parece problemático*. Mi segundo pensamiento fue: *¡Déjenmelo a mí!*, confiesa Jan".

"Hay algo que me obliga a acercarme a una mujer que parece que 'pudiera causarme problemas'", dice Don. "He estado años en recuperación, y ese es todavía el tipo de mujer por el que me siento atraído."

Muchos de nosotros hemos vivido con este fenómeno de ser atraídos de manera instintiva y poderosa por personas que no son lo que más nos conviene. Durante años, errónea- mente lo llamé "enamorarme" o "es la voluntad de Dios". En este capítulo, exploraremos el hecho de ir más allá de nuestras atracciones, que si bien no son fatales, sí son desastrosas, y aprender a ser atraídos por gente que nos conviene. Escuchen atentamente. No dije "aburridas". Dije "que nos convienen". Aburrimiento es vivir cinco, diez, quince o más años en cer- cana proximidad con un alcohólico, alguien que abusa de nosotros, o un adicto sexual. Nita Tucker escribe.

> No digo que debas tener una relación con alguien que no te atrae físicamente. Estoy diciendo que puedes no siempre saber qué tanto te atrae alguien de inmediato... Quizá tu madre te diga que tus expectativas son demasiado elevadas. No te estoy di- ciendo eso. Te estoy diciendo que son inadecuadas... Te estoy diciendo que hay algo que es mucho más emocionante, román- tico, cosquilleante y satisfactorio que la química. Es cuando has estado con alguien cinco, diez o cuarenta años y la pasión sigue creciendo en profundidad.[2]
>
> [2] *Ibid.*

El tema de este capítulo es aprender a iniciar ese tipo de relación, una relación que tiene la posibilidad de funcionar, de durar, de ser satisfactoria y de ser lo que queremos. La recuperación implica más que el simple hecho de terminar relaciones. Implica también buenos comienzos. Muchas de las ideas de este capítulo están basadas en el mejor libro que he leído en relación con el tema: *Beyond Cinderella: How to Find and Marry the Man You Want* [Más allá de la Cenicienta: Cómo encontrar al hombre que quieres y casarte con él], de Nita Tucker.

En sus marcas

Primero, legitimemos el proceso de iniciar relaciones. Es saludable querer tener una relación, y también es bueno buscarla. Reconoce y acepta tu deseo de tener una relación. Es un deseo humano normal y sano.

Luego, considera qué tipo de relación deseas. ¿Cualquier tipo? ¿Una relación satisfactoria, plena, amorosa y duradera? ¿Una relación temporal? ¿Qué tipo de relaciones has tenido anteriormente?

Una vez que tengas claro qué tipo de relación *quieres* tener, discierne cuál es el tipo de relación que *necesitas*. Estas dos cosas pueden ser distintas.[3] Puedes querer tener una relación sana y amorosa, pero si no has resuelto tu tarea (trabajar con tu familia de origen) y cambiado tus mensajes, podrás "necesitar" tener (o terminar con) una relación donde haya abuso,

---

[3] Basado en ideas de: Yehuda Nir y Bonnie Maslin, *Loving Men for All the Right Reasons: Women's Patterns of Intimacy* [Amar a los hombres por todas las buenas razones: los patrones de intimidad de las mujeres], Nueva York, Dell Publishing Co., Inc., 1983.

en la cual cuides como nana a la otra persona, o que de alguna manera sea parecida a tus relaciones anteriores.

Nuestras necesidades subyacentes tienen conexión con nuestros asuntos inconclusos y con lo que creemos merecer. La gente que conozcamos probará lo que creemos acerca de los hombres, de las mujeres y de lo que *siempre pasa* en las relaciones. Si tenemos ira no resuelta hacia los hombres o hacia las mujeres, es muy probable que nuestras relaciones justifiquen esa ira.

Podemos dejar fluir, o sólo empezar a trabajar para deshacernos de nuestras necesidades destructivas o nuestros sentimientos del pasado. Cambiamos en lo que creemos para que podamos cambiar lo que vemos.

El siguiente concepto a cuestionar es el asunto de lo que es "nuestro tipo".[4] Durante años, tuve muy presente la noción de lo que era "mi tipo". Cuando buscaba una relación, buscaba hombres por los cuales me sintiera atraída. Conocía bien "mi tipo". Se paraba de determinada manera, caminaba de cierta manera, hablaba de cierta manera, tenía en los ojos determinada mirada, y tenía determinada historia que daba lugar a esa apariencia. Por "atraerme" estoy hablando de esa química explosiva que experimentaba incluso antes de conocer a la persona. Ni siquiera consideraba la posibilidad de involucrarme con hombres que no fueran de mi tipo. Por otro lado, entraba en una relación únicamente bajo la fuerza de esa atracción inicial.

Nunca, ni una sola vez he sido capaz de mantener una relación que funcione con "mi tipo" de hombres. Podía apostar y ganar a que cada hombre que me atrajera inicialmente en forma poderosa tenía una seria falla que nos impediría tener

---

[4] Le doy las gracias a Nita Tucker por algo que siempre he sabido, pero que nunca había sido capaz de verbalizar hasta que leí su libro.

una relación compatible. Del otro lado de esta moneda estaban todos los hombres de cuya existencia no me percataba. Si los veía, ni siquiera me molestaba en conocerlos o en salir con ellos. Quizá se peinaran de determinada manera, usaran pantalones de poliéster o tuvieran barba.

Tengo 40 años y por fin he aprendido una lección: es mucho más fácil conseguir que un hombre se compre los pantalones en otra tienda o que se rasure la barba que lograr que deje de beber. Mi tipo en realidad no era mi tipo. Era "la droga que elegía".

"¿Con quién estás saliendo ahora?", le pregunté a una amiga que está en recuperación.

"Ya sabes", me dijo. "Tiene otro nombre y otra cara, pero esencialmente es el mismo hombre con el que he salido toda mi vida".

Muchos de nosotros hemos permitido que este fenómeno de atracción fatal controle nuestras relaciones. Muchos de nosotros hemos pasado por alto personas con las que en realidad hubiéramos podido tener una muy buena relación. Es posible que ampliemos nuestras ideas acerca de lo que es nuestro tipo. La química es importante en una relación, pero igual lo son otras cosas. Esa atracción inicial no es amor, no nos garantiza que haya amor, y generalmente precede al amor. Podemos llegar a sentirnos atraídos y desarrollar una química mejor con gente que no es nuestro tipo; pero que en realidad sí lo es. Podrá no ser tan poderosa inmediatamente, pero se volverá poderosa y durará mucho más.

En un curso que da Nita Tucker llamado "En contacto", les da a los participantes una tarea: entrevistar a parejas felizmente casadas acerca de sus relaciones. Escribe Tucker:

Una de las cosas que pedimos a la gente que pregunte a cada pareja es acerca de su encuentro inicial. El 80 por ciento de los que han sido entrevistados hasta ahora (esto es, más de mil personas) relataron que *no* sintieron una atracción inmediata el uno por el otro cuando se conocieron.[5]

Podemos sentirnos muy raros al iniciar relaciones sin ser impulsados por esa química inicial.[6] Eso es normal. Después nos sentiremos mejor. Podrás descubrir que te sientes más a gusto con gente que no es de tu tipo.

"Me sentí atraída por ese hombre. Me tardé ocho citas con él y muchas pláticas con mi terapeuta en darme cuenta de que, aunque me atraía, no me gustaba estar con él. No me sentía cómoda cuando estábamos juntos. Había serios problemas desde el principio. Lo único que teníamos en común era esa atracción mutua", dice una mujer.

Esto nos lleva a nuestra siguiente consideración: *el factor de disponibilidad.*[7] Muchos *hechos* provocan que una persona no esté disponible para participar en una relación amorosa en la que haya intimidad. Esa persona puede estar casada o estar involucrada en otra relación amorosa. Puede haberse divorciado tan recientemente, o tan recientemente haber terminado con otra relación, que no esté disponible para tener en este momento otra relación. La persona puede, incluso, no querer tener una relación amorosa y sana, o quizá no quiera tener ese tipo de relación *contigo.*

Una farmacodependencia activa, la adicción sexual o cualquier otro problema inconcluso hace que una persona no esté disponible para participar en una relación. Alcohólicos

---

[5] Tucker, *Beyond Cinderella*, p. 58.
[6] Esta idea también es del libro de Tucker, *Beyond Cinderella*.
[7] *Ibid.,* pp. 42-43.

practicantes, adictos sexuales, apostadores compulsivos, no están en disposición para participar en relaciones amorosas sanas. Repitan conmigo: los alcohólicos practicantes, los adictos sexuales y los apostadores compulsivos no están en disposición para participar en relaciones amorosas sanas. La gente que debía de estar en recuperación por algo, pero que no lo está, no está disponible para participar en relaciones.

Otros factores que indican falta de disponibilidad son:

- Estar tan atados a un pasado familiar que la persona no tiene el material ni los recursos emocionales para participar en una relación en la actualidad.
- Ser una persona que trabaja en forma compulsiva o que está tan ocupada que no tiene tiempo para dedicarlo a una relación.
- Vivir en otra ciudad o estado, por lo que la persona no puede cumplir con las necesidades de una relación.

Tratar de iniciar una relación con alguien que no está disponible puede hacer que se nos disparen las locuras codependientes. No se debe tomar en forma personal el factor de no disponibilidad. No necesitamos usarlo para probar creencias negativas acerca de los hombres, de las mujeres o de las relaciones. La disponibilidad de una persona es un hecho, y los hechos necesitan aceptarse y tomarse en cuenta. Muchos de nosotros nos hemos pasado la vida pegándonos de topes contra el cemento y lamentándonos porque estamos tratando de que funcione una relación con alguien que no está disponible para ello desde el día en que empezó la relación. Muchos de nosotros nos hemos pasado la vida atraídos por gente que es de nuestro tipo, siendo que el factor que nos impulsa a que esa persona sea de nuestro tipo es precisamente su falta de disponibilidad.

Más allá de la codependencia

Podemos aprender a discriminar la disponibilidad de la gente. A menudo, ésta se puede determinar en los primeros minutos, pero a veces se lleva más. "Hola, ¿estás en el programa?", "¿en dónde trabajas?", "¿estás casado?", "¿hace cuánto que te divorciaste?"

Hablando del tema de la disponibilidad, quizá muchos de nosotros querramos considerar nuestra propia disponibilidad. ¿Estás todavía liado en una relación que ya pasó? ¿Te estás recuperando suficientemente para estar disponible? ¿Tienes tiempo y energía para dedicarlos a una relación? ¿Estás disponible emocionalmente? Si estás con alguien con quien no quieres estar en una relación permanente, en la que haya compromiso, no estás disponible.

Las personas con quienes salimos y la gente con las que tenemos relaciones son una afirmación respecto de nuestra disponibilidad.[8] Nuestros prejuicios acerca de la gente y de las relaciones también son una afirmación acerca de nuestra disponibilidad. Si sales y estableces relaciones solamente con personas que no están disponibles, puedes no estar disponible tú mismo hasta que cambies.

Las afirmaciones pueden ser de ayuda aquí. Podemos cambiar aquello que creemos acerca de la gente que atraemos y que nos atrae. Pueden ser afirmaciones nuevas:

- Soy atraído por gente sana, amorosa, disponible. Y ellos se sienten atraídos por mí.
- Soy atraído por gente que me conviene.

Si hemos estado afirmando la escasez, podemos cambiar de "no hay por ahí ningún hombre (o mujer) que valga la

[8] Durante años Earnie Larsen ha estado diciendo: "la persona con la cual tenemos una relación dice tanto acerca de nosotros como acerca de ella". Tucker también trata acerca de nuestra falta de disponibilidad en *Beyond Cinderella*, pp. 50-51.

pena" a "hay por ahí suficientes hombres (o mujeres) que valen la pena. Estoy buscando y conociendo gente sana y amorosa". Podemos cambiar toda creencia negativa acerca de los hombres, de las mujeres o de las relaciones.

Un príncipe (o una princesa) es un hombre (o una mujer) con quien puedes tener una relación satisfactoria y duradera, escribe Nita Tucker. Una rana es una persona con la cual, por una razón o por otra, no puedes tener una relación duradera y satisfactoria.[9] Muchos de nosotros nos hemos pasado la vida entera besando ranas con la esperanza de que se conviertan en príncipes, o como dijo una mujer, "besando príncipes y viendo cómo se deterioran hasta volverse ranas". Unas ranas son mejores que otras, pero una rana es una rana.[10] Podremos seguir sintiendo siempre un escalofrío en la columna cuando vemos una rana, pero no tenemos que brincar al estanque junto con ella.

¿Qué es lo que quieres que suceda en tus relaciones? ¿Qué necesitas que suceda? ¿Qué es lo que crees que mereces? Puedes empezar a hacerle lugar a lo bueno afirmando lo bueno y asumiendo la responsabilidad por tu conducta en el proceso del inicio de una relación. Las atracciones fatales no son amor. No son la voluntad de Dios, de modo que dejemos de culparlo a Él. No necesariamente son nuestro destino. Y no tienen que ser letales.

Listos

Si hemos cumplido nuestra tarea, estaremos en condiciones

[9] Tucker, *Beyond Cinderella*, p. 41.
[10] Paráfrasis de una expresión de Tucker.

de dar el siguiente paso. Podemos comenzar por conocer gente y seleccionar a aquellas personas que nos gustaría tratar más. Hay tres palabras clave en la última oración: *conocer, gente* y *seleccionar.*

No estamos en una cacería de patos. No tenemos que llenar una bolsa entera con lo que hemos cazado antes de que termine la estación al filo de la medianoche. No salimos para vernos a merced de la química. Salimos para conocer gente. Y estamos aprendiendo a hacer contacto con ella de un modo mejor.[11]

¿Cómo se conoce gente? Socializando. Acude a lugares a donde la gente va. Los grupos de terapia y las reuniones de Doce Pasos no son un buen lugar para conocer gente con quien salir. El propósito primordial de los grupos es la recuperación. Podemos sabotear una parte importante de nuestro sistema de apoyo tratando de "ligar" en esos sitios. Los lugares donde se conoce a la gente incluyen: la iglesia; eventos deportivos (como participante o como observador); fiestas; clases; al hacer las compras de ropa, de comida o de "juguetes"; eventos de caridad o de reunión de fondos; actividades de voluntariado; actividades políticas; bailes; restaurantes; centros nocturnos decentes; el zoológico; ferias y centros comerciales; clubes para solteros y servicios profesionales serios que se dediquen a presentar a los clientes personas adecuadas.[12]

Si deveras queremos conocer gente, necesitaremos socializar con cierta regularidad. Necesitamos vernos y sentirnos lo mejor posible. Eso significa hacer un esfuerzo extra por mejorar nuestra apariencia. Eso significa también un esfuerzo adicional para cuidar de uno mismo, consentirse uno mismo

[11] Tomado del curso de Tucker, "En contacto".
[12] Tucker, *Beyond Cinderella*, pp. 75-76.

y elevar la autoestima. Las personas más atractivas son aquellas que se aman a sí mismas y viven su propia vida.

Luego, aprendemos a sonreír y a decir "¡Hola!"[13] De otra manera la gente no sabrá que queremos conocerla. Tal vez tengamos que rechazar a algunos pretendientes y a quienes no estén disponibles, pero eso es mejor que la otra alternativa. Además de ello, será bueno practicar. Tendremos muchas oportunidades para decir no; y algunas oportunidades para decir sí. El concepto de accesibilidad, de ser cálidos y amistosos, podrá ser obvio, pero a menudo lo pasamos por alto.

"Durante meses traté de conocer gente", dice una mujer.

Asistía a eventos y luego me quedaba parada en el rincón como una estatua. Un día se me prendió el foco. Estaba en una reunión cuando descubrí a un hombre que pensé me gustaría conocer. Me pregunté si él habría advertido mi presencia. Me preguntaba si él me hablaría. Esperaba que así fuera, pero temía que no lo hiciera. Esto era lo que siempre me daba vueltas en la cabeza cada vez que veía a alguien que me interesaba. Entonces se me ocurrió: Por qué no acercarme yo, sonreír y decirle "¡hola!" No necesitaba ser agresiva. Sólo tenía que mostrarme amistosa. No había yo salido a ligármelo, simplemente quería conocerlo. Así lo hice. La relación nunca despegó. Luego de hablar brevemente con él, decidí que no era adecuado para mí. Pero aprendí una lección. Si quiero conocer a alguien, probablemente lo consiga con una sonrisa y un "¡hola!"

Entre más plenamente estemos viviendo nuestras vidas, más personas conoceremos. Entre más gente conozcamos, mayor será la probabilidad de que conozcamos a alguien que esté disponible y que verdaderamente sea de nuestro tipo.

---

[13] *Ibid.*, p. 52.

Podemos ser selectivos, pero seleccionaremos de acuerdo con un criterio más adecuado. Deja de descartar a la gente que puede que no sea de tu tipo; deja de aceptar automáticamente a la gente sólo porque te sientes atraído por ella. Tucker aconseja que salgamos con alguien tres veces antes de descartarlo.[14] Démonos tiempo para averiguar si hemos conocido a alguien que quisiéramos tratar más.

No tenemos que abandonar a la razón en favor de la emoción. Puede ser que "sintamos" que alguien está bien para nosotros, pero si esa persona no está disponible, no es la adecuada. Por otro lado, no tenemos que abandonar la emoción en favor de la razón. Podremos pensar que alguien está bien para nosotros, pero si no surge ningún sentimiento *después de que hemos conocido a la persona*, esa persona no es la adecuada para nosotros, aunque él o ella sea una persona sana y esté disponible.

Fuera

Ahora que ya tenemos los pies en la tierra y estamos listos para el amor de la vida, inhalemos hondo... y fluyamos.

"Estoy buscando una relación", confiesa una mujer. "Estoy absolutamente desbocada, totalmente fuera de control, y si no lo consigo pronto, voy a regresar a la terapia."

Le aseguré a esta mujer que el proceso de iniciar relaciones tiende a sacar la bestia del interior de muchos de nosotros. Sin embargo, hay cosas que podemos hacer para volvernos más o menos disponibles para tener una buena relación. Una de las cosas que la mayoría de nosotros necesita hacer es renunciar.

[14] *Ibid.*, p. 60.

Si nos sentimos infelices sin una relación, probablemente nos sentiremos infelices aunque la tengamos. Una relación no hace que nuestra vida empiece. Una relación es una continuación de la vida. Aunque una relación amorosa especial puede satisfacer ciertas necesidades que sólo una relación de este tipo puede colmar, ésta no satisfará todas nuestras necesidades y no nos "hará felices". Si no podemos lograr la felicidad en este momento, es probable que tampoco la encontremos al siguiente. A eso se le llama *aceptación,* el dichoso estado desde el cual todas las cosas pueden cambiar para mejorar.

Existe una diferencia entre aceptar que queremos tener una relación y estar desesperados por tenerla. Las personas con hambre no son buenas compradoras. Los que están desesperados ahuyentan a los demás. Atraen a gente que puede no convenirles. Aceptan alternativas de segunda.

"¿Qué importa que esté desesperada?", pregunta una mujer. "Me muero por tener una relación amorosa. Ya he esperado tanto tiempo, que me siento desesperada. ¿Qué puedo hacer al respecto?"

Contestaré a esa pregunta con la historia de otra mujer. "Cada vez que termino una relación, me entra el pánico", dice Karen. "Me preocupo de si volveré a encontrar a alguien otra vez, y de si volveré a enamorarme de nuevo. La verdad es que tengo 36 años y lo máximo que he durado sin tener una relación desde que tenía 15 años son seis meses."

La desesperación es como el pánico. Cada vez que sintamos alguna de estas dos cosas, necesitamos lidiar con ellas por separado.[15] La desesperación puede tener relación con el mie-

---

[15] Louise Hay escribe acerca de la idea de lidiar con el pánico por separado en

do y con nuestra necesidad de controlar. La desesperación puede estar señalando problemas de dependencia no resueltos o que han permanecido ocultos. Con frecuencia, bajo la desesperación yacen algunas creencias negativas: acerca de la escasez, acerca de lo que se nos espera, acerca de lo que merecemos, y acerca de si alguna vez conseguiremos tener eso. Si llegamos a encontrar una relación cuando estamos desesperados, puede ser que se trate de una de esas que prueba nuestras creencias negativas. Cambiemos aquello en lo que creemos. Apliquemos fuertes dosis de amor propio, de chiqueos y de cuidados para con nosotros mismos. Encontremos otras formas de satisfacer nuestras necesidades. Actuemos como si no estuviéramos desesperados, hasta que en verdad no lo estemos.

No tomemos el rechazo en forma personal. No nos demos por vencidos, no perdamos la esperanza, no nos volvamos negativos ni cínicos. Una clave para determinar lo que en realidad crees merecer es la manera como reaccionas cuando una relación fracasa en sus etapas iniciales. ¿Qué prueba eso? ¿Que no te acontecerá nada bueno? ¿Que no eres digno de ser amado? ¿Que nunca encontrarás el amor? Puedes sentir tu dolor o decepción, pero necesitas averiguar qué es lo que la vida está evidenciando. Si falla una relación o te rechazan, lo que eso en realidad está probándote es que no has encontrado todavía el amor de tu vida.

Sé gentil contigo mismo. En ocasiones, la única manera de renunciar es experimentar la desesperación y trabajar sobre ella. Cometerás errores. Podrás volverte un poco loco a veces. Pero no importa cuál sea tu edad ni tu historia, puedes en-

su libro *You Can Heal Your Life* [Tú puedes sanar tu vida], Santa Mónica, Calif., Hay House, 1984, p. 105.

contrar el amor, si eso es lo que deseas. Si estás dispuesto a esperar y a trabajar por ello, llegarás incluso a ser capaz de encontrar el tipo de amor que deseas.

La verdadera cercanía se lleva tiempo

Una palabra de advertencia: no tengas relaciones íntimas con nadie demasiado pronto. Hacer el amor demasiado pronto, y especialmente en la primera cita, lo cual es siempre demasiado pronto, da al traste con las relaciones. Además de las consideraciones morales y de salud que son muy importantes (como el SIDA, el herpes, etcétera), existe otra razón para no llevar a cabo esto: el sexo es una poderosa forma de intimidad. Si tenemos relaciones íntimas con alguien antes de que hayamos alcanzado un acoplamiento emocional, mental y espiritual, el desequilibrio puede ser más grande de lo que probablemente uno de los dos pueda ser capaz de manejar. Y, haciendo a un lado los encuentros sexuales casuales (que no son tema de este capítulo), no importa lo que la gente diga, una persona normalmente espera algo después de haber tenido relaciones sexuales. *Eso es normal.* Pero es responsabilidad tuya esperar hasta que estés seguro de que podrán satisfacerse esas necesidades.[16]

Podemos manejar el sentimiento de extrañeza al vernos sexualmente atraídos por alguien sin actuar de acuerdo a esa atracción. Tener relaciones íntimas con alguien no nos dice si queremos tener una relación con esa persona. La intimidad que estamos tratando de construir no se da en forma inme-

---

[16] Hay, *You Can Heal Your Life*, pp. 124-129.

diata. Acerquémonos a esa persona de otras maneras para que podamos ver si queremos tener más cercanía con ella. Dejemos que la química surja lentamente. Date tiempo para desarrollar un lazo mental, emocional y espiritual antes de que se dé la intimidad sexual.

Nunca dejes de cuidar de ti mismo

Con frecuencia decimos "quiero tener una buena relación. Hasta que eso suceda, seguiré haciendo mi trabajo y cuidando de mí mismo". ¿Por qué "hasta que eso suceda"? El cuidado de uno mismo es un compromiso y una responsabilidad que tenemos de por vida. No termina cuando empezamos una relación. Es entonces cuando necesitamos intensificar esfuerzos.

"No me doy cuenta si una persona es poco sana (es adicta, o no está disponible o es disfuncional) hasta que es demasiado tarde", se queja mucha gente.

"¿Hasta que es demasiado tarde para qué?", les pregunto.

Una característica de muchas relaciones que han fracasado es que todo se veía bien... hasta que nos "metimos" en ellas. Parecía que las necesidades iban a ser satisfechas. Se veía que la otra persona era sana y solícita. Bajamos la guardia, nos hacemos vulnerables, nos involucramos emocionalmente y las cosas cambian inmediatamente. El sistema da un viraje y se convierte en loco o destructivo y ahí estamos nosotros, rascándonos la cabeza.[17] No hay por qué abdicar a nuestra capacidad para cuidar de nosotros mismos al involucrarnos emocionalmente.

---

[17] Scott Egleston fue el primero que me explicó este "viraje".

"Conocí a un hombre. Las cosas iban estupendamente, durante dos meses más o menos", dice una mujer. "Luego las cosas cambiaron. Él dejó de asistir a los grupos de apoyo y comenzó a beber. Las cosas fueron espantosas el siguiente año. Yo seguía esperando que todo volviera a ser lo que había sido. Finalmente me percaté de que así es como son las cosas. Había estado esperando algo que no va a suceder."

Es posible irnos metiendo lentamente en una relación. Y podemos retirarnos de ella si se vuelve loca. Nunca es demasiado tarde o demasiado pronto para cuidar de nosotros mismos.

"Qué hay acerca de ese asunto de que, en el minuto en que dejamos fluir nuestro deseo de tener una relación, encontramos una", me preguntó un hombre una vez. "Hace un rato que dejé fluir ese deseo, y nada ha sucedido."

No voy a sugerir de manera petulante que "lo dejemos fluir y dejemos actuar a Dios". Voy a sugerir seriamente que así lo hagamos, y necesitamos además realizar la parte que nos corresponde:

- Hacer nuestro trabajo con la familia de origen.
- Cambiar nuestros mensajes.
- Afirmar que merecemos y obtendremos lo mejor, y
- Seguir los pasos necesarios para conocer gente.

Además de cumplir con nuestra parte, necesitamos dejar que suceda el resto, a su propio tiempo. Necesitamos combinar nuestras acciones con la renuncia y con la actitud de dejar fluir. A pesar de nuestros mejores esfuerzos, las relaciones generalmente se dan donde y cuando menos lo esperamos. Louise Hay escribe:

> El amor llega cuando menos lo esperamos, y cuando no lo estamos buscando. Andar a la caza del amor nunca nos trae la

pareja adecuada. Tan sólo provoca ansiedad e infelicidad. El amor nunca está fuera de nosotros mismos; el amor está en nuestro interior.

No insistas en que el amor venga inmediatamente. Quizá no estás preparado para ello, o no te has desarrollado lo suficiente para atraer el amor que deseas.

No te conformes con cualquiera sólo por tener a alguien. Fija tus estándares. ¿Qué tipo de amor quieres atraer? Haz una lista de las cualidades que verdaderamente deseas en la relación. Desarrolla esas cualidades dentro de ti mismo y atraerás a la persona que las posee.

Intenta hacer un examen de lo que puede estar alejando el amor. ¿Podría ser la crítica? ¿Sentimientos de poca valía? ¿Estándares poco razonables? ¿Figuras de estrella de cine? ¿Miedo a la intimidad? ¿La creencia de que no eres digno del amor?

Mantente listo para el amor cuando llegue. Prepara el campo y estate listo para alimentar el amor. Sé amoroso y serás adorable. Sé abierto y receptivo hacia el amor.[18]

¿Estás buscando una relación? Disfruta el proceso. Haz la parte que te corresponde y luego "deja ir el deseo y deja actuar a Dios". Diviértete. Conoce gente, pero no dejes de cuidar de ti mismo. Aprende de tus éxitos y de tus fracasos. Sé abierto. Puedes saber menos de lo que tú piensas acerca de cuál es tu tipo. Puedes tener agradables sorpresas esperándote. Habla de lo que estás haciendo al respecto con gente en quien confíes, de modo que no inicies relaciones aislado de tu sistema de apoyo.

Hay por ahí hombres sanos. Hay mujeres sanas también. Sí existe tal cosa como una relación que funciona. Puedes aprender a iniciar relaciones que funcionan. Puedes aprender

---

[18] Hay, *You Can Heal Your Life*, p. 105.

a atraer y a disfrutar un amor que te haga bien. Afírmate tú mismo y afirma a tus prospectos. Afirma que mereces lo mejor, y que eso es lo que te viene en camino porque si así empiezas a creerlo, así será.

Actividad

1. Describe cuál es tu tipo. Sé tan específico como te sea posible. ¿Es la no disponibilidad una característica de tu tipo? ¿Has podido tener alguna vez una relación exitosa con alguien que es de tu tipo?

2. Si estás buscando una relación, ¿dónde la estás buscando? ¿A qué lugares sueles acudir para conocer gente? ¿Cuáles son algunos lugares nuevos a los que puedes ir para conocer gente?

3. ¿Estás disponible para tener una relación? ¿Tienes el antecedente de salir y de intentar establecer relaciones con gente que no está disponible? ¿Cuáles son tus prejuicios y creencias acerca de los hombres, de las mujeres y de las relaciones? ¿Qué es lo que *siempre hacen* los hombres o las mujeres, y qué es lo que *siempre te hacen a ti*? ¿Qué es lo que crees que siempre pasa en las relaciones? ¿Qué consideras que mereces en una relación?

4. Escribe metas y empieza a afirmar lo que quieras que suceda en tu vida amorosa.

5. Busca algunos amigos positivos que estén dispuestos a apoyarte mientras estás a la búsqueda de una relación. Habla abiertamente con ellos acerca de lo que estás haciendo, pensando y sintiendo.

CAPÍTULO 15

Límites

Tengo 42 años y finalmente he averiguado qué es lo que no quiero. Ahora lo único que tengo que hacer es averiguar qué es lo que sí quiero.

ANÓNIMO

Estaba cubriendo una corresponsalía para el periódico cuando advertí la frase en la pared del salón de conferencias en la base de la Fuerza Aérea de los Estados Unidos, en la ciudad de Panamá. La frase era una afirmación sobre la política exterior estadunidense acerca de la expansión soviética en América Latina, pero era también una afirmación sobre lo que es mi nueva política: "no hay que ceder terreno".

Ya no estoy dispuesta a *perder* mi autoestima, el respeto por mí misma, el bienestar de mis hijos, mi trabajo, mi casa, mis posesiones, mi seguridad, mi crédito, mi salud, ni *a mí misma* para conservar una relación. Estoy aprendiendo cómo *elegir* dar de una manera apropiada, con un sentido de alta autoestima. Estoy aprendiendo que ocasionalmente puedo decidir *ceder* en algo durante negociaciones conflictivas. Pero ya no estoy dispuesta a perder impensadamente todo lo que tengo a causa de las relaciones, de las apariencias o en nombre del amor.

Durante años, me integraba a las relaciones con la actitud de todo o nada. Lo que generalmente sucedía es que yo perdía todo lo que tenía y acababa sin nada. Pensaba que era obligatorio en el amor estar dispuestos a perderlo y a darlo todo. En el único lugar donde eso funciona es en las películas, y tampoco ahí funciona bien.

He aquí la escena: un hombre va corriendo con una pistola humeante y le van siguiendo los talones 15 departamentos de policía. Hostil, amargado, mira por la ventana de un oscuro departamento. Su novia lo abraza y murmura: "estoy contigo hasta el fin, cariño".

¿Hasta el fin? Unas cuantas escenas después, el hombre está, o en la fila de la muerte, esperando su turno en la silla eléctrica, o tendido sin vida en la calle. Se ha ido. Ella está sola —llorando— y se acabó la película. Esta fue la historia *de él*. Cuando ella deje de pensar por él, tendrá realmente algo por qué llorar. Además de haber perdido la relación, ha perdido su trabajo, su departamento y sus muebles. Tiene cerrado el crédito. Sus familiares y amigos están furiosos con ella. Y luego de toda la pésima publicidad, ha perdido también su reputación.

La moraleja de esta historia y de este capítulo son los límites. No tenemos que estar dispuestos a perderlo todo por amor. De hecho, fijar límites sanos, razonables y ceñirse a ellos en todas nuestras relaciones es un prerrequisito para que el amor y las relaciones funcionen. Podemos aprender a tomar alternativas adecuadas que conciernan a lo que estamos dispuestos a *dar* en nuestras relaciones —de nosotros mismos, de nuestro tiempo, talento y dinero—. Podemos aprender a elegir ceder en ciertas cosas al negociar un conflicto y al trabajar sobre las relaciones.

Tener límites no nos complica la vida; por el contrario, la facilitan. Necesitamos saber qué tan lejos iremos y qué tan lejos les permitiremos llegar a los demás respecto a nosotros. Una vez que entendemos esto, podemos ir a cualquier parte.

¿Qué son los límites?

Le pedí a una amiga que está en recuperación que me hablara acerca de los límites, usando sus propias palabras.

"¿Cómo puedes decirle a alguien, sin emplear tecnicismos, que toda tu vida le has permitido a la gente pisotearte?", me respondió.

El *New World Dictionary* define *límite* como "una línea o cosa que marca un límite", o una "frontera".[1]

En recuperación usamos la frase *problemas de límite* para describir una característica primordial de la codependencia. Con tal concepto queremos decir que a una persona se le hace difícil definir dónde termina él o ella y dónde empieza otra

[1] *New World Dictionary of the American Language, Second College Edition*, Nueva York, Simon & Schuster, Inc. 1984, p. 167.

persona. Podemos tener un sentido poco claro de nosotros mismos. Por ejemplo, se nos puede hacer difícil definir la diferencia entre nuestros sentimientos y los sentimientos de alguien más, entre nuestro problema y el problema de otro, entre nuestra responsabilidad y la responsabilidad ajena. Con frecuencia, el asunto no es que asumamos la responsabilidad de los demás; sino que nos sentimos responsables de ellos. Nuestra capacidad para definir y distinguir de una manera adecuada entre nosotros mismos y los demás es borrosa. Los límites a nuestro alrededor son borrosos. La gente que tiene límites débiles parece "recoger" o "absorber" los sentimientos de las demás personas; casi como una esponja absorbe el agua.[2]

Oigamos el caso de Kate:

> Fui a visitar a mi familia. Mi hermana se está comportando de una manera bastante loca. Ella no se está recuperando de la codependencia, pero debería estarlo. Está permitiendo que se abuse de ella. Y tiene un montón de sentimientos intensos, no resueltos.
>
> Estuve con ella una hora y empecé a experimentar todos esos locos sentimientos. Tardé un día en apaciguarme y recobrar el equilibrio. Al principio no supe qué había sucedido. Ahora lo sé. Absorbí sus sentimientos. Esos sentimientos no eran míos; eran de ella.

La palabra *límite* también se usa en los círculos de recuperación para describir una acción, como en el caso de "fijar un límite". Por esto queremos decir que le hemos fijado un

---

[2] Muchos expertos y la gente que está en recuperación han discutido este fenómeno. Merle A. Fossum y Marilyn J. Mason hablan de él en *Facing Shame: Families in Recovery* [De cara a la vergüenza: familias en recuperación], Nueva York, W.W. Norton & Company, Inc., 1986, p. 76.

límite a alguien. A menudo, al expresar esto, estamos diciendo que hemos decidido decirle a alguien que él o ella no puede usarnos, ni lastimarnos, ni tomar lo que tenemos, ya sean esas posesiones concretas o abstractas. Hemos decidido decirles que no pueden abusar de nosotros, ni invadirnos o de alguna otra manera violar nuestros derechos.

En geografía, los límites son fronteras que delimitan un estado, un país o el terreno de una persona. En recuperación estamos hablando acerca de las líneas y límites que fijan y marcan nuestro territorio personal, nuestro *ser mismo*. A diferencia de los estados en los mapas, nosotros no tenemos gruesas líneas negras delineando nuestras fronteras. Empero, cada uno de nosotros tiene su propio territorio. Nuestros límites definen y contienen ese territorio, nuestros cuerpos, mentes, emociones, espíritu, posesiones y derechos. Nuestros límites definen y circundan toda nuestra energía, ese ser individual que cada uno de nosotros llama "yo". Nuestras fronteras son invisibles, pero reales. Hay un lugar en donde yo termino y tú empiezas. Nuestra meta es aprender a identificar esa línea y respetarla.

¿Qué les pasó a mis límites?

"Nadie nace con límites", asevera Rokelle Lerner, terapeuta y autora en temas del síndrome del niño adulto. "Los límites nos los enseñan nuestros padres... algunos de nosotros no tenemos sentido de lo que es un límite, otros han construido murallas en vez de límites, y otros tienen límites con agujeros".[3]

[3] Anne Jefferies, "Rokelle Lerner: ACA's Intimacy & Play", *The Phoenix*, octubre de 1988, p. 1.

Algunas personas son suficientemente afortunadas para entrar en la edad adulta sabiendo quiénes son, cuáles son sus derechos y cuáles no lo son. No rebasan el territorio de otras personas, y no les permiten a los demás invadir el suyo. Tienen límites sanos y un sólido sentido de lo que es el yo.

Desafortunadamente, muchos de nosotros hemos arribado a la edad adulta con límites dañados, llenos de cicatrices, o inexistentes. O puede ser que hayamos construido un caparazón tan grueso a nuestro alrededor, que la gente no se nos puede acercar.

Muchos sucesos contribuyen para que esto suceda. Ocurre cuando a los niños no se les enseñan o no se les modelan con el ejemplo unos límites sanos; cuando los límites y los derechos de los niños son invadidos o violados; y cuando a los niños se les obliga a desempeñar roles inadecuados con quienes están a su alrededor.[4] Enfermedades como la farmacodependencia u otros trastornos compulsivos hacen añicos los límites.

Los niños pueden tener límites débiles o inexistentes si fueron descuidados física o emocionalmente o si fueron abandonados. Sus límites pueden ser débiles también si no se les crearon o no se les inculcaron límites y disciplina adecuados. Pueden no desarrollar una noción de sí mismos, una identidad o un sentido de autoestima sano. Es difícil que un "yo" se forme en un vacío.

El abuso, la humillación y la vergüenza dañan los límites. Dejan boquetes en donde ocurrió la violación.[5] Si sufrimos un abuso emocional, físico o sexual cuando niños, podemos crecer

---

[4] Algunas de mis definiciones y de mis explicaciones sobre los límites se basan en el trabajo de Fossum y Mason, *Facing Shame.*
[5] Jefferies, "Rokelle Lerner", p. 1

sin fronteras sanas en esa parte de nuestro territorio. Ya de adultos, seremos vulnerables a la invasión en esa área hasta que reparemos y fortifiquemos esa parte de nuestra frontera.

Roles generacionales inapropiados entre miembros de la familia, y roles inadecuados entre nuestra familia y otras familias, pueden perjudicar la formación de límites.[6] Podemos no haber aprendido a identificar o a respetar el territorio de otras personas o nuestro propio territorio.

Si tuvimos que cuidar de alguien al que supuestamente le correspondía cuidarnos, podemos creer que los pensamientos, los sentimientos y los problemas de otras personas son nuestra responsabilidad. Si vivimos con alguien que nos alentó a ser dependientes en exceso de él o de ella, podemos no haber aprendido que tenemos un ser completo que es nuestro. Podemos haber entrado en la adultez sintiéndonos como si fuéramos la mitad de algo, y necesitáramos otra persona para estar completos. Cuidar de los demás, sea esto que otra persona asuma la responsabilidad que es nuestra o que nosotros tomemos la suya, daña los límites. Nos deja con un sentido poco claro de nosotros mismos y de los demás; de quiénes somos nosotros y quiénes son los demás.

La gente controladora invade territorios.[7] Traspasa los límites, y se cree en su derecho de hacerlo. Si vivimos con alguien que trató de controlar nuestros pensamientos, nuestros cuerpos o sentimientos, pueden haberse dañado nuestros límites. Si no fueron respetados nuestros derechos respecto a nuestras emociones, pensamientos, cuerpos, privacía y posesiones, podemos ignorar que tenemos derechos. Podemos no saber que los otros también los tienen.

[6] Fossum y Mason, *Facing Shame*, pp. 60-65.
[7] *Ibid.*, p. 73.

Nuestro vínculo original con la persona que principalmente cuidó de nosotros determina cómo nos vinculamos con los demás.[8] Nuestros límites determinan cómo nos llevamos o cómo formamos nexos con quienes nos rodean. Si tenemos límites débiles, podemos perdernos en el territorio de otras gentes. Si tenemos agujeros o boquetes en nuestras fronteras, somos vulnerables a la invasión. Si nuestras fronteras son demasiado gruesas y rígidas, no dejaremos que la gente se nos acerque.

Sin límites, las relaciones nos causarán miedo. Somos vulnerables a perder todo lo que tenemos, incluyendo a nosotros mismos.

Con demasiados límites no tendremos ninguna relación. No nos atreveremos a acercarnos demasiado, pues pasará largo tiempo antes de que podamos volver a ver a nuestro *yo* otra vez. La gente puede huir de nosotros.

La gente se siente muy cómoda cerca de quienes tienen límites sanos. Es incómodo estar cerca de gente que tiene demasiados límites, o muy pocos. Es incómodo estar cerca de los que transgreden los límites, aunque si hemos vivido con cierta clase de invasores y de quebrantadores toda nuestra vida, podemos no darnos cuenta de cuán incómodo es estar cerca de ellos.

La meta en la recuperación es desarrollar límites sanos, no demasiado flexibles ni demasiado rígidos. Y resanamos cualquier resquebrajadura que puedan tener nuestras fronteras. Es nuestra responsabilidad desarrollar límites sanos. No podemos darnos el lujo de dejar la responsabilidad de cuidar de nosotros mismos, ni de mirar qué es lo que mejor nos con-

---

[8] Jefferies, "Rokelle Lerner", p. 1.

viene, en manos de nadie, sino en las nuestras y en las de nuestro Poder Superior.

A medida que desarrollamos límites sanos, desarrollamos un sentido adecuado de lo que son los roles en los miembros de la familia, en las demás personas y, también, en nosotros mismos. No usamos a los demás ni abusamos de ellos ni les permitimos que nos usen o que abusen de nosotros. ¡Dejamos de abusar de nosotros mismos! No controlamos a los demás ni los dejamos que nos controlen. Dejamos de asumir responsabilidades de otras personas y dejamos de permitirles que asuman la nuestra. Asumimos nuestra propia responsabilidad. Si somos rígidos, nos soltamos un poquito. Desarrollamos un sentido claro de nuestro yo y de nuestros derechos. Aprendemos a tener un yo completo. Aprendemos a respetar el territorio de las otras personas al igual que el nuestro. Eso lo hacemos aprendiendo a escucharnos y a confiar en nosotros mismos.

¿Qué es lo que nos lastima? ¿Qué nos hace sentir bien?[9] ¿Qué es nuestro y qué no lo es? ¿Y qué estamos dispuestos a perder?

¿Cómo puedo establecerme algunos límites?

"Viví con un padre alcohólico y con una madre controladora. Luego salí de mi casa y me casé con mi propio alcohólico", dice Diane.

Cuando empecé a recuperarme de la codependencia, no tenía idea de lo que eran los límites. Mi vida era una prueba de ello. Pensaba que debía hacer todo lo que la gente me pidiera. Si

[9] Esta es la aproximación de Scott Egleston para el establecimiento de límites.

alguien tenía un problema, pensaba que mi responsabilidad era solucionarlo. Dejaba que la gente me usara, y luego me sentía culpable porque no me gustaba que me usaran. Mi esposo me manipulaba, me mentía y abusaba de mí verbalmente. Me sentía culpable porque no me gustaba la forma en que él me trataba. Mis hijos todos pasaban por encima de mí. Me hablaban como querían. Se rehusaban a respetarme o seguir mis reglas. Me sentía culpable cuando me enojaba con ellos por tratarme así.

Me he estado recuperando de la codependencia durante ocho años. Gradualmente he aprendido a reconocer la diferencia entre un trato adecuado y uno inadecuado. He llegado a creer que merezco que la gente me trate bien y con respeto, incluyendo a mis hijos. Sé que no tengo por qué permitir que la gente me use o me hable de mala manera. No tengo por qué hacer todo lo que la gente me pida ni que me digan qué debo hacer. No tengo por qué conmoverme si no quiero conmoverme. No tengo por qué sentirme como los demás me digan que me sienta. No tengo por qué dejar que la gente me use. Puedo decir "no" y "ya basta". Puedo tomar mis propias decisiones acerca de lo que quiero y de lo que necesito hacer en situaciones particulares. Puedo pararme sobre *mis propios* pies.

He aprendido a dejar de controlar incesantemente a los demás y de cuidarlos. He aprendido a respetar a la gente, su individualidad y sus derechos, especialmente los derechos de los miembros de la familia.

He aprendido que si lo que los otros hacen me lastima o me hace sentir mal, puedo alejarme o averiguar cómo cuidar de mí misma. He desarrollado ideas más claras respecto de lo que es mi responsabilidad y de lo que no lo es. Pero tengo que trabajar por todo esto, y a veces tengo que trabajar con ahínco.

Esas son las proverbiales noticias buenas y malas. Podemos aprender a tener límites y a fijarlos, pero tendremos que trabajar en ello más duramente que los demás. Para vivir con lo que tenemos muchos de nosotros, podemos no saber inmediatamente qué nos lastima y qué nos hace sentirnos bien. Podemos no saber de manera instintiva qué es nuestro y qué no lo es. Podemos no saber con certeza cuáles son nuestros derechos. Podrá ser difícil que nos digamos a nosotros mismos porque nos hemos abandonado.

Para sobrevivir a la experiencia de vivir con incidentes penosos, con abuso y con conductas extravagantes, aprendemos a negar el dolor y la locura. Si hemos vivido en sistemas que tienen la regla de "no hay límites" (no cuides de ti mismo), podremos sentir vergüenza cada vez que pensamos en fijar un límite.

"Me he estado recuperando durante seis años", dice un hombre que sufrió abuso físico cuando niño. "Soy bueno para fijar límites una vez que me doy cuenta de que algo me está lastimando, pero todavía me tardo mucho tiempo en reconocer cuándo me lastima algo."

Muchos de nosotros hemos desarrollado una alta tolerancia al dolor y a la locura. Tal y como dicen los expertos que los alcohólicos desarrollan una alta tolerancia al alcohol que permanecerá elevada beba o no el alcohólico, nosotros podemos desarrollar una alta tolerancia al dolor, al abuso, al maltrato y a la violación de límites. A veces es difícil discernir cuándo alguien nos está lastimando, cuándo somos nosotros los que estamos hiriendo a los demás, o incluso cuándo nos estamos lastimando nosotros mismos. A veces algo tiene que dolernos mucho y durante largo tiempo antes de que nos demos cuenta de que nos está haciendo daño. Y muchos de nosotros no tenemos un marco de referencia que nos diga qué es lo normal y lo adecuado.

¿Cómo podemos decirle a alguien que deje de herirnos si no estamos seguros de que algo nos lastima? ¿Cómo podemos identificar algo como inadecuado si así es como siempre hemos vivido? Para nosotros, es normal. ¿Cómo podemos saber qué es lo que queremos si nadie nos dijo nunca que está bien que queramos algo?

Tenemos que trabajar en ello. Puede ser que tengamos que trabajar más en ello que los demás o que tengamos que trabajar en ello toda nuestra vida. Para hacerlo, necesitamos venir a vivir a casa: dentro de nosotros mismos.

Los límites no son solamente un proceso de pensamiento, dice Lerner.

Necesitamos escuchar a nuestro cuerpo para saber dónde están nuestros límites. Si fuimos criados junto a la adicción, muchos de nosotros tuvimos que dejar nuestro cuerpo, o abandonar nuestro yo, para poder sobrevivir. Si nos crió alguien que era sexualmente abusivo, tuvimos que hacernos los desentendidos cuando nuestra piel era abyectamente sometida, o cuando nuestro estómago estaba hecho nudos. Necesitamos entonces ignorar nuestros cuerpos para poder sobrevivir.

Luego, ya de adultos, de repente se espera de nosotros que fijemos límites. Sin estar dentro de nuestro cuerpo, no podemos hacerlo. Necesitamos aprender a volver a casa dentro de nosotros mismos, aprender a escuchar a nuestro cuerpo.[10]

La fijación de límites no es un proceso aislado.[11] Va entrelazado con el crecimiento de la autoestima, con el manejo de sentimientos, con el rompimiento de reglas y con el desarrollo

---

[10] Jefferies, "Rokelle Lerner", pp. 1-2.

[11] Esta idea surgió en parte de Lonny Owen durante el curso del taller y grupo de apoyo que facilitamos.

espiritual. Está relacionado con el desapego. La vergüenza tiene conexión directa con los límites. Podemos sentirnos avergonzados cuando permitimos que la gente invada o viole nuestros límites. La vergüenza puede tratar de impedir que fijemos límites que necesitamos marcar.[12]

Nuestros límites *y* nuestro yo se desarrollan y surgen a medida que crece la confianza en nosotros mismos, que interactuamos con personas sanas y que vamos teniendo ideas más claras acerca de lo que es apropiado y de lo que no lo es. Entre más adelantamos en nuestra recuperación, más mejora nuestra capacidad para fijar límites.

- Fijar límites tiene relación con aprender a cuidar de nosotros mismos, sin importar qué es lo que suceda, hacia dónde nos dirijamos, o con quién estemos.
- Los límites surgen de decisiones profundas acerca de lo que creemos merecer y de lo que no creemos merecer.
- Los límites surgen de un sentido más profundo de lo que son nuestros derechos personales, especialmente del derecho que tenemos a cuidar de nosotros mismos y a ser nosotros mismos.
- Los límites surgen a medida que aprendemos a valorarnos, a confiar y a escucharnos a nosotros mismos.

La meta de tener y fijar límites no es construir gruesas murallas a nuestro alrededor. El propósito es lograr la suficiente seguridad y sentido de uno mismo para poder tener cercanía con los demás sin por ello tener la amenaza de perder nuestra individualidad, ni asfixiar a la gente, ni violar su territorio, ni ser invadidos. Los límites son la clave de las relaciones amorosas.

[12] Esta idea es de Fossum y Mason, *Facing Shame.*

Cuando tengamos sentido de nuestra individualidad seremos capaces de experimentar cercanía e intimidad. Seremos capaces de jugar, de ser creativos y de ser espontáneos. Seremos capaces de amar y ser amados.

La intimidad, el juego y la creatividad requieren de una pérdida de control. Sólo cuando tengamos límites y sepamos que podemos confiar en nosotros mismos para hacerlos respetar y para cuidar de nosotros mismos, seremos capaces de soltarnos lo suficiente para poder emprender el vuelo. Estas mismas actividades ayudan a desarrollar un sentido de lo que es nuestra individualidad, pues es a través del amor, del juego y de la creatividad que empezamos a entender quiénes somos y que volvemos a asegurarnos de que podemos confiar en nosotros mismos. Tener límites significa que tenemos un yo lo suficientemente fuerte, retroalimentado, sano y confiable para dejarnos ir, y poder regresar de nuevo intactos.[13]

Consejos prácticos para fijar límites

No tenemos que construir un cerco para proteger nuestro territorio; ni tenemos que volvernos hipervigilantes. Necesitamos aprender a prestar atención. He aquí algunos consejos útiles para fortalecer nuestra capacidad para fijar límites:

Cuando nos demos cuenta de que necesitamos establecer un límite con alguien, hagámoslo claramente, de preferencia sin enojo, y usando las menos palabras posibles. Evitemos justificarnos, racionalizar o pedir disculpas. Ofrezcamos una

---

[13] Estas ideas se basan en parte en la entrevista de Rockelle Lerner que aparece en *The Phoenix*, octubre de 1988, y en el libro de M. Scott Peck, *The Road Less Traveled* [El camino menos transitado], Nueva York, Simon & Schuster, Inc., 1978, p. 97.

breve explicación, si tiene sentido hacerlo. No seremos capaces de mantener relaciones de intimidad hasta que podamos decirle a los demás qué nos lastima y qué nos hace sentir bien.[14] La persona más importante a la que debemos notificarle acerca de nuestros límites es a nosotros mismos.

No podemos simultáneamente fijar un límite (una frontera) y cuidar los sentimientos de otra persona. Estas dos acciones son mutuamente excluyentes. Ya di este consejo antes, pero vale la pena repetirlo.[15]

Probablemente nos sintamos avergonzados y temerosos cuando establezcamos límites. Hagámoslo de todas maneras. La gente puede no saber que está violándolos. Y la gente no respeta a las personas vulnerables. La gente usa a quienes puede usar, y respeta a quienes no puede usar. Unos límites sanos a todos benefician. Los niños y los adultos se sentirán más a gusto cerca de nosotros.

El enojo, la furia y las lamentaciones son indicadores de que necesitamos fijar límites. Todas aquellas cosas que decimos que no soportamos, que no nos gustan, que nos enojan y que odiamos, pueden ser áreas que nos están gritando por que les fijemos límites. La recuperación no significa que nunca volvamos a enojarnos, a lamentarnos o a quejarnos. Recuperación significa que aprendamos a escucharnos atentamente para oír lo que estamos diciendo. Estas cosas nos indican que hay problemas, igual que una luz roja en el tablero. La vergüenza y el miedo pueden ser la barrera que necesitamos derribar para cuidar de nosotros mismos. Otras pistas de que

[14] Janet Geringer Woititz, *Struggle for Intimacy* [En lucha por la intimidad], Pompano Beach, Fla., Health Communications, Inc., 1985, pp. 46-48.

[15] Este consejo me lo dio una mujer que viaja por todo el país dando conferencias sobre la codependencia a enfermeras. La conocí en un aeropuerto y no puedo recordar su nombre.

necesitamos fijar un límite son el sentirnos amenazados, "sofocados"[16] o victimados por alguien. También necesitamos prestar atención a lo que nos están diciendo nuestros cuerpos. Y, como dije antes, podemos necesitar enojarnos para fijar un límite, pero no tenemos que permanecer resentidos para hacerlo respetar.

Seremos probados cuando establezcamos límites. Hay que planearlo. No hace ningún bien fijar un límite hasta que estemos listos para hacerlo respetar. A menudo, el objeto de los límites no es el de convencer a los otros de que tenemos límites, sino de convencernos a nosotros mismos. Una vez que sabemos, que verdaderamente sabemos cuáles son nuestros límites, no será difícil convencer a los demás. De hecho, la gente frecuentemente percibe cuando hemos alcanzado nuestros límites. Dejaremos de atraer a tantos invasores de límites. Las cosas cambiarán. Una mujer acudió a su terapeuta y le recitó su acostumbrada y común retahíla de quejas acerca de su esposo. "¿Cuándo dejará de suceder esto?", preguntó finalmente la mujer al terapeuta. "Cuando usted así lo quiera", le contestó él.

Estemos preparados para actuar en congruencia con los límites que hemos puesto. Nuestros límites tienen que ir de acuerdo con nuestra conducta. Lo que hacemos tiene que concordar con lo que decimos. Si dices que tu límite es no permitir que otras personas manejen tu coche, pero sigues dejando que lo hagan y luego te lamentas por ello, este no es todavía un límite. Las consecuencias y los ultimátum son una manera de hacer respetar los límites. Por ejemplo, si tu límite es que no vivirás con el alcoholismo activo y vive con-

---

[16] Woititz, *Struggle for Intimacy,* p. 48.

tigo un alcohólico practicante, puedes darle un ultimátum a esa persona: o esto o aquello. O esa persona deja de beber y empieza a recuperarse o tú te vas. A menudo he escuchado a la gente quejarse, "he establecido un límite, pero Harvey no lo respeta". Los límites son para que cuidemos de nosotros mismos, no para controlar a los demás. Si nos hemos fijado el límite de no convivir con alcohólicos practicantes, no es para forzar a Harvey a que deje de beber. Harvey puede escoger entre beber o no beber. Nuestro límite nos da una guía para tomar nuestra decisión de si queremos convivir con Harvey o no.

Algunas personas se sienten felices de respetar nuestros límites. El problema no ha sido lo que ellos nos hayan estado haciendo; es lo que nosotros nos hayamos estado haciendo a nosotros mismos. Algunas personas podrán enojarse con nosotros por haber establecido límites, especialmente si estamos cambiando un sistema fijando un límite donde antes no había ninguno. La gente se enoja particularmente si hemos estado cuidando de ella, o permitiéndole que nos controle, y luego decidimos que ya es tiempo de que eso cambie.

Fijaremos límites cuando estemos listos, ni un minuto antes. Lo haremos a su tiempo, no al de alguien más —no cuando el terapeuta así lo estime, ni cuando nuestro grupo diga. Eso es así porque está relacionado con *nuestro* crecimiento interior.

Puede ser de utilidad un sistema de apoyo mientras luchamos por establecer nuestros límites y hacerlos respetar. Puede ser valioso tener retroalimentación acerca de lo que es normal y de lo que no lo es, de lo que son nuestros derechos y de lo que no lo son. Un pelotón que echa porras nos es muy útil mientras luchamos por hacer valer estos derechos.

Fijar límites también tiene su lado divertido. Además de

aprender a identificar qué es lo que nos lastima y qué es lo que no nos gusta, aprendemos a detectar lo que nos gusta, lo que nos hace sentir bien, lo que queremos y lo que nos brinda placer.[17] Ahí es cuando empezamos a mejorar la calidad de nuestras vidas. Si no estamos seguros de quiénes somos y de lo que nos gusta y lo que queremos, tenemos camino para hacer emocionantes descubrimientos.

Los límites son un asunto personal. Reflejan nuestro desarrollo y contribuyen a él, a nuestra identidad personal, al contacto que tenemos con nosotros mismos, con nuestro Poder Superior y con los demás. Prestar atención a lo que nos gusta, a lo que queremos, a lo que nos hace sentir bien y a lo que nos lastima no nos aleja de nuestro Poder Superior ni del plan que Dios tiene para nuestras vidas. El escucharnos y valorarnos nos lleva a que se cumpla la voluntad de Dios en nuestras vidas: un plan rico y abundante que es para bien. A medida que asumimos riesgos y aprendemos más acerca de quiénes somos, surgirán nuestros límites y nuestra individualidad. A medida que atravesamos diferentes circunstancias, nos enfrentaremos a fijar nuevos límites acerca de lo que nos hiere, de lo que nos hace sentir bien, de lo que queremos y de lo que no queremos. Fijar límites es un proceso continuo de escucharnos a nosotros mismos, respetarnos y respetar a los demás, de entender nuestros derechos y de cuidarnos.

Luchemos por lograr el equilibrio. Luchemos por ser flexibles. Luchemos por tener un sentido sano del yo y por cómo merecemos que se nos trate. Vivir sanamente significa que uno da de sí mismo de vez en cuando, pero hay una gran diferencia entre dar y que nos roben.[18]

---

[17] Esta idea es de Scott Egleston.
[18] El concepto de que "nos roben" lo discuten Fossum y Mason en su libro *Facing Shame*.

He hecho una lista de algunos consejos útiles, pero ésta no es una guía para fijar límites. Cada quien tenemos a nuestro propio guía interno. Si seguimos trabajando por nuestra recuperación, nuestros límites se desarrollarán. Se harán sanos y sensibles. Nuestro *yo* nos dirá lo que necesitemos saber, y nos amaremos lo suficiente a nosotros mismos para poderlo escuchar.

Pregúntate a ti mismo: *¿Qué me hiere?* Escucha y detén el dolor. Pregúntate: *¿Qué me hace sentir bien?* Si te hace sentir bien, habrás encontrado un ganador. Pregúntate a ti mismo, *¿Qué es mío?* Si es tuyo, puedes tomarlo; si no lo es, no te lo eches al bolsillo.[19] Pregúntate a ti mismo, *¿Qué estoy dispuesto a perder?* Puedes no tener ningún terreno qué perder.

Actividad

1. ¿Cuáles son algunos de los límites que fijaste cuando empezaba tu recuperación? ¿Cuáles son algunos límites que has fijado recientemente? ¿Puedes recordar cómo te sentías antes de establecer ese límite y después de que lo hiciste? ¿Se hizo necesario que lo hicieras respetar? ¿Cuáles son los límites que te resultan más difíciles de establecer y de hacer respetar?

2. ¿Hay alguien en tu vida actual que te esté usando, o que no te esté tratando adecuadamente y con respeto? ¿En este momento te estás quejando, te sientes enojado, te estás lamentando o disgustando por algo? ¿Qué es lo que te impide cuidar de ti mismo? ¿Qué crees que sucedería si lo hicieras? ¿Qué crees que pasaría si no lo hicieras?

[19] Esto proviene de un miembro de Al-Anón.

3. ¿Cómo te sientes cuando estás cerca de gente que tiene límites rígidos (demasiadas reglas y normas)? ¿Cómo te sientes cuando estás con gente que tiene pocos límites o que carece de ellos?

4. En el pasado, ¿qué has estado dispuesto a perder en aras de una relación en particular? ¿Qué estás dispuesto a perder ahora? ¿Qué es lo que no estás dispuesto a perder?

CAPÍTULO 16

Intimidad

> "¿Quieres que haya intimidad en esta re-
> lación, o no?", dijo finalmente ella en for-
> ma abrupta. "Claro", él le respondió.
> "¿Qué es eso?"
>
> ANÓNIMO

Durante mis viajes por todo el país dando conferencias a
grupos de personas que están en recuperación, he hecho
algunas encuestas informales. He preguntado cuánta gente
está llevando a cabo perfectamente su recuperación. He preguntado cuántas tienen una relación perfecta. He hecho también otra pregunta:

"¿Cuántos de ustedes tuvieron en sus familias el ejemplo o
modelo de intimidad y cercanía?"

251

De un público de entre 200 y 900 personas, rara vez levantan la mano más de dos o tres personas para contestar "sí" a esa pregunta. (Nadie responde que sí a la primera de ellas; alrededor de dos personas entre 1 500 contestan afirmativamente a la segunda, aunque no he entrevistado a sus cónyuges.)

Unos cuantos entre nosotros hemos sido lo suficientemente afortunados y hemos visto qué es la intimidad. La mayoría hemos vivido dentro de familias donde la intimidad y la cercanía no existían. Conductas tales como ser controlador, cuidar obsesivamente de los demás, la deshonestidad y a veces los problemas más dolorosos del abuso pueden haber hecho imposible la intimidad y la cercanía. Las reglas —no confíes, no te acerques a los demás, no hables acerca de tus sentimientos, no seas vulnerable— pueden haber hecho muy improbable que se dieran la intimidad y la cercanía, pero pocos sabemos lo que son o cómo se sienten esos conceptos.

Mi amigo Chad anunció su compromiso matrimonial a un grupo de amigos. Más tarde, esa misma noche le preguntó a Verónica, una de sus amigas, si ella y su novio tenían intenciones de casarse.

"No", dijo Verónica. "No tenemos planes."

Chad la miró. "Tu novio sería un tonto si no se casara contigo", le dijo.

"Lo que tú no entiendes", dijo Verónica, "es que si no fuera un tonto, no tendría yo una relación con él. Tengo una limitada capacidad para intimar, y cualquiera que desee una relación cálida y amorosa no tiene nada qué hacer conmigo."

El comentario de Verónica expresa un problema que es común a muchos de nosotros. La mayoría queremos tener intimidad y cercanía, pero pocos sabemos lo que son en verdad o cómo se sienten esos conceptos. Y a muy pocos nos enseñaron cómo tener esas dos cosas. A la mayoría de nosotros nos enseñaron cómo no tener intimidad ni cercanía.

Yo solía pensar que la palabra *intimidad* era parte de la jerga que se utilizaba en los círculos terapéuticos. No entendía la intimidad porque nunca la había experimentado. ¿Cómo se daba? ¿Cómo era y qué se sentía?

Me preguntaba si la intimidad tendría algo que ver con el sexo. Luego decidí que significaba quedarse toda la noche despiertos compartiendo sentimientos: su sentimiento de culpa y mi ira. Una vez, estando con un grupo de gente, sentí un vínculo poderoso y universal con éste. Sucedió mientras una persona estaba hablando y yo estaba escuchando. Me asustó porque me sentí fuera de control. Me pregunté si eso sería la intimidad. Traté de averiguar si la intimidad era la misma cosa que John Powell había llamado "comunicación cumbre" en su libro *Why Am I Afraid to Tell You Who I Am?*[1] [¿Por qué temo decirte quién soy yo?]

La intimidad y la cercanía me parecían misteriosas y esquivas. Y sin embargo, anhelaba ambas.

Recuerdo una vez que iba en el coche con una amiga. Íbamos de camino a una venta de garage. Me di cuenta de que nunca había bajado suficientemente la guardia con ella, ni con nadie más, para experimentar cercanía.

Recuerdo estar acostada en mi cama en la noche junto a mi ex esposo, anhelando tener con él una conexión emocional y espiritual, sin tener ni la más nebulosa noción de cómo lograrlo.

En los años que han transcurrido desde que empecé a recuperarme de la codependencia y de temas concernientes

[1] John Powell, *Why Am I Afraid to Tell You Who I Am?*, Allen, Tex., Argus Communications, 1969.

al síndrome del niño adulto, he tenido más momentos de intimidad y cercanía que los que tuve en toda mi vida antes de que comenzara mi recuperación. He culpado a los demás, me he quejado por no tener cercanía con nadie y me he preguntado si alguna vez la tendría. Pero cuando seriamente me propuse tener relaciones donde hubiera intimidad y cercanía, y combiné ese propósito con la recuperación, empecé a tener relaciones con intimidad.

Alguien tiene todavía que decirme todo lo que he querido saber acerca de la intimidad pero esto es lo que he aprendido.

Para lograr intimidad

La cercanía se da cuando nuestros límites se suavizan y tocan las fronteras de otro. La cercanía nos da una bella sensación. Es una experiencia cómoda, relajada. Podemos tener muchas horas y días de cercanía, si nos permitimos a nosotros mismos hacerlo y tenemos alguien con quién hacerlo. La cercanía es algo sobre lo que tenemos control. Creo que tiene mucho que ver con las actitudes —de preocupación por los demás, de honestidad, de ser abiertos, estar dispuestos, de seguridad y de disponibilidad. La cercanía se puede fomentar, desarrollar y mantener. También podemos fundir nuestra energía y suavizar nuestros límites con objetos inanimados: un anillo de brillantes, nuestro trabajo, una mascota.[2] A veces, esto está bien. La clave está en elegir. *La intimidad es la gran conexión de energía.* Es trascendental. Se rompen nuestras fronteras y nuestras barreras y nos fundimos *temporalmente*

---

[2] M. Scott Peck, *The Road Less Traveled*, Nueva York, Simon & Schuster, 1978, p. 117.

y por lo general en forma momentánea con otro. La intimidad puede ser emocional, mental, sexual, espiritual, o una estimulante y misteriosa combinación de ellas. Aunque a la intimidad no se le puede examinar, pesar ni comparar, las experiencias más profundas son conexiones de energía multidimensionales. La intimidad es una conexión tan poderosa, que no puede darse en forma sostenida. Es un regalo, un queridísimo huésped que llega y parte inesperadamente y cuando le viene en gana. En el momento en que nos percatamos de que ahí está, desaparece.[3]

La cercanía y la intimidad son como la felicidad. Son difíciles de describir. O las tenemos o no las tenemos. Sabemos cuándo las tenemos y cuándo carecemos de ellas. La cercanía y la intimidad ocurren cuando y donde menos las esperamos. No se les puede fabricar, forzar ni comprar. Vienen como subproductos al vivir de cierta manera. A esa "manera" se le llama recuperación —y es cuidar de nosotros mismos y amarnos. La recuperación nos pone al alcance de estas actividades. Incrementa nuestra capacidad para experimentar intimidad y cercanía.

"La intimidad comienza cuando la programación individual (por lo general instintiva) se vuelve más intensa, y tanto los patrones sociales como otras restricciones y motivos ulteriores comienzan a ceder", escribe Eric Berne en *Games People Play*[4] [Los juegos que juega la gente].

Podemos tener momentos de cercanía o de intimidad, y podemos tener relaciones en las cuales hay cercanía e intimidad; relaciones que tienen un tono general de intimidad.

La cercanía y la intimidad se pueden ver al mirar a dos

---

[3] Esta observación proviene de Scott Egleston.
[4] Dr. Eric Berne, *Games People Play*, Nueva York Ballantine Books, 1964, p. 18.

personas sentadas, hablando, tomando café; a tres personas
que conversan de sobremesa; a dos personas que están co-
cinando la cena juntas o que están pintando la habitación; a
dos personas pescando; a una persona rezando; a una pareja
bailando; o a dos personas en silencio tomadas de la mano
mientras van en el coche o miran el ocaso. Estas actividades
no son necesariamente actos de intimidad y cercanía, pero
pueden serlo. Lo mismo con el sexo.

Para que exista cercanía, ambas personas deben querer
que así sea. Necesitamos estar presentes y disponibles para
que haya cercanía. Tenemos que desearla y estar dispuestos
a tenerla. Tenemos que deshacernos de los fingimientos y el
miedo, y despojarnos de los juegos y de las artimañas protectoras. La intimidad y la cercanía pueden implicar hacer
algo juntos o simplemente estar juntos, pero el "estar" es de
suma importancia. También lo es el "querer estar juntos".
Tenemos que pasar tiempo juntos para lograr tenerlas.

Luego, bajamos un rato la guardia. Suavizamos nuestras
fronteras, la línea divisoria que nos distingue y nos separa de
la otra persona. Y nos sometemos —lo cual no es en sí mismo
una tarea menor— a la relación, el uno al otro, y al momento.
Nos volvemos vulnerables.[5]

Para hacer esta proeza de dejarnos fluir en nuestras relaciones, necesitamos tener límites sanos. Necesitamos sentirnos suficientemente seguros, fuertes y apoyados para ser
capaces de someternos. Necesitamos saber que podemos bajar la guardia. Nuestros límites necesitan ser sanos y firmes

[5] Earnie Larsen es la primera persona que he oído discutir el concepto del sometimiento en las relaciones. Lo escuché en sus series grabadas *Hijos adultos de alcohólicos.*

antes de que podamos elegir en dónde y con quién los vamos a suavizar.[6]

Para fundirnos momentáneamente con otra persona en la experiencia que llamamos intimidad, debemos ser capaces de poder separarnos de nuevo. De otro modo no es intimidad y cercanía —es fusión y dependencia—. Necesitamos tener un sentido sano de uno mismo para que podamos contar con que cuidaremos de nosotros mismos. La otra persona necesita saber que abandonaremos su territorio cuando sea apropiado hacerlo. Ambas personas necesitan la confirmación de que cuando fundamos nuestros territorios, no sucederá ninguna invasión, vergüenza, humillación, violación ni una estancia excesiva.

Pues para que esa deliciosa, exuberante y amorosa criatura que hay dentro de cada uno de nosotros salga y juegue y muestre su bello rostro en momentos de intimidad y de cercanía, en primer lugar, hay que encontrar a esa criatura. En segundo lugar, ella debe saber que si sale a jugar, será protegida, valorada, querida y cuidada. Que la criatura que está en nuestro interior deba sentirse así no es optativo: es esencial y un prerrequisito para que se dé la intimidad.

Barreras para la intimidad

Para tener intimidad o cercanía, necesitamos dejar ir, momentáneamente, nuestra necesidad de controlar. El controlar y el cuidar obsesivamente de los demás impiden la intimidad y la cercanía. Son sustitutos de la cercanía y barreras en contra de ella. No podemos acercarnos a alguien si estamos tratando

[6] M. Scott Peck discute este concepto en *The Road Less Traveled*.

de controlarlo o de cuidar de él o de ella. Controlar y cuidar son maneras de aproximarse a la gente. No son tan satisfactorias como la cercanía y la intimidad, pero para algunos de nosotros, son las únicas formas que aprendimos de conectarnos con los demás.

Otras conductas pueden convertirse en sustitutos de la intimidad: el chisme, culpar al prójimo, castigar a los demás, estar picando pleito, juzgar a los otros y la autocompasión. Estas son artimañas protectoras, pero no son intimidad ni cercanía.

Estar obsesionados con el pasado, el futuro o el presente impedirán la cercanía porque estar obsesionados nos impide estar presentes.

Los asuntos inconclusos, la ira no resuelta, los bloqueos hacia nuestro pasado y por tanto lo que nos bloquea para llegar a nosotros mismos, impiden la intimidad. Si no hemos perseverado realmente en nuestro trabajo de tipo histórico, si nuestros antiguos mensajes nos están manejando, seremos incapaces de lograr intimidad y cercanía. Si no hemos acabado nuestro proceso de duelo y aceptado al fin nuestras circunstancias actuales y a la gente que está dentro de esas circunstancias presentes, seremos incapaces de estar lo suficientemente presentes para lograr intimidad y cercanía. La ira y los resentimientos no resueltos, ya sea para con la persona con quien nos encontramos o para con la gente de otras épocas de nuestra vida que esa persona represente, pueden bloquear la intimidad y la cercanía.

"La mayor parte de mi vida he sido victimada por los hombres", dice Jane.

Varios años después de haber iniciado mi recuperación, cuando traté de establecer una relación sana, me percaté de qué tan enojada estaba con los hombres. Nunca había lidiado con la cantidad de rabia que tenía hacia los hombres que me habían maltratado. Racionalicé mi ira. La negué. Pero ahí estaba. ¡Por supuesto que estaba! Pero no la había reconocido ni la había aceptado. En vez de ello, había empleado mi ira para castigar al hombre que en ese momento tenía y para probar que todos los hombres eran perversos. Una de las maneras en que castigaba a los hombres era no permitiéndoles tener cercanía conmigo.

Otro obstáculo que prohíbe la intimidad y la cercanía es esperar que la intimidad y la cercanía se den con personas que son incapaces de tener ninguna de las dos. Esto nos lleva de vuelta al factor de disponibilidad o de no disponibilidad en las relaciones. Las adicciones activas, los asuntos históricos o actuales serios no resueltos, el abuso y las mentiras prohíben absolutamente la intimidad y la cercanía. La intimidad no se dará con personas que tienen estos problemas o que tienen relaciones con este tipo de asuntos. Podremos esperar hasta que el cielo se ponga púrpura, pero no seremos capaces de tener cercanía o intimidad con alguien que sea un adicto activo, con alguien que creamos que nos está mintiendo, o con alguien que tememos nos pueda herir verbal, física o emocionalmente.

Alguien que sea abusivo, mentiroso, o que lleve a la práctica su adicción no es capaz en ese momento de la honestidad y el ceder, de la aceptación, la autorresponsabilidad, la apertura y el desenmascaramiento necesarios para que se den la intimidad y la cercanía. Estas personas no están presentes en sí mismas y no estarán presentes para tener una relación. Y, sabremos, muy en nuestro interior, que no es seguro para nosotros que nos sometamos y seamos vulnerables. Nuestro territorio está en riesgo, en un alto riesgo de ser invadido y atacado.

La vergüenza puede impedir la intimidad. Si no está bien que seamos quienes somos, no nos mostraremos ni nos desenmascararemos frente a otro. La intimidad y la cercanía requieren de la autoaceptación. Necesitamos tener intimidad para con nosotros mismos antes de que podamos intimar con otro.

La diferencia entre la intimidad y los "juegos" que jugamos como sustituto de la misma pueden describirse de la siguiente manera. Es un "juego" cuando te castigo porque estoy enojado contigo. Es intimidad cuando te digo que estoy sentido, enojado y que deseo castigarte. Pero es intimidad sólo si mi tono de voz es suave y si asumo la responsabilidad por mis sentimientos y mis conductas. Es intimidad si estoy dispuesto a ser vulnerable, y si confío en que a ti te importa cómo me siento.

La verdadera intimidad

En *Leaving the Enchanted Forest: The Path from Relationship Addiction to Intimacy* [Para marcharse del bosque encantado: el sendero de la adicción a la intimidad en las relaciones] las autoras Stephanie Convington y Liana Beckett nos proporcionan tres factores más que son esenciales para la intimidad en las relaciones:[7]

- *La relación debe ser mutua.* Eso significa que las dos personas son libres tanto de quedarse como de irse, y que ambas están en ese momento en la relación porque

---

[7] Stephanie Covington y Liana Beckett, *Leaving the Enchanted Forest: The Path from Relationship Addiction to Intimacy*, San Francisco, Harper & Row, 1988, pp. 24, 26.

así lo quieren, no porque *necesiten* estarlo o porque *tengan* que estarlo.

- *Debe existir una empatía recíproca.* Esto significa que ambas personas están dispuestas a tratar de entender los sentimientos de la otra y a preocuparse por ellos. De nuevo, para estar dispuestos a entrar en el mundo emocional del otro con una actitud solícita, debemos sentirnos seguros para hacerlo.

- *Debe existir un equilibrio de poder.* Esto significa que debe haber una igualdad de poder entre la gente para poder lograr la intimidad. Esta igualdad nunca es un equilibrio perfecto, pero los platos de la balanza no deben estar demasiado inclinados hacia ninguno de los dos lados.

Otra parte importante de la intimidad y la cercanía es la capacidad para distanciarnos, para regresar a nosotros mismos y a nuestras vidas después de haber tenido cercanía. La intimidad y la cercanía son estados alterados de conciencia y de energía. Son estados alterados de los límites, donde éstos se suavizan. Luego de que hemos tenido intimidad o cercanía, necesitamos restaurar nuestros límites y nuestra energía a condiciones normales, sanas, intactas. Necesitamos cerrar los boquetes en nuestras fronteras y restaurarnos a un estado de integridad y de individualidad. La gente no puede mantener estados permanentes de intimidad y de cercanía. Eso no es deseable y probablemente nos impediría hacer cualquier otra cosa. Necesitamos recuperar nuestro equilibrio y nuestro yo.

La necesidad de distanciarnos después de periodos de cercanía es instintiva y sana.[8] Las mejores maneras de lograr el

---

[8] Bedford Combs es la persona que me dijo esto.

distanciamiento no son instintivas. Muchos de nosotros lo sabemos todo sobre las conductas de distanciamiento. Son las mismas conductas que hemos usado como sustitutos de la intimidad; son las mismas conductas que bloquean la intimidad y la previenen. Para distanciarnos podemos recurrir a picar pleito, a buscar culpa en el otro, a aislarnos, o a cualquiera otra conducta que afecta la intimidad.[9] Si aleja a alguien, nos protege, construye una barricada, o de alguna otra manera crea distancia, es una conducta de distanciamiento. Para aquellos de nosotros que tenemos una capacidad limitada para la intimidad, algo de cercanía o de intimidad nos puede empujar a emplear conductas distanciadoras.

Una opción a estas conductas es aprender a aceptar nuestra necesidad de distanciamiento después de la cercanía, y elegir cómo nos gustaría hacerlo. A menudo, un simple cierre de nuestra energía y el retorno a nuestra vida y actividades normales es suficiente.

Entre más comprensivos seamos para con nosotros mismos, más fácil nos resultará manejar tanto la fusión como el resurgimiento que son parte de la intimidad y de la cercanía. Las relaciones que tienen una calidad de intimidad y cercanía requieren de un yo fuerte y cultivado por parte de ambas personas involucradas.

También son necesarios el respeto mutuo y la autoconciencia. Necesitamos ser capaces de decir lo que nos lastima, lo que nos hace sentir bien y lo que necesitamos. Lo mismo en cuanto a la otra persona.

Merecemos tener relaciones de intimidad y cercanía. Nues-

---

[9] Algo de esto viene de Earnie Larsen. Otra parte proviene de observar a la gente y hablar con ella. La mayor parte proviene de mi extensa experiencia personal en conductas de distanciamiento.

tra capacidad para la intimidad y la cercanía se incrementará a medida que avancemos en nuestra recuperación. Necesitamos ir lenta y suavemente a medida que vamos aprendiendo el arte del sometimiento condicional: someternos por un tiempo, someternos con ciertos límites, someternos con personas seguras y someternos con el convencimiento de que retornaremos como una persona íntegra. Una vez que aprendemos a amarnos a nosotros mismos, podemos aprender a amar y ser amados dentro de nuestras relaciones de formas nuevas y emocionantes. A menudo, el reto más grande no es el aprender a amar a los demás. Es aprender a dejar que ellos nos amen.

La intimidad y la cercanía pueden implicar un esfuerzo, pero vale la pena que lo hagamos. Ustedes han aprendido a aceptar la impotencia. Han encontrado un Poder Superior. Están aprendiendo acerca de su propio poder. Ahora pueden aprender a compartir el poder.[10]

Actividad

1. ¿Cómo te parecería adecuado tener intimidad y cercanía en tu vida y en tus relaciones?
2. ¿Cuáles son tus patrones de distanciamiento? ¿Molestar al otro, encontrar culpa en él, terminar con la relación, sentir ira, empezar a controlarlo, imbuirte en el trabajo? ¿De qué otras maneras, más positivas, podrías restablecer tus límites después de periodos de intimidad?

---

[10] El concepto de compartir el poder surgió durante algunas conversaciones con Scott Egleston.

CAPÍTULO 17

Negociando los conflictos

> "¿Quiere usted un alegato o una explicación?", le preguntó el dependiente a la iracunda clienta. La clienta lo pensó un momento. "Supongo que quiero un alegato", le dijo.
>
> Miembro anónimo de Al-Anón

"Mami, ¡por favor ya no pelees más con papá! Mi amiga Elizabeth me dijo que cuando una mamá y un papá se pelean, luego se divorcian."

Las palabras de mi hija me llegaron al corazón. Era triste que ella y Elizabeth pensaran que un conflicto significaba que alguien se fuera. No obstante, tenían razón en creer esto. La madre y el padre de Elizabeth tenían disputas, y posteriormente se divorciaron. Mi esposo y yo teníamos disgustos, y luego nos divorciamos. Mi madre y mi padre peleaban, y luego se divorciaron. Era triste que *yo* creyera que los conflictos hacían que las relaciones terminaran.

Muchos de nosotros tenemos dificultad en manejar el conflicto y en lidiar con problemas. A esto contribuyen muchas razones. Podemos haber vivido en una familia que tuviera como regla "no hay problema". Si no estaba bien tener problemas, identificarlos ni hablar de ellos, todavía podemos sentirnos avergonzados y ansiosos por tenerlos. Podemos sentirnos impreparados para resolverlos. Si vivimos bajo las reglas "sé perfecto" y "sé correcto", podemos estar tan empeñados en ser perfectos y correctos que somos ineficaces.[1] La dificultad en lidiar con los sentimientos, especialmente con la ira, puede limitar nuestra habilidad para la negociación. Así, el asunto puede desviarse de: "¿Cómo puedo hacer para resolver este problema?" a "¿Qué puedo hacer para castigarte por hacerme enojar?"

Por otro lado, si hemos vivido con muchos traumas y mucha ira, la aparición del conflicto puede disparar nuestras reacciones codependientes. La amenaza de conflicto puede lanzarnos a una espiral de control de los demás, de cuidar de ellos, de ansiedad y de negación.[2]

---

[1] Nuevamente doy crédito a Robert Subby y John Friel (de *Codependency: An Emerging Issue*) por las "reglas", aunque otros profesionistas expertos en el campo de la recuperación las han discutido también.

[2] Timmen L. Cermak discute esto en *Diagnosing and Treating Co-Dependence* [Diagnóstico y tratamiento de la codependencia], Minneapolis, Johnson Institute, 1986.

Creciendo con mensajes pobres

"Mi madre dijo que mi papá trató de matarla con un cuchillo de carnicero", recuerda una mujer. "Dijo que yo me escondí atrás de un sillón, mirando y gritando de terror. No recuerdo eso, pero aún recuerdo el miedo. Lo siento cada vez que la gente se enoja o levanta la voz."

Sean cuales fueren nuestras circunstancias, muchos crecimos con modelos de rol y mensajes pobres en lo concerniente a la solución de problemas y a la resolución de conflictos. Podemos haber decidido que podríamos resolver las diferencias ignorando, negando, evitando, cediendo, dándonos por vencidos, forzando, obligando, arbitrando o alejándonos. Estas aproximaciones no solucionan los problemas ni resuelven las diferencias. Crean más conflicto al enseñarnos a nosotros y a los demás a ignorar, a negar, a ceder, a darnos por vencidos, a forzar, a obligar, a arbitrar o a alejarnos.

Para complicar las cosas, muchos de nosotros hemos pasado mucho tiempo tratando de resolver problemas que no podríamos resolver aunque viviéramos 500 años, porque no nos correspondía a nosotros solucionar esos problemas. Pudimos haber pasado años tratando de negociar con gente que no jugaba limpio.[3] Con enfermedades tales como el alcoholismo no se negocia. Ellas ganan; hasta que empieza la recuperación.

Algunos nos imbuimos y nos abrumamos a tal grado con los problemas y el dolor que nos convertimos en mártires. Aprendimos a darle todo el poder y la energía al problema, en vez de la solución.

---

[3] Leí acerca de este concepto —de negociar con gente que no juega limpio— hace dos años en el artículo de una revista mientras me encontraba en el consultorio de un médico. De ahí saqué la frase, pero no recuerdo ni el autor ni el artículo.

Una falta de fe —en nosotros mismos, en el proceso de la vida, en nuestro Poder Superior y en nuestra capacidad para la resolución de problemas— puede obstaculizar nuestra habilidad para lidiar con dificultades y diferencias. Podemos no creer en la resolución de los conflictos. Algunos de nosotros no creemos en el conflicto.

Desperdicio de la energía personal

Yo acostumbraba adoptar una actitud ingenua con respecto de los problemas, las diferencias y las dificultades. No pensaba que existieran. Estaba desconcertada cuando se me vino un problema tras otro. ¿Por qué Dios me hacía esto? ¿Qué estaba yo haciendo mal? ¿Por qué la gente me estaba haciendo esto? Gastaba más tiempo y energía reaccionando a la presencia de problemas que a solucionarlos.

Un día, mientras me lamentaba por un problema en particular, alguien me tiró el clásico cliché: *Nadie dijo nunca que iba a ser fácil.* ¡Correcto! Nadie dijo nunca que sería fácil. Pero tampoco nadie me dijo que iba a ser tan endiabladamente difícil.

Me llevó años aprender tres conceptos:
- Que puedo tener problemas.
- Que puedo solucionarlos de maneras que me beneficien a mí y que beneficien mis relaciones.
- Que puedo dejar ir los problemas que no puedo resolver porque ahí está mi Poder Superior para ayudarme.

Me llevó más años aprender cuáles son mis reacciones instintivas a los problemas: negación, pánico, evasión, conductas controladoras, fatalismo y autolástima. Estas reacciones a menudo empeoraban las cosas. Desde entonces he adoptado variaciones a la Ley de Murphy:

- Las cosas que funcionan, se descomponen.
- Algunas de las cosas que pueden salir mal, así salen.
- Y frecuentemente, las cosas resultan más difíciles de lo que creíamos.

M. Scott Peck lo resumió en tres palabras en la línea donde comienza su libro *El camino menos transitado:* la vida es difícil.

Una vez que vemos esta gran verdad, la trascendemos, dice Peck. Entre más pronto aceptemos que la vida es difícil, más fácil se vuelve.[4]

He aceptado también otra premisa. A. P. Herbert la resumió cuando dijo: "el concepto de dos personas viviendo juntas durante 25 años sin haber tenido nunca una seria disputa sugiere una falta de carácter que solamente admiramos en los borregos".[5]

Para solucionar problemas

Los problemas son un hecho en la vida y los conflictos en las relaciones también lo son. Pero la *solución* de problemas es también un hecho de la vida. Aprender a solucionar problemas y a negociar las diferencias nos empujará hacia adelante en el sendero de nuestra recuperación.[6] El resto de este capítulo se concentra en ideas para la resolución de problemas

[4] M. Scott Peck, *The Road Less Traveled*, Nueva York, Simon & Schuster, Inc., 1978, p. 15.

[5] A. P. Herbert, citado por Gene Brown en *News Times* (Danbury, Conn.), de "Citas citables" del *Selecciones del Reader's Digest*, mayo de 1988, p. 137.

[6] Este es el tema del libro de M. Scott Peck, *The Road Less Traveled*.

y la negociación de conflictos. Discutiremos las siguientes sugerencias:

- Identifica el problema y acéptalo.
- Busca las soluciones que más convengan a la relación.
- Estemos abiertos a varias soluciones.
- Aprende a combinar la emoción con la razón.
- No tomes los problemas y las diferencias de un modo personal.
- No niegues una reacción del adversario, pero tampoco la des por sentada.
- Aprende a combinar el desapego con pasos de acción adecuados.
- Practica deliberadamente la paciencia, dentro de cierto límite.
- Sé claro acerca de lo que quieres y necesitas.
- Considera importante lo que necesitan y desean tú y los demás.
- Separa los asuntos de las personas.
- Comunícate.
- Unos límites sanos son de crucial importancia para negociar conflictos.
- Ceder en forma consistente en lo que tú quieres y necesitas no es negociar un conflicto.
- Evita los juegos de poder.
- Aprende a reconocer cuando estás negociando contigo mismo.
- Abstente de la ingenuidad y del cinismo.
- Guarda los ultimátum para asuntos absolutamente no negociables o para las últimas etapas de la negociación.
- No pierdas el tiempo negociando lo que no es negociable.

- Deja que cada persona conserve su respeto y dignidad.
- Asume total responsabilidad por tu conducta.
- Busca el regalo obtenido o la lección aprendida.

Identifica el problema y acéptalo

- Reduce el problema a su forma más simple.

Luego, empieza a darle poder y a afirmar la solución. Una manera de hacer esto es enfrentar el problema y la solución a partir de una lista de metas cuyo encabezado sea "problemas por resolver". Sé específico acerca del problema. Ten bien definida cuál es tu responsabilidad y cuál no lo es. Si no sabes qué es lo que está mal, no podrás resolverlo. Si no aceptas el problema, no tendrás el estado de ánimo que necesitas para solucionarlo.

A veces en mi trabajo, sé que hay un problema en ciertas partes de lo que he escrito. Si me angustio demasiado e intento arreglar esa parte sin haber identificado claramente el problema (ya sea en su estructura, tono o contenido), pierdo el tiempo en círculos viciosos y finalmente llego exactamente al punto donde había comenzado: al identificar el problema puedo también identificar la solución. He empleado en mis relaciones este mismo método de apresuramiento, y no me ha funcionado mejor.

Busca las soluciones que más convengan a la relación

- Esto significa que valoramos la relación, y la solución que buscamos reflejará eso mismo.

Sí, estamos aprendiendo a cuidar de nosotros mismos y a actuar de acuerdo con lo que mejor nos conviene. Pero en un momento dado, para conservar las relaciones —y hay algunas que vale la pena preservar— podemos aprender a actuar de la forma que más convenga a la relación. Eso no significa que nos anulemos a nosotros mismos ni a nuestras necesidades, ni que actuemos de maneras que no sean las que más nos convienen.

Estemos abiertos a varias soluciones

- Una buena negociación de conflictos implica eliminar la manera tradicional de pensar en blanco y negro; significa sugerir varias ideas. Algunas veces se pasan por alto soluciones que son obvias.

Grant y Sharon trabajaban tiempo completo los dos. Tenían dos hijos y vivían en una casa grande. A Grant le gustaba que la casa estuviera inmaculada. La manera de pensar de Sharon acerca de los quehaceres domésticos era menos puntillosa. Esto se volvió una fuente continua de irritación entre ellos. Sharon pensaba que si Grant quería que la casa estuviera más limpia, él debía colaborar para ello. Grant pensaba que él ya hacía más de lo que le correspondía. Las discusiones adoptaron un tono nada constructivo. Después, decidieron dejar de discutir y resolver el problema. Grant quería una casa limpia. Sharon quería descansar cuando tenía algún tiempo libre. Ambos cedieron en algo y contrataron una sirvienta.

Aprende a combinar la emoción con la razón

- Una actitud puramente emocional o exclusivamente racional para resolver problemas y negociar diferencias reducirá nuestra efectividad.

Si no tomamos en cuenta nuestros sentimientos o los de las otras personas —y no los consideramos importantes— nos meteremos en problemas. A menudo los sentimientos motivan la conducta. Si ignoramos las emociones y recurrimos solamente a la razón mientras la otra persona está experimentando ira, dolor, decepción o miedo agudos, nuestros esfuerzos pueden ser fútiles, autoderrotistas y malentendidos.

Si lidiamos sólo con base en las emociones, también seremos ineficientes. A los sentimientos debemos escucharlos y hacerlos oír. Pero no les permitamos que nos controlen o que dicten nuestra manera de pensar.

Se lidia mejor con emociones fuertes como la ira, el sufrimiento y el miedo apartándolos de las sesiones de resolución de problemas. La ira nos ayuda a identificar problemas, pero generalmente no nos ayuda a solucionarlos.[7] Aprendamos a pedir un receso hasta que se hayan calmado las emociones fuertes.

Yo tenía un problema que me estaba volviendo loco —señala Jeff—. Compré un coche nuevo y el cofre se abría cada vez que lo manejaba. Lo llevé a arreglar cinco veces. Cada vez, el cofre se abría otra vez antes de que llegara a casa. ¡Estaba furioso! Un

[7] Scott Egleston.

día que me dirigía a mi casa viniendo del taller luego de que el problema supuestamente estaba arreglado, el cofre se abrió de nuevo. ¡Estaba iracundo! Cuando salí del coche, azoté el cofre con las llaves en la mano y le puse una gubia de cinco pulgadas. Ahí fue cuando me di cuenta de que era hora de que lidiara con mi ira además de resolver el problema. Mi rabia se justificaba, pero no estaba con ella resolviendo el problema; estaba creando más problemas.

No tomes los problemas y las diferencias de un modo personal

- Esta manera de resolver problemas provoca un gran desperdicio de tiempo y de energía.

Resulta tentador tomar los problemas de manera personal. También nos da una perspectiva inadecuada de las probables soluciones.

No niegues una reacción del adversario, pero tampoco la des por sentada

- Acercarse a las relaciones y a las negociaciones de conflictos con una actitud de "ganar o perder", o de "aplastar al enemigo" crea una atmósfera hostil. Empieza por pedir lo que tú quieres en vez de exigirlo.

A veces podemos crear una situación negativa que no existe más que en nuestra mente. Por otro lado, necesitamos desechar la tendencia a conservar la paz a cualquier precio; en otras palabras, no eches por la borda tu integridad para hacer felices a los demás.

Aprende a combinar el desapego con pasos de acción adecuados

- No recurras únicamente al desapego —a despojarte de los problemas y dejar a Dios actuar— como una herramienta para resolver problemas. No recurras tampoco a hacerlo tú solo.

Un desapego exagerado puede ser negación y evasión. Tomar demasiados pasos de acción pueden constituir una conducta controladora. Busca el equilibrio.

Practica deliberadamente la paciencia, dentro de cierto límite

- En ocasiones, la espera ayuda a superar retos que parecían imposibles, a pesar de nuestros más ambiciosos esfuerzos.

Al igual que nos pasa a nosotros, la gente que nos rodea a veces también necesita tiempo para averiguar qué es lo que en realidad quiere y necesita, y cómo resolver sus sentimientos. No queremos actuar precipitadamente, pero tampoco queremos esperar demasiado tiempo. Eso invita a la abnegación. Selecciona un límite de tiempo apropiado para cada etapa de la negociación.

"Impulsivamente me comprometí a comprar un producto por un precio bastante más caro de lo que en realidad valía", dice Mary.

El contrato quizá rayaba en la falta de ética. Quise retractarme antes de que se secara la tinta con la que había firmado. Mientras estaba yo ahí sentada arrepintiéndome de mi decisión, el vendedor brincaba de gusto. Se había ganado una estupenda comisión. Cuando le dije que cancelaba el trato se puso furioso.

Nos enfrascamos en una confrontación que no nos llevaba a ninguna parte. Ahí es cuando decidí echarme para atrás. Me retiré de la negociación, le devolví el producto para que supiera que no tenía intención de comprarlo y me fui. Le dije que me pondría en contacto con él dos días después para que me devolviera mi dinero. Eso nos dio tiempo para calmarnos. Dos días más tarde, lo llamé y les di un ultimátum a él y al gerente de ventas: o me devolvían mi dinero, o buscaría una acción legal. También les di 24 horas para que tomaran una decisión. Al día siguiente me devolvieron mi dinero. Logré más esperándome tres días que lo que hubiera conseguido lamentándome una semana entera.

A veces la gente necesita tiempo para pensar bien las cosas, guardar la compostura, resolver sentimientos o discernir una solución adecuada.

Sé claro acerca de lo que quieres y necesitas

- El núcleo de la mayor parte de los conflictos es un choque de necesidades diferentes.[8]

Es fácil dejar que existan los conflictos. Olvidamos de qué estábamos hablando; nos olvidamos de resolver el problema. Empezamos a discutir tan sólo por discutir. En ocasiones, las discusiones despejan el ambiente. Pero los pleitos no son una manera de negociar conflictos, son tan sólo discusiones.

A veces ni siquiera estamos discutiendo acerca del verdadero problema. Por muchas razones —vergüenza, miedo, falta

[8] Scott Egleston.

de confianza o de percepción— el motivo real se nubla, se disfraza o se pierde. Hay ciertos temas que se pueden convertir en tabúes dentro de las relaciones. Podemos no sentirnos suficientemente seguros para exponer el problema y para manifestar cómo nos hace sentir. Puede tratarse de un problema que esté "fuera de límites", que sea demasiado fuerte para que lo podamos discutir. Podemos sentirnos avergonzados de tener ciertos problemas o sentimientos, de manera que concentramos nuestro enojo y nuestra atención en un problema que nos resulta menos temible —en un chivo expiatorio, como le llaman algunos—. O podemos no estar seguros acerca del verdadero problema. El problema puede ser intangible, tal como "siento que en esta relación tú tienes más poder del que yo tengo".[9] Esto nos ayuda a preguntarnos a nosotros mismos y el uno al otro si estamos discutiendo acerca de lo que queremos discutir. Hasta que comprendamos las metas de la negociación no estaremos listos para negociar. Entre más tangibles y específicos podamos ser acerca de lo que queremos de una negociación en particular, mayor será nuestra oportunidad de lograrlo.

Considera importante lo que necesitan y desean tú y los demás

• Este es un concepto básico de la recuperación.

Cuando estamos a punto de perder el quicio al calor del momento, podemos detenernos y hacernos estas preguntas:

• ¿Por qué está actuando así la otra persona?

[9] Harriet Goldhor Lerner, *The Dance of Anger* [La danza de la ira], Nueva York, Harper & Row, 1985, pp. 37-40.

- ¿Por qué estoy actuando yo así? ¿Qué es lo que necesito?
- ¿Existe alguna manera de que podamos resolver el problema y satisfacer las necesidades de ambos?
- ¿Hay alguna necesidad fundamental en común?

Entre más carga emocional tenga la situación, mayor será la necesidad de que permanezcamos centrados en nuestras metas. Quizá querramos escribirlas antes de negociar para no desviarnos de ellas.

Separa los asuntos de las personas

- Acepta a la gente y confronta los problemas.

Hacerlo de otra manera invita a la vergüenza, a la hostilidad, a la actitud defensiva y a la refutación. Estos factores nos disponen a negociaciones no productivas. Nuestra actitud hacia la gente y las relaciones marca la diferencia cuando estamos tratando de resolver diferencias de opinión. Las relaciones no se tienen que destruir, abandonar o suprimir porque surja un conflicto o un problema. Ni las otras personas ni nosotros mismos merecemos que se nos deseche a causa de que se presenten problemas.

Comunícate

- Habla y escucha.

En ocasiones tener una discusión es la única manera de llegar al núcleo del asunto. ¿Cuál es el problema y qué podemos hacer para resolverlo? Podemos no saber tanto como pensábamos acerca de nosotros y de los demás. En estos casos ayuda comprender nuestros propios mensajes, los de nuestra familia de origen así como los de los demás.[10]

Un amigo me contó una historia que ejemplifica este punto: Un día, después de 30 años de matrimonio, la esposa explotó, le dijo a su marido que quería divorciarse, pero estuvo de acuerdo en acudir primero a un consejero matrimonial. Durante su primera sesión de terapia, la esposa habló y habló de lo enojada que se sentía.

"¿Y sabe usted lo que verdaderamente resiento?", dijo ella. "Que cada mañana, cuando él tostaba el pan, siempre me daba la corteza. Detesto la corteza."

Entonces el esposo respondió, "lo hacía porque te amo, ¿sabes? Siempre pensé que la corteza era lo mejor del pan".

Unos límites sanos son de crucial importancia para negociar conflictos

- El ideal es tener límites firmes: ni demasiado permeables ni demasiado rígidos.

Necesitamos saber cuándo no podemos ceder, y cuándo sí podemos hacerlo. Necesitamos saber qué es lo que queremos y necesitamos. Y necesitamos saber cuál es nuestra línea tope. Nuestras necesidades, nuestros deseos y nuestras líneas tope son importantes. ¿Qué es negociable? ¿Qué no lo es?

[10] Esto es de Earnie Larsen.

Ceder en forma consistente en lo que tú quieres y necesitas no es negociar un conflicto

- Necesitamos evitar continuamente la tendencia a cuidar de las otras personas descuidando de nosotros mismos.

Ese viejo patrón de cuidar de los problemas de los demás no resuelve los problemas; nos hace víctimas llenas de enojo y privación. Cuidar de los demás no resuelve los conflictos; los aumenta. Y si hemos aprendido a evitar el conflicto forzando a la otra persona a ceder, no hemos resuelto el problema; lo hemos pospuesto. El costo de la paz a cualquier precio es inevitablemente alto.

Evita los juegos de poder

- Los juegos de poder no funcionan.[11] Los juegos de poder por lo general hacen que el conflicto aumente.

La madre a la hija: "Necesito que cuides a tus hermanos pequeños este fin de semana".

La hija: "Siempre me pides que los cuide. Quería salir este fin de semana".

La madre: "Hace semanas que no salgo. Te vas a quedar en casa este fin de semana y vas a cuidar a tus hermanos".

La hija: "Si sales, no me voy a quedar en casa a cuidarlos. Me iré".

La madre: "Si te vas, te castigaré".

La hija: "Hazlo. Me iré de la casa".

La madre. "Si te vas de la casa, llamaré a la policía".

[11] Aprendí por vez primera acerca de los juegos de poder en *Scripts People Live* [Libretos que la gente vive], de Claude M. Steiner, Nueva York, Grove Press, 1974.

El hecho de que había necesidades en conflicto ocurrió inmediatamente en el curso de esta conversación. Tanto la madre como la hija querían salir el fin de semana. En vez de negociar desde ese punto de vista, emplearon juegos de poder; cada una amenazando por turnos a la otra en forma cada vez más severa. Lo que sigue es la manera en que resolvieron el conflicto:

La madre: "Las dos nos estamos enojando y disgustando. Estamos diciendo cosas que en realidad no vamos a hacer. ¿Por qué no dejamos el asunto por ahora? Hablaremos de ello después y veremos si podemos resolver el problema".

La hija: (*una hora más tarde*) "¿Qué te parece si salgo el viernes por la noche y me quedo a cuidar a mis hermanos el sábado?"

La madre: "Eso me parece justo".

Aprende a reconocer cuando estás negociando contigo mismo

- Una buena regla a seguir es: si le has pedido algo tres veces a alguien y la persona te ha rechazado, te ha mentido, o te ha prometido darte algo que luego no te ha dado, probablemente estás negociando contigo mismo. Recuerda, una vez no es una norma.[12]

Algunas personas no juegan limpio. Su intención no es negociar; intentan sabotear, forzar, manipular o controlar los eventos de alguna otra manera para que puedan seguir con el curso de sus acciones. Cuando estás lidiando con la enfermedad compulsiva de alguien, estás negociando contigo mismo.

[12] Michael Kelberer de *The Phoenix*, me dio este consejo práctico.

Cuando te hallas negociando contigo mismo eso significa que ha llegado la hora de fijar o de hacer respetar un límite, o de dar un ultimátum. No necesitas decidir qué es lo que necesitas hacer para cuidar de ti mismo basándote en la premisa de que la otra persona no va a cambiar su curso de acción.

Abstente de la ingenuidad y del cinismo

- Aprende a confiar en ti mismo y toma buenas decisiones individuales al elegir en quién confiar.

Guarda los ultimátum para asuntos absolutamente no negociables o para las últimas etapas de la negociación

- Muy a menudo, empezamos a negociar dando ultimátum.[13] Esto no es efectivo.

A los ultimátum se les tiene que manejar con cuidado. Necesitamos evitar que éstos se conviertan en juegos de poder. Damos ultimátum como una manera de cuidar de nosotros mismos, no de controlar a la otra persona. Los ultimátum son posiciones de y/o: o tú haces esto, o yo haré aquello. Los ultimátum efectivos requieren de dos ingredientes:

- De un tiempo razonable, justo y adecuado para dárselo a otra persona; y del compromiso de cumplir con nuestra sentencia de "o".

[13] Earnie Larsen.

No pierdas el tiempo negociando lo que no es negociable

- A veces, en el centro de nuestro conflicto hay dos necesidades en conflicto, las cuales no son negociables.

Hemos fijado un límite pasado el cual no estamos dispuestos a negociar; no importa qué suceda, qué nos ofrezca otra persona, qué tanto hablemos o qué tanto comprendamos a la otra persona. Nuestra meta aquí puede no ser el negociar; puede ser terminar con la relación o cambiar las dimensiones de la misma. Algunos conflictos no se pueden negociar con éxito. La gente puede no estar dispuesta a negociar o no ser capaz de lograr una solución que sea mutuamente satisfactoria.

Deja que cada persona conserve su respeto y dignidad

- Aun y cuando la relación se haya terminado, sé amable con tu adversario, incluso —especialmente— cuando tú "ganaste". Evita el uso de tácticas humillantes y despídanse con un apretón de manos al final del juego.[14]

No sabemos cuándo nos encontraremos de nuevo con cierta gente, ni cuáles puedan ser las circunstancias. Podemos luchar por tratar con la gente de tal forma que si alguna vez nos la encontramos, tenga razón para respetarnos por nuestra conducta. Esto no significa que recurramos a tácticas para "dar gusto a la gente". No es necesario que a ciertas personas les caigamos bien nosotros ni el resultado de nuestras negociacio-

---

[14] Christopher Matthews, "Be Kind to Your Adversaries" [Sé amable con tus adversarios], *Selecciones del Reader's Digest*, mayo de 1988, p. 135.

nes. Pero podemos darles razón para que nos respeten por la manera en que las hemos tratado: con justicia y dignidad.

Asume total responsabilidad por tu conducta

- Nuestra conducta no es "condicional" de la conducta de otra persona. Y es preferible que la nuestra no sea una reacción a la conducta de la otra persona.

Si nos hemos estado recuperando de la codependencia aunque sea por corto tiempo, hemos aprendido que no tenemos —y quiero decir que *no tenemos*— control sobre las demás personas y su conducta. Pero sí tenemos algún control sobre nosotros mismos así como sobre nuestra conducta.

Podemos ser responsables de nuestra conducta aunque la otra persona no se esté comportando de manera responsable. Tratamos de no permitir que otros controlen el curso de nuestra conducta. En la recuperación y en la negociación de conflictos, estamos aprendiendo a comportarnos en forma racional y responsable porque ese es el curso de conducta que elegimos, y porque en última instancia hacer eso es lo que más nos conviene.

Busca el regalo obtenido o la lección aprendida[15]

- Algunos problemas se presentan para ser resueltos; otros se dan dentro de un territorio particular; otros

[15] Richard Bach habla acerca del concepto de que los problemas pueden ser regalos en *Illusions, The Adventures of a Reluctant Messiah* [Ilusiones: las aventuras de un mesías renuente], Nueva York, Dell Publishing Co., 1977, p. 71.

nos brindan una lección o un regalo que necesitamos. Seamos abiertos.

Entre no pedir nada y exigirlo todo se encuentra el campo intermedio de la negociación de conflictos. Llegamos a ese campo solamente cuando nos despojamos de nuestra necesidad de ser perfectos y de estar siempre en lo correcto, y prestamos atención a nuestras verdaderas necesidades —incluyendo nuestra necesidad de participar en relaciones que funcionen.

Puede haber épocas en que nos engarcemos en discusiones improductivas. Puede haber épocas en las que cambie el panorama de una relación. Habrá veces en las que lo que tenemos que hacer es dejar una relación. Pero la recuperación es algo más que dejar una relación. A veces significa aprender a permanecer y a lidiar con ella. Pues se trata de construir y de mantener relaciones que funcionen.

Algunos conflictos se pueden resolver de una manera mutuamente satisfactoria. A veces, ambas partes pueden obtener lo que realmente desean, especialmente cuando sabemos qué es eso que deseamos.

Actividad

1. ¿Cómo sueles reaccionar ante un conflicto? ¿Con frecuencia cedes? ¿Generalmente los otros ceden ante ti? ¿Evitas el conflicto a través de la negación o terminando tus relaciones?

2. ¿Alguna vez te has visto involucrado en juegos de poder; tratando de forzar a la otra persona a que se porte como tú quieres? ¿Cómo te ha funcionado eso? ¿Estás involucrado

con alguien que trata de controlarte por medio de juegos de poder?

3. Piensa en una o en dos veces en que hayas negociado con éxito un conflicto. Al decir con éxito quiero decir que ambas partes hayan entablado negociaciones que resuelvan el conflicto de una manera mutuamente aceptable. ¿Cómo te sentiste? ¿Qué actitudes y conductas presentabas tú?

CAPÍTULO 18

Enfrentar el miedo
a comprometerse

...nunca me dejes temer los finales ni los principios. Enséñame a admitir con júbilo todo lo que la vida me dé.

HELEN LESMAN[1]

"A mí no me interesaba Greg, pero me pretendió arduamente", recuerda Mary. "Decliné sus invitaciones durante dos meses, hasta que me aburrió y accedí a salir con él."

La cita resultó sorprendentemente agradable. Fuimos a cenar, y luego fuimos a su casa. Me habló de asuntos que él ya había

---

[1] Helen Lesman, compendio *Heart Warmers* [Para calentar el corazón], Minneapolis Lighten Up Enterprises, Northwestern Products, 10 de octubre de 1985.

superado. Me preguntó acerca de mí, y luego me escuchó cuando le contestaba. No trató de tener relaciones íntimas conmigo. Nos sentamos a platicar media noche acerca de los sentimientos. Cuando me llevó de regreso a casa, me dio un breve beso. Qué hombre tan fino, pensé.

Greg siguió impresionando a Mary. Le llevaba flores. Se ofrecía a ayudarla con los quehaceres domésticos. La llevó de pesca. La llamaba a menudo, y Mary sentía que, si ella quería hablarle, también sería apropiado.

"En un momento dado, traspasé la línea del desinterés al interés", dice Mary.

Los besos no sexuales se convirtieron en sexuales. Greg y yo terminamos en la cama. Empecé a enamorarme de este hombre, y parecía que yo realmente le interesaba.

Las cosas fueron estupendamente después de nuestro encuentro sexual. Greg era romántico. Yo me sentía romántica. Pasamos la noche juntos. Él me llamó al día siguiente de su trabajo para decirme cuánto había disfrutado el haber estado conmigo. Hicimos planes para pasar juntos el fin de semana. Vino ese fin de semana, pero ése no era el hombre que yo había aprendido a querer. Nos sentamos a ver la televisión, y yo me sentía como si tuviera amarrada a un águila en el sillón de mi sala.

Desaparecieron la cercanía y los bellos sentimientos. Sentí que algo cambió cuando empecé a interesarme en él. En el momento en que me involucré emocionalmente con él, Greg se desinvolucró. Emocionalmente se había ido. Me empecé a sentir desesperada, dependiente, controladora y asustada. No sabía qué era lo que estaba mal. Cuando traté de que él hablara de ello, murmuró algo acerca de que se sentía raro cuando hacía planes, y de cómo necesitaba ser espontáneo, en menos de una semana la "relación" se desmoronó. No me hablaba. No me llamaba por teléfono. Yo ya no me sentía a gusto de llamarlo por teléfono. ¿Qué había pasado con ese hombre tan fino que compartía mis sentimientos? ¿Qué le había pasado al hombre que estaba tan interesado en mí? Me pasé una semana tratando de averiguar qué era lo que yo había estado haciendo mal. Luego me di cuenta de que mi error fue interesarme en él. Greg no me estaba pretendiendo a pesar de mi desinterés. Me estaba pretendiendo a causa de mi desinterés.

La historia de Kathryn

Kathryn estaba en éxtasis. Por fin había ahorrado suficiente dinero para comprar el coche que quería. Se había tardado meses en hallar uno y cerrar el trato. Ahora, había llegado la hora de acudir al lote de autos e irse manejando en su precioso Bonneville rojo.

Kathryn se sentó en la oficina del gerente de ventas, firmando un papel tras otro. A medida que firmaba cada uno de los papeles, su arrobamiento se tornaba en zozobra. Se sentía irritable, angustiada y ansiosa. El vendedor la acompañó hasta su auto nuevo, le abrió la puerta y le dio las llaves. Kathryn se deslizó hasta el asiento. Escasamente escuchó las instrucciones finales del vendedor.

"Empecé a sudar. Las manos me temblaban. El vendedor estaba parado junto a mí, pero me parecía oírlo como a través de un túnel. Lo único que quería era desbaratar el trato", decía Kathryn.

Manejó el coche alrededor de la manzana, luego regresó al lote de autos, corrió a la oficina del gerente de ventas y le exigió que cancelara la venta. Él se rehusó. El vendedor estaba confundido. El gerente de ventas estaba confundido también.

Ambos trataron de tranquilizarla. Y al tratar ellos de calmarla, más se inquietaba Kathryn.

Se dirigió al teléfono más cercano y llamó a su abogado. Después de explicarle lo que había sucedido, lo mejor que pudo, Kathryn le preguntó cómo podría hacer para deshacer el trato. El abogado le aconsejó dejar el auto en el lote si es que definitivamente no lo quería. Kathryn colgó el teléfono.

"En el instante en que pensé que podía desbaratar el trato, me di cuenta de que no quería hacerlo", decía Kathryn. "¿Qué era lo que acababa yo de hacer? ¡En realidad sí quería el coche! No quería dejarlo en el lote. Me subí a mi auto nuevo y me alejé sintiéndome avergonzada y confundida."

Esas dos palabras: "compromiso" y "relación"

Lo que les ocurrió a Greg y a Kathryn le sucede a mucha gente: es el miedo al compromiso. Algunos lo llaman signo de los tiempos; otros dicen que es un síntoma del síndrome del niño adulto. Y para algunos, no es miedo; es un pánico rayando en la fobia.

Cuando les pregunté a hombres y mujeres cuál consideran que es el mayor problema con los miembros del sexo opuesto, los hombres me dijeron que las mujeres parecen aburrirse y perder el interés si un hombre se muestra interesado en ellas y las trata bien; las mujeres se quejan de que los hombres no quieren comprometerse.

"¿Miedo al compromiso?", dice Allen, que ha estado en recuperación durante varios años. "Veo que un montón de gente lo padece y lo llama de muy diversas maneras."

El problema de tratar de lidiar con alguien que tiene miedo

a comprometerse, o de tratar de entender nuestro propio miedo al compromiso, nos deja perplejos a muchos de nosotros. Yo solía bromear diciendo que era capaz de dejar desierto un centro nocturno atestado murmurando dos palabras al oído de cada uno de los hombres: "compromiso" y "relación". Yo decía que eso haría que todos salieran asustados, pero lo cierto es que esas palabras me asustan a mí.

Un compromiso significa que empeñemos nuestro tiempo, interés, atención, amor, dinero, presencia, energía, *nosotros mismos,* o cualquier combinación de esto a una persona, lugar, proyecto o cosa durante un lapso especificado.

Los compromisos que tenemos pueden ser menores, tales como terminar un proyecto, o tan grandes como caminar hasta el altar y decir "sí, acepto". La gente puede tener miedo de comprometerse en muchas situaciones: un contrato de arrendamiento; una compra mayor; planes específicos con amantes, amigos o familiares; unirse a una iglesia o a una sinagoga; un empleo con horario estructurado de nueve a cinco; una posición de voluntario que demande más tiempo, como por ejemplo servir en una mesa directiva; o a una relación.[2]

Podemos no llamar "miedo al compromiso" a nuestro "miedo al compromiso". Podemos llamarlo "que nos gusta ser espontáneos", "no creer en un tonto pedazo de papel" o "que nos gusta nuestro espacio y libertad".[3] Sin embargo, el fondo de todo ello es éste: nuestra incapacidad para comprometernos, ya sea hasta que la muerte nos separe o por tres horas los viernes en la noche, puede echar a perder las oportunidades que se nos brinden para tener cosas buenas.

[2] Steven Carter y Julia Sokol, *Men Who Can't Love: When a Man's Fear of Commitment Makes Him Run from the Women Who Love Him* Nueva York, M. Evans and Company, Inc., 1987, pp. 56-61.

[3] *Ibid.* pp. 191-192.

Muchos tenemos diferentes grados de miedo al compromiso, y cada uno de nosotros puede temer a determinados compromisos que hacen que nos tiemblen las manos y el corazón. Para algunos, el miedo se convierte en una reacción intensa provocada por la sensación de estar preso, atrapado, agobiado, obligado y *comprometido* para siempre y sin esperanzas.[4]

"Cuando una persona siente algún tipo de amenaza o de peligro, el cuerpo tiene una manera de reaccionar muy específica", escriben Steven Carter y Julia Sokol en *Men Who Can't Love* [Hombres que no pueden amar], un buen libro acerca de los hombres que temen al compromiso y de las mujeres que los aman.

Un miedo extremo al compromiso de hecho puede producir grados variables de uno o más de los siguientes síntomas, de acuerdo con Carter y Sokol:

- Olas de ansiedad.
- Una sensación de pavor.
- Hiperventilación.
- Dificultad para respirar.
- Sensaciones de asfixia.
- Taquicardia.
- Trastornos digestivos.
- Sudoración excesiva o escalofrío.

En muchas situaciones esta respuesta es completamente apropiada y esperada. No es de sorprender, por ejemplo, experimentar estos síntomas cuando nos vemos frente a un doberman que nos gruñe ferozmente o a un asaltante armado.

---

[4] Basado en el libro de Carter y Sokol *Men Who Can't Love*, p. 43, y en el de Nita Tucker y Debra Feinstein *Beyond Cinderella: How to Find and Marry the Man You Want*, Nueva York, St. Martin's Press, 1987, p. 136.

Pero a menudo estos mismos síntomas se disparan por amenazas bastante más sutiles, incluso por un objeto o circunstancia aparentemente inocuos, tales como un elevador, un puente, una araña o una relación. Cuando tenemos una reacción inadecuada como ésta, cuando la respuesta del organismo al miedo parece enormemente exagerada o totalmente irracional, la llamamos una respuesta fóbica.[5]

En *Men Who Can't Love,* los autores describen etapas típicas y predecibles en la conducta que observa en una relación una persona que tiene miedo a comprometerse.

> Al principio: en lo único que él piensa es en cuánto te ama. A mediados de la relación: él sabe que estás enamorada de él y eso le da miedo. Al final: tú lo quieres, y él huye asustado. El amargo final: todo ha terminado y tú no te explicas por qué.[6]

El miedo al compromiso puede darse en cualquier etapa de una relación: después de la primera cita que ha sido agradable; luego del primer encuentro sexual; cuando ha llegado el momento de establecerse, típicamente cuando dos personas deciden vivir juntas; o después de que han desfilado por el altar y han jurado amarse toda la vida.[7]

Puede resultar muy confuso y doloroso salir, amar o ser amigos de una persona que tiene miedo al compromiso. Puede resultar confuso y doloroso ser una persona que teme comprometerse.

Los amigos pueden preguntarse por qué Harry se rehusó a hacer planes para salir con ellos.

[5] Carter y Sokol, *Men Who Can't Love,* pp. 43-44.
[6] *Ibid.,* p. 29.
[7] *Ibid.,* pp. 21-23.

Los familiares pueden preguntarse por qué Jan se rehusa a comprometerse a ir a la cena de navidad.

Los amantes pueden preguntarse por qué la persona que los pretendió tan ardientemente desaparece, se retira o le da escalofrío.

La respuesta es que a esas personas deveras se les "hielan los pies".

Las personas que tienen miedo a comprometerse no necesariamente están "dementes". No necesariamente son despiadados "mujeriegos" ni mujeres que "odian a los hombres". Son sólo personas que tienen miedo, a veces un miedo pavoroso, a comprometerse. Algunos de los que tenemos miedo a comprometernos podemos no saber que albergamos este temor. Lo único que sabemos es que tenemos un sentimiento de incomodidad, y que romper el compromiso alivia ese sentimiento.

Cuando se hielan los pies

La ansiedad producida por haber llevado a cabo determinado compromiso puede ser tan abrumadora como el terror que experimenta un claustrofóbico que ha sido encerrado en un clóset. Romper el compromiso puede ser para esa persona lo que es para el claustrofóbico salirse del clóset. Crear distancia, romper el compromiso o escapar lo hacen sentirse realmente mejor, ya que ésta es una reacción instintiva cuando uno se siente atrapado. Una vez lejos y habiéndonos relajado, podemos sentirnos suficientemente seguros para examinar los sentimientos que en primer término nos llevaron a hacer el compromiso. Podemos descubrir que realmente queremos a la persona o al objeto o circunstancia de la que hemos huido.[8]

Tom nos cuenta su caso:

> Marsha y yo nos tratamos durante meses. Yo sentía que no había tiempo suficiente para que estuviéramos juntos. Hicimos planes para vivir juntos. Yo no veía la hora en que así fuera. Pero el día que se suponía que iba yo a mudarme a su casa, algo sucedió dentro de mí. Me dio pánico. Casi me obligué a mudarme. Llevé mi cuerpo a casa de Marsha pero dejé mis maletas en mi coche. No pude traerme ni un solo mueble.
>
> Todos los días, sacaba del auto lo que necesitaba. Lentamente, acumulé unas cuantas cosas en la casa, pero nunca llegué a mudarme por completo. Me levantaba y me iba de la casa a las 5:30 de la mañana para ir a trabajar. ¡Llegaba al gimnasio diez minutos antes de que abrieran! Regresaba a casa ya tarde por la noche, justo a tiempo para dormirme.
>
> Marsha me tuvo paciencia un tiempo; luego empezó a quejarse. La acusé de ser demasiado demandante. Me dijo que no iba a exigir nada de mí porque yo ya era historia. Le dije que estaba bien, pues yo de todos modos quería tener mi espacio y mi libertad. Y me fui.
>
> En el momento en que obtuve mi espacio y mi libertad, lo único que quería era estar con Marsha. Estaba listo para comprometerme. Pero Marsha no lo estaba. Eso fue hace meses y todavía no hemos restablecido nuestra relación.

El aspecto doloroso y confuso de estar involucrado en una relación con una persona que teme al compromiso es éste: el miedo al compromiso surge cuando la relación está en su mejor momento y cuando hay mayor cercanía.[9] Cuando la

---

[8] *Ibid.*, pp. 32-34, 41.
[9] *Ibid.*, p. 52.

relación no está marchando bien o cuando la otra persona no está muy interesada, aquellos que tememos al compromiso nos sentimos suficientemente seguros para sentirnos interesados. No hay amenaza alguna. Una persona que tiene miedo al compromiso sólo puede estar "dentro" si la otra persona está "fuera". Cuando la otra persona se mueve hacia "dentro", la que tiene miedo de comprometerse se "sale". En ocasiones, la persona que tiene miedo a comprometerse elige tener una relación con una persona con la que sabe que no va a comprometerse o con la que no puede hacerlo. Y así, cuando llega la hora de "zafarse", tiene listo el pretexto.[10]

Otros factores que alimentan el miedo al compromiso

Nuestro miedo al compromiso puede estar entremezclado con miedo a la intimidad y a la cercanía, con asuntos no resueltos de vergüenza, con un compromiso previo que se fue a pique, con no sentirse seguro, o con carecer de confianza en sí mismo para cuidar de uno mismo. El miedo al compromiso puede ser provocado por tener límites débiles, por miedo a perder el control, por ansiedad respecto a si uno podrá cumplir con su promesa, con sentimientos de culpa no resueltos acerca de promesas no cumplidas, con miedo a ser herido o miedo a sentirse atrapado.

Muchas de las situaciones y de las personas con las que hemos vivido puede habernos provocado, con razón, miedo al compromiso. Algunos de nosotros pasamos años enteros comprometiéndonos y dándonos en exceso. Podemos reac-

[10] *Ibid.*, p. 192.

cionar a esta tendencia que tenemos rehusándonos a comprometernos a nada. Nuestra tendencia a permanecer comprometidos con personas que han usado nuestro compromiso y nuestra lealtad en contra nuestra pueden provocar que tengamos recelo de los compromisos.

Darlene cuenta su caso:

> Yo estaba tan comprometida con mi matrimonio y con mi esposo, que solía bromear diciendo que el amor era una palabra de diez letras que se deletreaba c-o-m- p-r-o-m-i-s-o. El problema era que mi esposo no estaba comprometido. Me era infiel y me mentía. Daba por sentado que yo siempre haría honor a mi compromiso sin importar lo que él hiciera. Casi tenía razón. Fue duro para mí romper mis votos matrimoniales. Pasará mucho tiempo antes de que haga otra vez ese tipo de compromiso.

A veces, nuestro miedo al compromiso no es asunto nuestro. Es una reacción instintiva a factores de dependencia y de desesperación no resueltos en la otra persona.[11]

No confiar en nosotros mismos ni en nuestras elecciones puede hacer que temamos hacer compromisos de largo plazo, o incluso de corto plazo. Algunos de nosotros carecimos de la suficiente protección, permisividad, consentimientos y modelos que nos sirvieran de ejemplo para que pudiéramos aprender que podíamos cumplir una promesa y sentirnos bien de haberlo hecho así.

Algunos de nosotros tenemos un "trastorno" del pensamiento acerca de lo que implica un compromiso. Algunos confundimos una invitación a bailar con aceptar una invitación a contraer matrimonio. Algunos de nosotros tenemos miedo

[11] Tucker, *Beyond Cinderella*, p. 136.

de algo que remotamente se parezca a "para siempre", de modo que un año, un mes o una noche pueden parecernos una eternidad, especialmente si tendemos a "perdernos" en otras personas.

Algunos de nosotros podemos temer terminar con una relación como miedo tuvimos al iniciarla.[12] Algunas parejas se quedan varadas en la tierra de nadie distanciándose y acercándose en sus relaciones, temerosas de comprometerse ya sea terminando la relación o formalizándola. Como ocurre en la experiencia que Ralph nos relata:

> A Karen le interesaba tener una relación conmigo, hasta que decidí que estaba interesado en ella. Cuando dejé de poner obstáculos, empezó a ponerlos ella. Así hemos estado, yendo hacia adelante y hacia atrás durante dos años. Cuando uno de los dos se acerca demasiado, el otro se echa para atrás. Pero en el momento en que uno de los dos se retira demasiado, el otro se acerca. Parece que no podemos entrar de lleno en la relación, pero tampoco podemos dejarla.

Estas son las buenas noticias: cada uno de nosotros sobrepondremos nuestro miedo al compromiso a nuestro propio ritmo y a su tiempo. Podemos averiguar qué es lo que están tratando de decirnos nuestros miedos.

A veces, nuestros instintos nos están diciendo que no nos queremos comprometer. No todas las relaciones han sido hechas para durar para siempre. Algunas relaciones son curativas, otras son transitorias y otras son relaciones de "práctica".[13] Podemos valorar la amistad y apreciar las experiencias

---

12 Carter y Sokol, *Men Who Can't Love,* p. 65.
13 Martin Blinder, "Why Love Is Not Built to Last" [Por qué el amor no está hecho para durar], *Cosmopolitan,* junio de 1988, pp. 220-223.

de aprendizaje, pero no tenemos que casarnos con todas las personas con las que salgamos y tratemos.[14]

A veces, nuestro miedo nos está señalando que todavía no estamos listos para comprometernos con algo o con alguien. He visto parejas que juegan a las escondidillas durante años, y que luego deciden "ya basta. Es tiempo de sentar cabeza y de dejar de hacer esto".

He visto a personas que se rehúsan a comprometerse con algo o con alguien durante un mes, luego cambian de manera de pensar al siguiente mes, asumen un compromiso y se sienten complacidas de haberlo hecho así.

He visto gente que se compromete y luego se arrepiente.

También he visto personas desesperanzadas durante un año entero porque amaban a alguien que no quería comprometerse con ellas, y regocijarse al año siguiente porque han visto que la relación hubiera sido un desastre.

No hay una sola manera de lidiar con el miedo al compromiso. Cada situación requiere una consideración individual. A veces nuestro miedo es señal de que un movimiento en particular no nos conviene. A veces es simplemente el miedo a empeñarnos en algo nuevo. Otras veces, es una reacción exagerada a tomar una decisión que implica un plazo extremadamente largo o que nos parece equivocada.

Cuando la otra persona tiene miedo a comprometerse

Puede "volvernos locos" amar o querer a alguien que tiene miedo a comprometerse. Eso puede disparar en nosotros todo

[14] Tucker, *Beyond Cinderella*, p. 135.

tipo de locuras codependientes; ir de la desesperación a la pregunta, "¿qué me pasa?".

Cuando amamos a alguien que tiene miedo a comprometerse, nuestras peores reacciones posibles generalmente son instintivas: tomar las cosas personalmente, tratar de hacer que él o ella se sientan culpables y volvernos agresivos, necesitados o demandantes. Si alguien se siente atrapado, nuestra tendencia a ponernos demandantes, controladores o desesperados los hace sentirse más atrapados. Lo mejor que podemos hacer es permitir que esa persona, sin vergüenza ni culpa, experimente sus sentimientos. En otras palabras, nos desapegamos; permitimos que esa persona tome una decisión acerca de lo que quiere hacer. Luego nos concentramos en cuidar de nosotros mismos.[15] Sin embargo, llega un momento en el que, como parte del cuidado que tenemos para con nosotros mismos, esperamos ciertas cosas de la gente, incluyendo el que se comprometan en una relación. Cuando sea apropiado, necesitaremos fijar límites y darles a buen tiempo un ultimátum.[16] Si la relación es buena y va por buen camino, podemos ser pacientes. Si una persona está actuando en forma comprometida, pero tiene miedo de verbalizar ese compromiso, podremos ser pacientes.[17] Es normal que alguien tenga algunas punzadas de pánico y lo piense varias veces antes de comprometerse. Si la relación no es buena, recuerda que un compromiso no cambia el contenido de la relación. El matrimonio y el compromiso son una continuación, no una cura.

Si regularmente nos vemos atraídos por personas que se

[15] *Ibid.*, pp. 136-137; Carter y Sokol, *Men Who Can't Love*, pp. 157-228.
[16] Earnie Larsen enseña esto; también lo dice Tucker en *Beyond Cinderella*, pp. 139-141.
[17] Tucker, *Beyond Cinderella*, pp. 132-141.

rehúsan a comprometerse, podremos cuestionarnos si estamos siendo atraídos por su falta de disponibilidad. Algunos querremos examinar también si nuestra desesperación o nuestros factores dependientes están de alguna manera provocando que la gente nos huya.

Cuando tenemos miedo a comprometernos

Si tenemos miedo a comprometernos, el primer paso para lidiar con nuestro miedo es estar muy conscientes de él. Luchemos por comprenderlo. Al igual que con todos los sentimientos, necesitamos prestar atención al sentimiento, pero no dejemos que nos controle. A veces, el solo hecho de tener información acerca de este proceso puede ayudarnos a averiguar cómo lidiar con él. Hablar de las cosas ayuda.

"Sé que me va a dar pánico cada vez que haga un compromiso", dice un hombre. "Trato de tomar decisiones con cuidado. Me voy poco a poco, de modo que sé que lo que estoy haciendo es lo que realmente quiero. Luego, después de comprometerme, me doy unos cuantos días para sentirme medio loco. Me permito atravesar el proceso de pánico, porque sé que luego me calmaré."

La clave es saber y confiar en lo que queremos, en lo que no queremos y en lo que no queremos perder. Para hacerlo, debemos conocernos, confiar en nosotros mismos y escucharnos. Cada uno de nosotros que teme al compromiso debe entender que a medida que caminemos por la vida, perderemos algunas cosas si no estamos dispuestos a comprometernos.[18]

Perderemos ciertos empleos y oportunidades. Nos perdere-

---

[18] Earnie Larsen enseña esto.

mos de la cercanía y de ratos de diversión con amigos y familiares si no estamos realmente dispuestos a comprometernos a hacer planes. Podemos perder amigos, porque las amistades requieren de compromiso. Podemos perdernos de poseer ciertas cosas. Podemos perdernos el pertenecer a un grupo si no podemos comprometernos con la iglesia o con otras organizaciones. Podemos perdernos la emoción de logros que valen la pena si no podemos comprometernos con un proyecto o un plan. Podemos perder la oportunidad de la recuperación si no nos comprometemos con ella. Perderemos la confianza y la autoestima que provienen de saber que podemos hacer un compromiso y cumplirlo. Podemos perder una relación amorosa que podría ser buena y durar toda la vida.

Permítaseme parafrasear un comentario del reverendo Robert Schuller que me ha maravillado durante años: Al iniciar cada empresa, se requerirá de nosotros que nos comprometamos tres veces: al principio cuando es nueva, a la mitad cuando implica arduo trabajo, y al final cuando necesitamos esa explosión de energía que nos permita cruzar la línea final.[19] A veces, te encontrarás haciendo compromisos que no son los que más te convienen. Hacer un compromiso no implica que renuncies a tu compromiso principal: amar y cuidar de ti mismo. Habla con la gente. Confía en tu Poder Superior. Pero no te olvides de confiar también en ti mismo. Compara lo que quieres con lo que estás dispuesto a ceder. Si quieres algo, deberás pagar el precio, y ese precio es el de comprometerte. Yo tengo tanto miedo de comprometerme como la persona de al lado. Es posible que tenga más miedo que la mayoría. Pero he aprendido una cosa: a pesar de mis

---

[19] Escuché decir esto al reverendo Robert Schuller en un sermón televisado alrededor de 1979.

miedos, de mis manos temblorosas, de la hiperventilación y de las angustias, me comprometeré y cumpliré con mi compromiso cuando esté lista para hacerlo, cuando haya llegado el tiempo y cuando yo así lo quiera.

Lo mismo harás tú.

Actividad

1. ¿Conoces a alguien que tenga miedo al compromiso? ¿En qué forma te ha afectado su incapacidad para comprometerse?

2. ¿Qué tal eres para hacer compromisos? ¿Cuál es tu historia en cuanto a haberte comprometido en relaciones, organizaciones, adquisiciones? ¿Alguna vez has perdido algo o a alguien porque tú no quisiste o no pudiste comprometerte? ¿Alguna vez has tenido un ataque de pánico luego de haber hecho un compromiso? ¿Cuáles compromisos has hecho que te hayan hecho sentirte bien?

CAPÍTULO 19

Compartir la recuperación con nuestros hijos

Los niños son un regalo, si los aceptamos.

KATHLEEN TIERNEY CRILLY[1]

"Mi esposo por fin está en recuperación. Yo ya llevo algún tiempo en recuperación. Ahora, ¿qué puedo hacer por mis hijos? ¿Qué necesitan? Si nosotros ya estamos en recuperación, ¿hay algo más que necesiten nuestros hijos?"

La gente a menudo hace estas preguntas. Yo he formulado estas preguntas. Este libro, y esta sección acerca de las relaciones, no estaría completa si no habláramos de este tema.

[1] *Each Day a New Beginning* [Cada día un nuevo comienzo, de próxima aparición bajo el sello Promexa], Center City, Minn, Hazelden Educational Materials, 22 de octubre.

Éste se ha convertido en una preocupación cada vez mayor para los profesionales del campo de la recuperación. Es un asunto que enfrentan muchas personas en recuperación que tienen hijos. Es un tema importante que afrontan nuestros hijos.

Hemos establecido que la codependencia y los problemas relacionados con el síndrome del niño adulto son progresivos. Sabemos que una cosa nos lleva a la otra y que, sin la recuperación, las cosas empeoran. Sabemos que muchas personas que se reconocen a sí mismas como niños adultos o como codependientes desarrollan problemas como la farmacodependencia, desarrollan problemas médicos relacionados con el estrés y tienen la tendencia a sufrir problemas mentales o emocionales, y que algunas veces consideran la posibilidad de cometer suicidio, lo intentan y a veces lo cometen. Sabemos que los niños adultos y los codependientes tienden a tener problemas en sus relaciones y en otros aspectos de su vida. También hemos reconocido que los asuntos relacionados con la codependencia y con el síndrome del niño adulto se vuelven hábitos autoderrotistas que "cobran vida propia". Sabemos que muchos codependientes y niños adultos han sufrido abusos verbales, físicos o sexuales. Hemos reconocido que una persona afectada por problemas de otras personas, incluyendo el alcoholismo, necesita encontrar su propio programa de recuperación aparte del programa de recuperación que siga cualquiera otra persona.[2]

Desde luego, los niños necesitan algo más. No nos hace ningún bien que alguien más se esté recuperando y nosotros

[2] Esta lista se basa en parte en el Charter Statement of the National Association for Children of Alcoholics. Las declaraciones están bajo la categoría de "Established Facts about Children of Alcoholics", NACOA, 31706 Coast Highway, Suite 201, South Laguna, CA 92677. (714) 499-3889.

no. Si nuestros hijos han vivido con padres que son alcohólicos activos, o que tienen adicciones a la comida o al sexo, o temas no resueltos relacionados con el síndrome del niño adulto, o con padres a quienes les falta capacidad para lidiar con los sentimientos y brindar apoyo, entonces puede ser que nuestros hijos también tengan estos problemas. Si nuestros hijos han vivido con padres que han experimentado sufrimientos, entonces probablemente nuestros hijos estén sufriendo también.

Podrán no demostrarlo. Podrán no hablar de ello. Quien lleva una herida abierta con frecuencia no lo hace. Pueden no saberlo. Podremos no verlo. Podremos no querer verlo. *Pero podemos saberlo.* Podemos saberlo tan ciertamente como sabemos cuánto hemos sufrido a causa de este problema llamado "codependencia".

No todo hijo o hija de una familia disfuncional tendrá problemas en su vida, pero muchos sí los tendrán. Algunos se adaptarán y serán complacientes con la gente hasta que toquen fondo en la edad madura. Algunos no sabrán que tienen problemas hasta que hayan pasado suficiente tiempo luchando con la vida y con sus relaciones para que comprendan que no les está yendo bien con ninguna de las dos. Algunos irán, de jóvenes, a dar con sus huesos a las cárceles, a instituciones mentales o al cementerio.[3]

Nuestro movimiento de recuperación ha llegado a su tiempo. Nosotros hemos llegado a nuestro tiempo. Sabemos que nuestro problema era dolorosamente real. Cada uno de nosotros sabemos cuánto ha afectado nuestro problema a nuestras vidas. Un día de éstos, y tal vez ese día ya llegó, nos vamos a dar todos juntos de topes en la frente y nos vamos

---

[3] Este hecho se basa en parte en el acta de NACOA.

a preguntar por qué estamos esperando a que nuestros hijos crezcan antes de que les demos la esperanza de la curación y de la recuperación.

Nos vamos a preguntar por qué ¡por Dios! estamos limitando nuestros esfuerzos "preventivos" a la educación en el salón de clases sobre los efectos de ciertas drogas en particular. Es de utilidad saber que las anfetaminas y la cocaína pueden incrementar nuestra presión sanguínea. También es útil saber que vivir con un alcohólico o con un drogadicto puede incrementar nuestra presión sanguínea. Cuando yo quise acabar con mi vida, cuando estaba segura de que yo estaba fundamentalmente mal, cuando sospeché que estaba loca, cuando perdí la esperanza, necesité aprender acerca de mí, sobre la codependencia, acerca de la recuperación, y sobre el amor a uno mismo.

No tenemos que esperar a intervenir hasta que nuestros hijos sean adictos o estén en problemas. No tenemos que esperar hasta que nuestros hijos se odien a sí mismos antes de empezar a enseñarlos cómo amarse.

El propósito de este capítulo no es el de culpar ni causar vergüenza. No podemos darnos el lujo de ninguna de las dos. La intención es alentarnos a examinar lo que estamos haciendo y a cambiar lo que sea necesario. Ciertamente, no podemos prevenir que todos los niños se conviertan en adolescentes o adultos con problemas. Pero podemos ayudar a algunos.

Ya hemos pasado mucho tiempo respondiendo a cuestiones de codependencia y del síndrome del niño adulto. Hemos ido aun más allá respondiendo a cuestiones relacionadas con el alcohol y con otras drogadicciones. Pero es fácil olvidar que nos encontramos todavía en las etapas tempranas de la comprensión y el tratamiento del alcoholismo y otras drogadicciones, así como toda una serie de otros transtornos emocionales y conductuales.

Hemos sacado la cabeza de la arena. Hemos dejado de negar muchos de nuestros problemas. Hemos ido un paso más allá y ahora nos estamos dirigiendo a estos temas en forma activa, y en algunos casos agresiva, lo mejor que podemos. No podemos sino hacerlo lo mejor posible. Eso es suficiente, por el día de hoy. Pero hacer nuestro mejor esfuerzo significa que evaluemos lo que estamos haciendo y que hagamos cambios cuando logremos una percepción más profunda.

A eso se le llama crecimiento.

Cuando viajo por todo el país conociendo a personas que están en grupos de recuperación en ciudades pequeñas, medianas y grandes, en el Este, el Sur, el Oeste y en el Norte, les hago preguntas: ¿Qué están haciendo por los niños? ¿Tienen algo para ellos? ¿Cómo les está funcionando? ¿Van a hacer algo más? ¿Qué? y ¿Cuándo?

La gente me habla de programas que ya están operando o que se encuentran en etapa de planeación. El cuerpo de profesionistas que se dedica a hacer programas de tratamiento para la farmacodependencia habla acerca de tener la fortuna de contar con algunos que se han dedicado a trabajar con los niños. Oigo hablar de planes para campamentos de verano, de programas escolares que intervienen suavemente en las vidas de hijos de familias disfuncionales que tienen alto riesgo, y en centros de tratamiento que ofrecen grupos para los niños.

Tenemos en Estados Unidos la Asociación Nacional para Hijos de Alcohólicos. Tenemos agencias como Children are People, Inc., de Saint Paul y Rainbow Days, Inc. en Dallas. Tales programas llevan diligentemente el mensaje de recuperación a estos niños que realmente son personas. También escucho decir algo más, algo de lo que no se habla: *Estamos al borde de hacer tremendos avances científicos para llegar a nuestros hijos, pero todavía falta mucho por hacer.*

Lo que los niños necesitan para recuperarse

¿Qué podemos hacer en nuestras familias, escuelas y comunidades para llegar hasta los niños? ¿Qué necesitan? Necesitan las mismas cosas que necesitamos nosotros en un nivel apropiado a su edad. Los niños necesitan perder su invisibilidad. Necesitan que se les reconozca como gente que necesita su propio proceso curativo. ¿Nos ayudó cuando cambió alguien a quien amábamos, aunque ese cambio haya sido para mejorar? Puede habernos causado confusión si no se nos dio ayuda y esperanza. A menudo, los niños que no llaman la atención cuando mamá o papá bebían o tenían problemas, empiezan a hacerlo cuando mamá y papá empiezan su recuperación.[4]

Los niños necesitan saber acerca de los efectos del alcohol y de otras drogas, pero también necesitan aprender cómo detener su dolor. Necesitan aprender a amarse, a consentirse y a aceptarse a sí mismos. Necesitan saber que los problemas familiares no son culpa suya. Necesitan comprender que han estado reaccionando, protegiéndose y cuidando de sí mismos de la mejor y más lógica manera que sabían. También necesitan saber que algunos de sus esfuerzos por detener el dolor no funcionan; que algunas conductas provocan incluso más dolor. Necesitan aprender que hay opciones.

[4] Bedford Combs habla acerca de esta idea.

Necesitan que se les reconozca, que se les acepte, que se les ame y que se les dé autoridad. Necesitan tiempo para curarse de los sentimientos que son demasiado dolorosos de experimentar. Necesitan mensajes novedosos que motiven una conducta más sana. Necesitan aprender acerca de lo que es controlar y cuidar obsesivamente a los demás, y necesitan aprender que existen alternativas.

Necesitamos convencerlos de que son dignos de amor. Necesitamos ayudarles a convencerse ellos mismos de que son dignos de amor. Necesitan aprender la diferencia entre vergüenza y sentimientos de culpa, y necesitan aprender a lidiar con ambos. Necesitan que se les deje de avergonzar y que empecemos a darles límites sanos y disciplina.

Necesitan aprender a desapegarse y a alejarse de la locura antes de que se vuelvan locos. Necesitan aprender a manejar la ira, pero a desechar sus resentimientos. Necesitan aprender que demasiada comida, sexo, alcohol u otras drogas no detienen el dolor. Y *nosotros* necesitamos saber que si ya están recurriendo a estas sustancias o a estas conductas están tratando de decirnos que ya están experimentando dolor. Las niñas promiscuas de 13 años no son malas; probablemente han sufrido un abuso sexual y de esta forma están tratando de decírselo a alguien. Necesitamos que las familias, las iglesias, las escuelas y las comunidades estén llenas de gente sana para que nuestros hijos puedan tener modelos sanos que les sirvan de ejemplo y adultos sanos con quienes puedan interactuar. Necesitan estar rodeados de gente que esté disfrutando de la vida y llevando a cabo su trabajo de recuperación, para que sepan cómo es la buena vida y cómo se siente.

Necesitan padres que les sirvan de modelos para la intimidad, la cercanía, la solución de problemas, la diversión y el amor a sí mismos. Necesitan aprender a romper cualquier regla no sana que hayan aprendido y a seguir reglas sanas. Necesitan saber que son especiales y empezar a afirmarse ellos mismos y todo aquello que sea y que pueda ser especial para ellos.

Nosotros podemos ayudarlos. Primero, necesitamos detener nuestro dolor. Necesitamos empezar nuestro trabajo de recuperación y continuarlo. Luego, necesitamos enseñarles a amarse a ellos mismos. Y sólo podemos hacer eso aprendiendo a amarnos a nosotros mismos. De hecho, podemos aprender muchísimo acerca de amarnos a nosotros mismos de la manera en que lidiamos con nuestros hijos.

No culparemos ni avergonzaremos a nuestros hijos por nuestros problemas. No seremos rudos con ellos. Haremos todo lo que podamos para que se sientan seguros, amados y suficientemente buenos. Les daremos un amor gentil, cariñoso e incondicional equilibrado con disciplina. Les enseñaremos a no hacer cosas que los lastimen, nunca jamás, pues ellos son únicos para nosotros. Les enseñaremos a desarrollar una conexión positiva con un Poder Superior, con las demás personas y consigo mismos. Les enseñaremos a escucharse y a confiar en sí mismos. Si les hemos enseñado estas ideas a nuestros hijos, estaremos confiados de que surgirán como personas que se aman a sí mismas y a los demás, porque las dos ideas están absoluta e irrevocablemente conectadas.

Una vez que hayamos aprendido a dar al niño que todos llevamos en nuestro interior el cuidado que necesita, sabremos cómo lidiar con nuestros hijos.

"¿Es verdad que existe esperanza para las familias y para los niños?", me preguntó una mujer. "¿O es nuestro destino seguir actuando en la misma forma y continuar transmitiendo nuestra patología?"

A eso yo respondo: sí, hay esperanza para nuestras familias, para nuestros hijos y para nosotros. Yo creo que la vida se puede cambiar. Yo creo en mis hijos. Incluso creo en la niñez. Mis hijos y yo estamos aprendiendo. Ha sido toda una lucha y un proceso. Juntos, estamos mejorando día con día.

Se nos ha dado mucho. Compartamos algo de eso con nuestros hijos.

Actividad

1. ¿Qué podemos hacer para ayudar a nuestros hijos a aumentar su autoestima?

Parte V:
Ir hacia adelante

No importa cómo se sienta, el hecho es que estamos yendo hacia adelante. No importa qué tan bien nos sintamos, lo mejor aún está por llegar.

CAPÍTULO 20

Trabajar con uno (o más) programas

"Al-Anón es más que una sociedad de ayuda para las damas o una junta que ayuda a las mujeres", dijo ella; "es el lugar a donde yo voy para seguir en el camino".

ANÓNIMO

"No logro saber qué es lo que está mal", dijo Jane. "Me siento desconectada de la gente y de Dios. Estoy preocupada y asustada. No duermo bien. Me siento desamparada ¿qué está sucediendo?"

Le dije que eso me sonaba a codependencia y le pregunté si estaba acudiendo a sus reuniones de Al-Anón.

"No", me dijo. "¿Por qué debería hacerlo? Ya no vivo con un alcohólico".

"Yo tampoco vivo ya con un alcohólico", le dije. "Pero sigo viviendo conmigo misma, por eso sigo asistiendo a las reuniones."

No importa hacia quién empecemos a reaccionar, la codependencia cobra una vida propia. Sospecho que nuestro compromiso de cuidar de nosotros mismos y de amarnos puede ser de por vida. Quizá tengamos que necesitar prestar atención a nuestras actitudes, conductas y emociones. Por lo general una buena manera de hacerlo es invertir tiempo y energía en nuestros programas de recuperación.

¿Eso significa que *tenemos* que acudir a las reuniones o grupos toda nuestra vida? No. Yo creo que significa que *querramos* ir.

Aunque tengo mis reservas de que los grupos de Doce Pasos sean un buen vehículo para la recuperación, hay también otros grupos que ofrecen ayuda y esperanza a la gente que está en recuperación de la codependencia y de temas relacionados con el síndrome del niño adulto. Cualquiera que sea el que elijamos, este capítulo trata de la necesidad que tenemos de seguir trabajando en ello.

Hay dos ideas centrales en cuanto a trabajar sobre un programa de recuperación: *1.* acudir a reuniones e involucrarse con otras personas que también estén en recuperación, y *2.* trabajar sobre el programa.

Necesitamos acudir a los grupos o reuniones, o encontrar alguna manera de involucrarnos con otras personas que tengan una situación y unas metas similares y estén en recuperación. Si estamos tratando de recuperarnos en aislamiento, probablemente no sea recuperación lo que estemos haciendo. Necesitamos relacionarnos con otras personas que estén en recuperación. Necesitamos apoyo, aliento, compañerismo y pedazos y pedacitos de información. Podremos tener el conocimiento de algo en nuestra mente, pero el escuchar esta información de boca de otro nos ayuda a que lo sepamos en nuestro corazón. Un beneficio que obtenemos al involucrarnos con personas y con grupos es que empezamos a "pertenecer".

"Crecí en una familia disfuncional. Nunca sentí pertenecer a nada. Una de las cosas que me gustan de mis grupos de apoyo es que por fin me siento parte de algo", dice una mujer.

"¡Pero no puedo encontrar ningún grupo bueno!", aducen algunas personas.

Algunos grupos de recuperación están en sus etapas iniciales y carecen del núcleo, de la consistencia y de la fuerza que tienen los grupos en donde hay "veteranos". Algunos grupos están dando tumbos. Otros están formados por personas que van a las reuniones y que están haciendo lo que han ido a aprender ahí: cómo dejar de cuidar obsesivamente y de controlar a los demás. Pero hay también muchos otros grupos. Busca hasta que encuentres uno. Si el grupo no está bien, no tienes por qué quedarte varado o detener tu recuperación. Puedes expresar tus opiniones, sugerir alternativas o buscar otro grupo.

Para encontrar un padrino

Como parte del acudir a las reuniones y de conectarte con otras personas que estén en recuperación, querrás también buscarte un padrino (o madrina). Un padrino (o madrina) es alguien con quien estableces una relación especial. Esta relación te da derecho a pedirle apoyo a esta persona. Si ya llevas un tiempo en recuperación, es probable que necesites apadrinar a alguien. La gente que está en recuperación necesita "regalar" lo que a ella se le ha dado. Así es como funciona.

¿A cuántos grupos necesitas acudir?

Si tenemos un problema de farmacodependencia o de asuntos relacionados con el síndrome del niño adulto o de codependencia, la adicción será siempre el problema principal que requiera de su propio programa de recuperación. Probablemente también necesitemos de otro para nuestros rasgos codependientes.

Cuando empecé a recuperarme de mi farmacodependencia, oí mucho decir que la sobriedad era algo más que dejar de drogarse o de beber. Significaba lidiar con todo aquello que está por debajo de nuestra enfermedad, con los asuntos que estaban ahí enterrados antes de que comenzáramos a beber o a usar otras drogas. Ahora he llegado a creer que lo que estaba debajo de mi alcoholismo es la codependencia.

Algunas personas empiezan el camino de recuperación yendo a Al-Anón y luego cambiándose a AA. Otras empiezan por acudir a AA y luego se cambian al aula de Al-Anón. Algunos necesitamos ir a ambas partes. En último término, la recuperación es un recinto enorme que se llama "vidas y relaciones que funcionan". Hacemos lo que necesitamos hacer para llegar hasta ahí y quedarnos.

Algunas personas acuden a una o dos reuniones por semana para tratar su farmacodependencia y una a la semana para sus asuntos de codependencia. Algunos van a una junta por semana para tratar su farmacodependencia y a dos reuniones semanales para la codependencia. Otros que se están recuperando únicamente de la codependencia van a una reunión por semana; otras van a una cada mes. Hacemos lo que se necesite para seguir en el camino. Esto se aplica a cualquiera que sea la combinación de temas que encaremos.

Cada uno necesitamos encontrar el tipo y el número de grupos que nos funcionen. Puede ser de gran utilidad acudir a más reuniones en las primeras etapas de nuestra recuperación. En tiempos difíciles es útil acudir a más reuniones que de costumbre. Pero el propósito de la recuperación no es el de pasarnos la vida sentados en los grupos. El propósito es acudir al suficiente número de grupos para curarnos y permanecer sanos para que podamos vivir nuestra vida de manera más funcional.

La segunda idea importante para proseguir la recuperación es "trabajar un programa". Necesitamos hacer más que sentarnos en los grupos y hablar con la gente. Necesitamos hacer nuestro propio trabajo. Necesitamos desempeñar nuestro papel. Esto significa que apliquemos *a nosotros mismos* los temas y conceptos de la recuperación y los Doce Pasos.

"Tenemos un grupo de Doce Pasos para hijos adultos de alcohólicos", me dijo una mujer. "Y, ¿adivina qué?, hemos encontrado que el crecimiento más fenomenal ocurre cuando trabajamos los Pasos."

Tratamos de hacer algo a diario por nuestra recuperación. Ese algo puede ser breve: tomarnos tiempo para una meditación cotidiana, cantar una afirmación como "te amo" cuando nos veamos al espejo, o pedirle a nuestro Poder Superior que nos quite defectos de carácter como son la vergüenza y la baja autoestima.

Esto requiere de un trabajo arduo. Podremos hacer un inventario de nuestras vidas y de nuestras relaciones. Podremos corregir algo especialmente difícil. Podremos sentarnos y atacar nuestro trabajo con la familia de origen, descifrando nuestros mensajes destructivos y creándonos otros nuevos que sean sanos.

Pero hagamos algo a diario. Trata de sentirte bien por lo que hayas hecho al respecto, ya te haya llevado cinco minutos o cinco horas. Convéncete de que es verdaderamente sensacional que te ames tanto y que estés haciendo mucho por ti mismo; que está bien que estés justamente donde hoy estás, porque así es.

Algunos días podemos hacerlo especialmente bien. Podemos rehusar la invitación de alguien a ser codependientes de una manera asertiva. Podemos lidiar con un sentimiento o conflicto particular. Podemos tener unos cuantos minutos de intimidad o cercanía. Podemos comprarnos algo especial, y no echarlo todo a perder diciéndonos que no lo merecemos.

Otros días, puede ser que tengamos que observar más de cerca para darnos cuenta de lo que hicimos. Quizá nos tomamos un rato para descansar cuando estábamos cansados. Dijimos la Plegaria de la Serenidad durante un momento difícil. Las cosas se salieron de cauce y nos desapegamos cuando nos dimos cuenta que nos estábamos dejando llevar por ellas.

En nuestros peores días, seguiremos viendo qué es lo que hicimos ese día por nuestra recuperación. En algunas ocasiones lo mejor que podemos hacer es sentirnos bien acerca de lo que no hicimos. Nos daremos una palmadita en la espalda porque no corrimos al bar más próximo, porque no arrastramos a un alcohólico a casa y porque no nos enamoramos de él o de ella. Para algunos de nosotros, ese es un verdadero progreso que no debemos pasar por alto en los días grises.

Todos los días cuentan. Creamos en la recuperación. Nuestras vidas y experiencias pueden ser distintas y mejores. El proceso de mejorar está sucediendo ahora mismo, en este momento de nuestras vidas.

Alguien me preguntó alguna vez si yo todavía estaba "en el proceso". Pienso que esta persona quería saber si todavía estaba yo haciendo mi trabajo de recuperación, qué nivel del proceso había logrado y qué tan loca era mi vida hoy, comparada con la de ayer.

Le constesté de esta manera: "Hubo una época en la que la vida era en su mayor parte dolor y problemas, y ocasionalmente sucedía algo bueno. Solía bromear de que tenía que pasar por diez experiencias malas antes de que sucediera una sola cosa buena, y de cuán pequeña parecía la cosa buena comparada con las malas. Pero no era una broma. Yo sufría la mayor parte del tiempo. En algún punto, algo cambió. El disco se dio la vuelta del lado B, negativo, al lado A, positivo. Todavía tengo días malos. Todavía me siento herida y tengo miedo a veces. Pero el dolor constante con el que viví la mayor parte de mi vida se ha ido. Y el dolor se ha ido a tal grado que apenas si puedo recordarlo. Es como un parto: me dolió tanto que tenía miedo de que no se me quitaría el dolor, pero cuando éste cedió, apenas podía recordarlo".

¿Estoy todavía en el proceso? Sí. Y probablemente lo estaré toda mi vida, porque así es la vida y así es la recuperación. La diferencia es que ahora la vida en su mayor parte es buena, con algunos problemas. En su mayor parte soleada, con un poquitín de lluvia. Y no sé qué tanto más pueda mejorar.

CAPÍTULO 21

Permitir que nos
pasen cosas buenas

> Todo lo que he visto me enseña a confiar en
> el Creador por todo lo que no he visto.
>
> RALPH WALDO EMERSON[1]

Mi amiga y yo estábamos platicando un día. Ella se sentía
frustrada porque algo no le estaba saliendo de la manera que
ella esperaba y como había planeado que fuera.

"Yo trabajo mi programa. Confío en Dios. Hago lo que me
toca hacer", dijo finalmente. "Pero, a cuánto *¿a cuánto* tengo
que renunciar?"

---

[1] Ralph Waldo Emerson, "Citas citables", *Selecciones del Reader's Digest,* marzo
de 1988.

Pensé en su pregunta. Pensé en mi vida. "No estoy segura, pero tal vez tengamos que dejarlo ir todo", le dije.

Concentrémonos por un momento en la parte espiritual del programa. Empleo la palabra *espiritual* en vez de *religiosa*. Aunque ir a la iglesia es una parte importante de la recuperación para muchos de nosotros, no me estoy refiriendo a acudir a la iglesia. De lo que estoy hablando es de encontrar una relación personal con un Poder Superior, con *Dios, según nosotros lo concebimos*. De lo que estoy hablando es de encontrar a la "iglesia" dentro de nosotros.

Nuestro camino implica muchas cosas, pero es principalmente un sendero espiritual. Necesitamos que haya gente en ese sendero, y necesitamos a un Creador, a un Guardián que nos guíe y nos ayude. No podemos recuperarnos aislados de los demás y llamar a eso recuperación; no podemos recuperarnos aislados de un Poder Superior, o de nuestro ser espiritual, y llamar a eso recuperación. Nuestro ser espiritual es tan "yo" como nuestro cuerpo, mente y emociones.

No importa cuál ruta tomemos para recuperarnos, la única manera de caminar por el sendero es con humildad. Dos de las conductas de recuperación más importantes que aprendemos son la renuncia y el dejar. No llevamos eso a cabo en aislamiento. Lo hacemos en colaboración con un Poder Superior. Necesitamos un *Poder más grande que nosotros mismos* para poder renunciar y dejar ir. Necesitamos saber que nuestro Poder Superior nos ama y cuida de nosotros y que cuida de los detalles más grandes de nuestra vida y de los más pequeños.

¿Qué es renunciar? ¿Qué significa "dejar ir"? Renunciar es aceptar; dejar ir es liberar. Renunciar es reconocer la autoridad de un Poder Superior, dejar ir o conformarnos es confiar en Su autoridad.

¿Qué necesitamos para renunciar y conformarnos? Con nuestro pasado, presente y futuro. Con nuestra ira, resentimientos, miedos, esperanzas y sueños. Con nuestras fallas, éxitos, odios, amor y anhelos. Dejamos ir *nuestra* manera de medir el tiempo, nuestros deseos, penas y goces. Liberamos nuestros antiguos mensajes y los nuevos, nuestros defectos de carácter y nuestras virtudes. Dejamos ir a la gente, a las cosas y nos conformamos, algunas veces, con nosotros mismos. Necesitamos conformarnos con los cambios, con el hecho de cambiar y con la naturaleza cíclica del amor, de la recuperación y de la vida misma.

Liberamos nuestro sentimiento de culpa y de vergüenza acerca de no ser suficientemente buenos, y nuestro deseo de ser mejores y más sanos. Nos conformamos con las cosas que funcionan y con las que no funcionan, con las cosas que hemos hecho, así como con las que no hemos hecho. Nos conformamos con las relaciones en las que no hemos tenido éxito y con nuestras relaciones que son sanas. Nos conformamos con lo bueno, con lo malo, con lo doloroso, con lo divertido y con lo emocionante. Renunciamos a nuestras necesidades y las dejamos ir. A menudo, hay una oculta necesidad de sufrir y de experimentar dolor debajo de nuestras relaciones fracasadas, de nuestro dolor y sufrimiento. También podemos dejar ir eso.[2] Todo ello debemos dejarlo ir.

Renunciar no significa que dejemos de desear cosas buenas. Quiere decir que después de haber reconocido nuestros deseos, los hacemos a un lado y nos sentimos agradecidos y en

[2] Louise Hay discute el concepto de liberar, o de dejarlo ir todo. Ella es la primera persona a quien le oí mencionar el concepto de dejar ir nuestra necesidad de tener relaciones destructivas, y del concepto más general de dejar ir nuestras necesidades destructivas subyacentes.

paz por nuestras circunstancias actuales, por la gente y por la vida tal y como hoy son.

Para aquellos que hemos sobrevivido con base en el control de los demás, la renuncia y la conformidad no serán fáciles, pero funcionan mejor. "Renunciar" y "conformarse" son conceptos intangibles que no significan mucho hasta que uno los practica. Entonces nos damos cuenta de que los conceptos son reales. Se puede alentar a alguien a renunciar y a conformarse, pero no se le puede enseñar. Eso cada uno debe aprenderlo, y debe aprenderlo de nuevo cada vez que lo practica.

Cuando empecé a recuperarme de mi farmacodependencia, tuve que renunciar a una infinidad de cosas. Perdí un hijo, a mi familia, mi relación con los fármacos, mi identidad y todas mis posesiones materiales. Me figuraba que ya había renunciado a tanto, que sería suficiente de por vida. Pero todavía me faltaba aprender que no había concluido este asunto de la renuncia, sino que apenas estaba aprendiendo cómo se hacía.

Empecé a creer que necesitaba cosas buenas: un esposo, niños, una casa y dinero suficiente. Traté de creer que mi vida, incluyendo mi relación, iban a funcionar bien. Siete años después en el aspecto económico, era indigente, estaba al borde del divorcio y entré llorando a mi primera reunión de Al-Anón.

Estaba furiosa. Me sentía engañada. Creía que Dios me había abandonado. Había renunciado y me había conformado. No era justo que tuviera que perder algo más. No era justo que tuviera que lidiar en esta vida con otro asunto importante: la codependencia. ¿Por qué?, me preguntaba. ¿Por qué, por qué, por qué? Luego tuve mi respuesta. Más bien,

lo que tuve fue otra pregunta que hacerme. Tenía que averiguar la respuesta.

"¿Estás todavía dispuesta a renunciar? ¿Estás aún dispuesta
a conformarte? ¿Estás todavía dispuesta a confiar en Dios, aun
cuando te duela (y especialmente si así es)?"

La renuncia y la conformidad tienen que ver con la disposición y la confianza. Tienen que ver con tener suficiente fe
para anhelar tanto algo que podamos degustarlo; y luego
deliberadamente lo dejemos ir de nuestros deseos y confiemos
en que nuestro Poder Superior hará por nosotros lo que Él
quiera, cuando Él quiera. Tienen que ver con creer en Dios
y en Su amor por nosotros aunque esto a veces nos duela.

"He aprendido que renunciar no es signo de debilidad",
dice un hombre. "Es señal de fortaleza."

No tenemos que renunciar o conformarnos de una manera
perfecta. Tan sólo necesitamos hacerlo lo mejor que podamos
hoy. Yo creo en el habilitarnos, en las afirmaciones y en cumplir
con la parte que me toca. Pero he aprendido que no se me
dará poder para hacer nada hasta que renuncie a ello y me
conforme. Renuncio y me conformo al nivel que puedo hacerlo.
Esto debe ocurrir primero, a lo largo de todo el camino.

Alguien me preguntó alguna vez a cuánto tendría que renunciar antes de que tuviera poder. Le pregunté si ya había
empezado a asistir a las reuniones. Me dijo que había estado
yendo a grupos para temas relacionados con el síndrome del
niño adulto alrededor de tres meses. Le dije que si ya había
renunciado a suficientes cosas como para acudir a las juntas,
su renuncia era suficiente por el momento.

Da miedo renunciar y dejar ir. Se siente como si nos mu-
riéramos, como si perdiéramos el control, como si dejáramos
de ser nosotros mismos. Sí implican una pérdida del control,

pero luego obtenemos a cambio una nueva clase de poder. Ese poder incluye, entre otras ideas, la capacidad de gobernarnos a nosotros mismos y a nuestras vidas.

Me choca perder el control. Todavía trato de asirme a cosas que no valen la pena en mi jornada de recuperación: resentimientos, ira, miedo y mi deseo de "hacer que sucedan las cosas". Es difícil confiar. Me he pasado la mayor parte de mi vida deambulando por ahí convencida de que no soy digna de ser amada. Creer que la gente que está ahora dentro de mi vida me ama ya es suficientemente difícil. Creer que un Dios que no puedo ver ni tocar físicamente, sobre todo cuando estoy sufriendo, requiere de un gran acopio de fe. Pero cada vez que brinco con ese acopio, aterrizo en Sus brazos.

A veces siento que tengo que trabajar con tanto ahínco por mantener mi relación con Dios como lo tengo que hacer para mantenerla con la gente. A veces me parece que tengo que trabajar muy duramente por mi recuperación. Pero en realidad *yo* hago tan poquito... A eso se le llama "la gracia de Dios".

"Esto es lo que he aprendido acerca de la recuperación y de la renuncia", me dijo un hombre. "Un día, mi hija se espinó un dedo. Le dolía de verdad y yo tenía que sacarle la espina. Pero hacerlo también le dolía. Me senté a mi hija en mis piernas. Le hablé suavemente. Traté de ser dulce. Pero ella se puso a patear, a llorar y a pelear en contra mía todo el tiempo. Traté de decirle que si se relajaba y dejaba de defenderse, no le dolería tanto. Traté de decirle que si confiaba en mí, el dolor pasaría más pronto. Pero ella tenía demasiado miedo para poder tener confianza. Cuando le saqué la espina, estaba tan furiosa que sólo lloraba y me pegaba en los brazos. Me dolió que no confiara en mí. Y lo que más sentía era que le hubiera dolido más de lo necesario."

Muchos de nosotros renunciamos a las cosas y las dejamos ir de la manera más difícil, debatiéndonos en la frustración, experimentando intensos deseos, ira, dolor y miedo —hasta que llegamos a ese preciado punto que es la condescendencia, a ese momento en el que soltamos aquello a lo que nos estábamos asiendo—. Cuando lo llegamos a hacer, ocurre algo. Cuando ya no nos aten el pasado ni el futuro, y nos encontremos con las manos vacías y los brazos abiertos, hallaremos un Poder Superior amoroso y solícito que nos colmará con lo que Él quiera. Y podemos confiar en lo que Él nos dé, porque será bueno.

Cuando mis hijos eran pequeños, les encantaban los globos de helio de colores brillantes. Pero a veces accidentalmente y otras veces a propósito, los soltaban de la cuerda. Y ahí se quedaban, con lágrimas en los ojos, mirando cómo su hermoso globo volaba alto hacia el cielo hasta que desaparecía de su vista.

Cuando eso sucedía, yo les contaba una historia.

"No llores", les decía. "Allá arriba está Dios. Y, ¿sabes qué? Él cacha todos los globos que se te escapan. Te los está guardando todos para ti solo. Un día, cuando llegues al cielo, tendrás todos tus globos juntos."

Mis hijos ahora son mayores; y yo también. Pero aún seguimos creyendo que Dios nos está guardando nuestros globos.

Y yo efectivamente creo que Dios cacha todos nuestros globos; cada uno de los que dejamos ir. Sólo que no tenemos que esperar a que lleguemos al cielo para que nos los devuelva. Pues los globos mejores y los más perfectos, aquellos que son precisamente para nosotros, son los que Él nos devuelve en cuanto estamos preparados para aceptarlos. A veces, nos devuelve unos mejores que los que habíamos dejado ir.

Ese es el secreto de dejar que nos sucedan cosas buenas. Se relaciona con nuestras más profundas creencias acerca de lo que merecemos. Se relaciona con el amor absoluto e incondicional de Dios por cada uno de nosotros. Se relaciona con nuestro deseo y con Su deseo de que seamos y tengamos lo mejor posible. Se relaciona con nuestra disposición para dejar ir.

¿No sería más fácil saltarnos todo este asunto? Si no podemos asirnos a lo que deseamos, ¿no sería más fácil ni siquiera reconocerlo?

Probablemente. Pero eso no funciona de esa forma. Hay algo mágico y necesario en el proceso, por la forma en que éste se da. La victoria, el júbilo y el crecimiento no se logran con la evasión. Las recompensas vienen cuando hemos superado algo. Cada vez que renunciamos, cada vez que dejamos ir algo, nos veremos impedidos en nuestro camino. Habremos alcanzado un nivel más profundo.

Descubrimientos a lo largo del sendero de la recuperación

Hemos abarcado mucho terreno en este libro, pero también abarcaremos mucho terreno en nuestra recuperación. Iremos por desviaciones. También tomaremos atajos que resultarán ser caminos largos.[3] Y a veces nos detendremos a descansar.

Iremos a los extremos. "Me pasé los primeros 30 años de mi vida cuidando a todos los que me rodeaban", dice una mujer. "Luego, por un tiempo, ¡me negaba incluso a coserle

---

[3] Mi amigo Bob Utecht me habló de los "caminos largos".

a nadie un botón de la camisa!" Podremos pasarnos años echándonos de cabeza en las relaciones sin pensarlo primero; y luego, por un tiempo, miramos al microscopio a todos los que conocemos. Eso está bien. Así es como crecemos. La meta de la recuperación es lograr el equilibrio, pero la mayoría de nosotros logra ese justo medio solamente explorando los picos y los valles.

No importa qué se sienta, estamos yendo hacia adelante. Y entre más lejos viajemos, más recurriremos a los conceptos que aprendimos al principio de nuestra jornada, a las normas básicas del cuidado de uno mismo. La idea importante es que nos disponemos al proceso de recuperación y participamos en él lo mejor que podemos, día con día. Si lo hacemos así, nos funcionará la recuperación. Veremos que todas las partes y los pedazos de nuestras vidas se entretejen en un perfecto diseño.

Algunos de nuestros más grandes errores pueden volverse partes de nuestra vida crucialmente benéficas. Algunos de nuestros rasgos de carácter codependiente pueden convertirse en la base de algunas de nuestras mejores características. Podremos descubrir que nuestra capacidad para ser responsables nos calificará para posiciones de liderazgo. Podremos encontrar que nuestra capacidad para soportar privaciones nos faculta para lograr algo extraordinario que no se podría lograr sin la capacidad para demorar la gratificación. Podremos encontrar que curarnos de nuestro dolor ayuda a otros a curarse del suyo.

Permítanme cerrar este capítulo con una cita de Ellen Goodman, mi columnista favorita. Goodman compartió la siguiente historia en el evento de una graduación universitaria:

Se está descubriendo el 80 por ciento de la vida. Día con día, año con año se nos presentan alternativas y las elegimos. Nos quitamos la careta, una y otra vez.

A algunos los paraliza elegir entre alternativas. Pero hay mucha incertidumbre acerca de las decisiones que empiezan a ser opciones cada vez más estrechas, ya sea en cuanto a la carrera o en cuanto al amor.

Los informes de la reunión del 25 aniversario de haber salido de la universidad están llenos de nuestros "errores". Nuestras vidas están llenas de correcciones que hemos hecho a mitad del camino. La mitad de nosotros divorciados. Muchas de las mujeres han tenido en sus carreras trayectorias que parecen juegos de "serpientes y escaleras". Hemos cambiado una y otra vez de dirección y prioridades. Pero nuestros "errores" se convierten en partes cruciales, a veces en las mejores partes, de las vidas que hemos hecho.

¿Cómo se hace una vida? Pon un pie delante del otro. Toma algunas decisiones. Toma algunos riesgos.[4]

Lo sé, lo sé. No quieres cometer de nuevo los mismos errores. No quieres perderte *tanto* a ti mismo otra vez. Ése es un miedo saludable, pero no dejes que te prive de vivir y de amar. Podrás haberte quemado por haberte acercado demasiado al fuego, pero acercarse al fuego es la única manera de calentarse.

Sométete al dolor. Luego aprende a ceder a lo bueno. Ahí está y viene más en camino. Ama a Dios. Ama a tu familia. Ama lo que haces. Ama a la gente y aprende a dejar que ellos te amen. Y siempre sigue amándote a ti mismo.

No importa qué tan bien se pongan las cosas, lo mejor está aún por llegar.

[4] Este es un extracto de la columna de Ellen Goodman en el *St. Paul Pioneer Press Dispatch*, 10 de junio de 1988, p. 14A.

Epílogo

Y el más grande de todos éstos es el amor...

Biblia de Jerusalén, 1 Cor, 14:13

Muchas razones me obligaron a escribir este libro. Parecía el siguiente paso lógico en mi carrera como escritora. Me interesa este campo y quería ser parte del creciente movimiento de ayuda y de esperanza para la recuperación de la codependencia y problemas relacionados con el síndrome del niño adulto. Pensé que tenía unas cuantas cosas que decir. Y quería hacerlo. Tenía de este libro un sueño, una visión. Para mí era "la tarea del día".

Pero había también otra razón. El día de San Valentín de 1986, sometí a juicio de mi editor el manuscrito de lo que sería *Ya no seas codependiente*. Esa fecha resultó ser apropiada. He estado escribiendo desde 1979. He escrito muchos tipos de artículos para muchos públicos diferentes. En todos mis escritos, me he esforzado por escribir de una manera cálida y personal. Pero nunca en mi carrera como escritora había sentido el contacto abrumador y de corazón que he experimentado con ustedes, mis lectores.

Creo que hemos desarrollado una relación. Creo que el contacto que sentimos es amor. Escribí este libro para mantener nuestra relación. Quería pasar algún tiempo más con ustedes.

Gracias por permitirme regresar a sus vidas. Gracias por el éxito que me han dado.

Que Dios les bendiga pródigamente.

Melody

Bibliografía

Libros

Al-Anon's Twelve Steps & Twelve Traditions, Nueva York, Al-Anon Family Group Headquarters, Inc., 1981.

Beattie, Melody, *Codependent No More*, San Francisco, Harper/Hazelden, 1987. *Ya no seas codependiente*, México, Promexa, 1991.

Berne, Eric, M.D., *What Do You Say After You Say Hello*, Nueva York, Bantam Books, 1971.

———, *Games People Play*, Nueva York, Ballantine Books, 1987.

Bissell, La Claire y James E. Royce, *Ethics For Addiction Professionals*, Center City, Minn., Hazelden Educational Materials, 1987.

Brandon, Nathaniel, *How to Raise Your Self-Esteem*, Nueva York, Bantam Books, 1987.

Carter, Steven, y Julia Sokol, *Men Who Can't Love: When a Man's Fear Makes Him Run from Commitment*, Nueva York, M. Evans & Company, Inc., 1987.

Cermak, Timmen L., *Diagnosing and Treating Co-Dependence;* Minneapolis, Johnson Institute, 1986.

————, *A Time to Heal: The Road to Recovery for Adult Children of Alcoholics*, Los Angeles, J. P. Tarcher, Inc., 1988.

Covington, Stephanie, y Liana Beckett, *Leaving The Enchanted Forest*, San Francisco, Harper & Row, 1988.

Cowan, Conell, y Melvyn Kinder, *Smart Women-Foolish Choices*, Nueva York, Signet Books, 1986.

Each Day a New Beginning, San Francisco: Harper/Hazelden, 1982. [De próxima aparición bajo el sello Promexa.]

Fisher, Roger, y Scott Brown, *Getting Together*, Boston, Houghton Mifflin Co., 1988.

Forward, Susan, y Joan Torres, *Men Who Hate Women-The Women Who Love Them*, Nueva York, Bantam Books, 1986.

Fossum, Merle A., y Marilyn J. Mason, *Facing Shame*, Nueva York, W. W. Norton and Company, 1986.

Harris, Amy Bjork, y Thomas A. Harris, *Staying O.K.*, Nueva York, Harper & Row, 1985.

Hay, Louise L., *You Can Heal Yourself*, Santa Mónica, Calif., Hay House, 1984.

Larsen, Earnie, *Stage II Recovery-Life Beyond Addiction*, San Francisco, Harper & Row, 1985.

Lerner, Harriet Goldhor, *The Dance of Anger*, Nueva York, Harper & Row, 1986.

Lesman, Helen, *Heart Warmers*, Minneapolis, Ligthen Up Enterprises, 1985.

Lindberg, Anne Morrow, *Gift from the Sea*, Nueva York, Pantheon Books, 1975.

Mornwell, Pierre, *Passive Men-Wild Women*, Nueva York, Ballantine Books, 1980.

Nir, Yehuda, y Bonnie Maslin, *Loving Men for All the Right Reasons: Women's Patterns of Intimacy*, Nueva York, Dell Publishing Company, Inc., 1983.

Norwood, Robin, *Women Who Love Too Much*, Nueva York, Pocket Books, 1985.

Peck, M. Scott, *The Roads Less Traveled*, Nueva York, Simon & Schuster, 1978.

Powell, John, *Why Am I Afraid to Tell You Who I Am?*, Allen Tex., Argus Communications, 1969.

Rosellini, Gayle, y Mark Worden, *Of Course You're Angry*, San Francisco, Harper/Hazelden, 1986.

———, *Here Comes the Sun: Dealing with Depression*, San Francisco, Harper/Hazelden, 1988.

Rubin, Theodore Isaac, *Compassion & Self Hate*, Nueva York, Macmillan Publishing Company, 1986.

Russell, A. J., *God Calling*, Old Tappen, N. J., Flemming H. Revell Company, 1984.

Schaef, Anne Wilson, *Co-Dependence: Misunderstood-Mistreated*, San Francisco, Harper & Row, 1986.

Schuller, Robert H., *Be Happy-You Are Loved*, Nashville, Thomas Nelson, Inc., 1986.

Siegel, Bernie S., *Love, Medicine, and Miracles*, Nueva York, Harper & Roe/Perennial, 1986.

Smith, Marcell J., *When I Say No I Feel Guilty*, Nueva York, Bantam Books, 1975.

Steiner, Claude M., *Scripts People Live*, Nueva York, Grove Press, 1974.

The Living Bible, Wheaton, Illinois, Tyndale House Publications, 1971.

Trina, Paulus, *Hope For The Flowers*, Nueva York, Paulest Press, 1972.

Tucker, Nita, y Debra Feinstein, *Beyond Cinderella: How to Find and Marry the Man You Want*, Nueva York; St. Martin Press, 1985.

Walker, Alice, *The Color Purple,* Nueva York, Simon & Schuster, 1985.

Webster's New World Dictionary of the American Language, Nueva York, Simon & Schuster, 1984.

Woititz, Janet Geringer, *Struggle for Intimacy*, Pompano Beach, Fla., Health Communications, 1985.

Folletos

Beattie, Melody, *Denial*, Center City, Minn., Hazelden Educational Materials, 1986.

Shame, Center City, Minn., Hazelden Educational Materials, 1981.

Stephanie, E., *Shame Faced,* Center City, Minn., Hazelden Educational Materials, 1986.

Artículos

Blinder, Martin, "Why Love Is Not Built To Last", *Cosmopolitan*, 204, junio de 1988.

Block, Lawrence, "Messages For Your Most Important Reader", *Writer's Digest*, junio de 1988, p. 68.

Emerson, Ralph Waldo, "Quotation Quotes", *Reader's Digest* 132, marzo de 1988.

Ginott, Haim, "Quotable Quotes", *Reader's Digest*, junio de 1988.

Goodman, Ellen, "To Graduates-March On, Make Mistakes", *St. Paul Pioneer Press and Dispatch*, 10 de junio de 1988, p. 14A.

Herbert, A. P., "Quotable Quotes", *Reader's Digest*, mayo de 1988, p. 137.

Jefferies, Anne, "Rockelle Lerner: ACA'S, Intimacy & Play", *The Phoenix*, octubre de 1988, p. 1.

Leerhsen, Charles, con Tessa Namuth, "Alcohol and the Family", *Newsweek*, 18 de enero de 1988.

Matthews, Christopher, "Be Kind to Your Adversaries", *Reader's Digest*, mayo de 1988, p. 135.

Subby Robert, "Inside the Chemically Dependent Marriage: Denial & Manipulations", *Co-Dependency-An Emerging Issue*, Pompano Beach, Fla., Health Communications, Inc., 1984.

Esta obra se terminó de imprimir en Julio del 2013
en los talleres de Litográfica Bremen, S. A de C.V.
Avenida 1° de Mayo No.6, Col. Higuera, C.P. 52940
Atizapán de Zaragoza, Edo. De México